サッカーが勝ち取った自由

MORE THAN JUST A GAME

アパルトヘイトと闘った刑務所の男たち

チャック・コール
マービン・クローズ
実川元子 訳

白水社

サッカーが勝ち取った自由

アパルトヘイトと闘った刑務所の男たち

Originally published in English by HarperCollins Publishers Ltd under the title:
MORE THAN JUST A GAME
Text © Chuck Korr and Marvin Close, 2008
Translation © Hakusuisha Ltd 2010 translated under licence from HarperCollins Publishers Ltd
Chuck Korr and Marvin Close assert the moral right to be identified as the authors of this work.
This edition published by arrangement with HarpperCollins Publishers Ltd, London
through Tuttle-Mori Agency, Inc., Tokyo

ロベン島の男たちと、彼らが尽力した自由な南アフリカに捧げる

目次

装幀　天野昌樹

『サッカーが勝ち取った自由』に寄せて

ジョセフ・S・ブラッター（FIFA会長）

アパルトヘイト時代に、南アフリカの政治囚が数多く収容されたロベン島刑務所内で、受刑者たちはサッカー競技に本格的に取り組むためにマカナサッカー協会を設立した。これはその驚くべき歴史を記録し、伝える本である。FIFA（国際サッカー連盟）のルール、理念と規定を順守して運営されたマカナサッカー協会は、人種差別主義に基づくアパルトヘイト政策の象徴と言われた悪名高い刑務所において、サッカーを通じて受刑者が人としての尊厳を持ち、互いへの敬意を忘れず、そして民主主義の精神を育むことに大きな役割を果たした。

『サッカーが勝ち取った自由』はロベン島刑務所でサッカーにかかわり、のちに南アフリカのリーダーとなった人たちについて書かれている。なかには、政治運動に身を投じたマーク・シナーズ、実業家のアンソニー・スーズ、「子どもリソースセンター（CRC）」の活動で知られるマーカス・ソロモン、実業家のトーキョー・セクワレ、最高裁副判事をつとめ南アフリカ法曹界の重鎮であるディハング・モセネケなどがいた。モセネケは一九六九年に受刑者たちによる民主的な投票により、マカナサッカー協会の初代会長に選出されている。彼らほど有名ではないが、何千人もの受刑者たちが苦しい獄中生活をサッカーによって充実させ、サッカーを通して学び、力を得て、自由の国、南アフリカ共和国をつくることに役立てた。

一九七六年にFIFAより除名された南アフリカは、私の前任者であるジョアン・アベランジェ前FIFA会長の尽力により一九九二年に再加盟を果たした。そして二〇〇四年五月一五日土曜日、光栄なことに私は、南アフリカ共和国を二〇一〇年FIFAワールドカップ開催国とすることを発表した。南アフリカ共和国は、アフリカ大陸初のワールドカップ開催国となる。

本書は、世界的なスポーツ競技であり、何百万人、何千万人ものファンがいるサッカーに捧げる賛歌である。だがサッカーは単に一つのスポーツ競技だけにはとどまらない。ますます分断化されていく世界を、一つにまとめることができる力がサッカーにはある。

ロベン島のサッカー選手たちは、サッカーにそんなすばらしい力があることを証明した。

サッカーのために！　そして世界のために！

2007年7月18日、ロベン島で開かれたネルソン・マンデラの89歳の誕生日を祝う式典でボールを蹴る伝説的ストライカー、サミュエル・エトー（左）とＦＩＦＡ副会長、ジャック・ワーナー（右）。マンデラの年齢分、89個のボールがゴールに蹴りこまれたが、2人は最初の2個を蹴った。これに先立ち、ロベン島刑務所で設立されたマカナサッカー協会をＦＩＦＡの名誉メンバーとする式典が行なわれた。

ザンビア
ジンバブエ
ボツワナ
リンポポ州
モザンビーク
ナミビア
ムプマランガ州
プレトリア
ソウェト
ヨハネスブルグ
スワジランド
ノースウェスト州
ハウテン州
フリーステート州
クワズール・ナタール州
ブルームフォンテイン
レソト
ピーターマリッツバーグ
ノーザンケープ州
ダーバン
大西洋
インド洋
イースタンケープ州
ウェスタンケープ州
ケープタウン
ポートエリザベス
ロベン島
テーブル湾
ケープタウン
ストランドフォンテイン
フォルス湾
喜望峰
2010年現在

南アフリカ　地図

はじめに

思わず目をこすりたくなるような夢の光景だった。鉄条網のフェンスに囲まれたかつての刑務所に、サッカー界の生ける伝説、ペレ、サミュエル・エトー、ルート・フリット、ジョージ・ウェア、そのほか世界のトップ選手たちが集っている。高くそびえる監視塔からは、南アフリカの大都市、ケープタウンからわずか十一キロしか離れていない小さな島の全域が見渡せる。サッカー選手たちは穴ぼこだらけの荒れたピッチに並んで、錆びついたゴールポストをめがけて一人ずつつぎつぎにシュートを放ち、ネルソン・マンデラの誕生日を祝って八九本のゴールを決めた。

選手たちとともに、二〇一〇年に南アフリカ共和国で開催されるワールドカップの主催者であるFIFAの役員と政府の主だった閣僚たちも、マンデラをもっとも象徴しているといえる場所、ロベン島刑務所で開かれたこの式典に参列した。この刑務所は非常に厳しい警備で知られ、三十年以上にわたってマンデラをはじめ何千人もの政治犯を収容していた。

だが、FIFAがマンデラの非公式な誕生祝いの場所として刑務所のサッカー場を選んだのにはもう一つの理由があった。サッカー界の偉大な才能と並んで誕生祝いのゴールを蹴りこんだのは、アンソニー・スーズ、セディック・アイザックス、リゾ・シトト、マーク・シナーズとシフォ・シャバララの五人の元囚人たちで、彼らも壇上に上がった。五人の男たちはピッチを熟知していた。なぜなら彼ら自身が長い年月をかけてピッチをならし、芝をはり、水はけの設備をつくり、島の海岸に流れ着いた板などを拾ってゴールポストやネットを手づくりしたからだ。

南アフリカ以外で彼らはまったく無名だし、国内での知名度も低い。ロベン島に長期にわたって投獄されていた彼らは、いつか自分たちの闘いが南アフリカに自由をもたらすこと、そしてサッカーがその闘いにおいて重要な役割を果たすことを信じて苦しい獄中生活を生き延びた。この島で服役した政治犯たちがどのような活動を繰り広げたかについて書かれたものは多いが、囚人たちが過酷な環境にあっても意欲を失わず、政治活動への目的意識を保ち続けられたことにサッカーがどれほど大きな助けとなったのかについては、国外ではほとんど知られていない。数々の困難を克服し、囚人たちを一つにまとめ、刑務所の管理者を説得し、サッカーの試合を行なう許可を得るまでに四年を費やした。もっと驚くのは、刑務所内で囚人たちはマカナサッカー協会と名づけた団体を設立し、ＦＩＦＡのルールに厳格に従って二十年以上にわたって毎週リーグ戦を主催し、カップ戦や親善試合を運営してきたことだ。世界中で人気があるサッカーというシンプルなボール競技は、この南アフリカにあっては、反アパルトヘイトの感動的な象徴だった。

八九本のゴールが蹴りこまれたあと、ＦＩＦＡの役員たちはピッチにおりてかつて囚人だった男たちに正式に歓迎の挨拶をし、異例の式典を執り行なった。ＦＩＦＡの歴史ではじめて、国や個人ではなく、一つの組織に名誉会員としての栄誉を授与したのである。授与されたのは、マカナサッカー協会だ。この公式イベントは、一九九〇年代初めにアパルトヘイト政策を廃止し、多民族国家であることを宣言した南アフリカが、どれだけ大きく変わったかを明らかにした。このイベントでＦＩＦＡのブラッター会長は、サッカーが人々に希望を与え、人生を変えることができることをロベン島の出来事は教えている、とメッセージを寄せている。

ピッチの外ではFIFAのスポークスマンが、シャバララの手紙を紹介した。一九七一年にロベン島から釈放されたとき、島でサッカーを覚えたことは自分の誇りで、いつか「偉大なプレイヤーたち」に会えることを願っている、という手紙をシャバララはかつての仲間たちに送った。その夢が実現し、今、元囚人のサッカー選手たちは、世界のトッププレイヤーたちと一堂に会している。世代や環境を超えて、サッカー選手ということで同じ場に集った。

ロベン島に送られる前、ネルソン・マンデラはサッカーにはほとんど関心がなかったが、やがて収容されている男たちにとってサッカーの試合がどんな意味を持っているかを理解して興味を持ち、人々を一つにまとめるスポーツの力の重要性を学んだという。刑務所内のマンデラは、密かに伝えられる情報から、南アフリカの人々がスポーツを熱烈に愛しながらも、アパルトヘイト政策が原因で国際的なスポーツの大会から締め出されたことに、どれほど深く傷ついているかを鋭く察知していた。

一九六〇年代から七〇年代の初めにかけて、南アフリカはあらゆるチームスポーツの国際大会だけでなく、個人種目でも国際大会のトーナメントへの参加が拒否されていた。マンデラは、人々が世界とつながっていくうえでスポーツがいかに重要であるかに気づいた――そして政治においても、正邪の意識を持つうえでも、スポーツは重要であると知った。南アフリカが一九九五年にラグビー・ワールドカップに出場したとき、マンデラが代表チームの白人のキャプテン、フランソワ・ピナールのユニフォームを着て世界のメディアの前に登場したことは有名だ。それは非常に象徴的な行為であり、かつての大統領は「スポーツには人種問題を超えて国を一つにまとめることができる」とあらためて示した。

マンデラのその行為は、ラグビーだけでなくサッカーにおいても、二〇一〇年にＦＩＦＡワールドカップを南アフリカで開催することに意義があることをあらためて気づかせる。そしてワールドカップ開催にあたり、マカナサッカーリーグの信じられないような本当の話を今こそ語りたい。本書で語られるのは、ロベン島の囚人であり自由を求めて闘った人たちが、ペレの言う「ビューティフル・ゲーム」によって、この世の地獄ともいえる場所でいかに人間としての誇りを見出したか、という話である。あらゆる困難を乗り越えて、彼らは自由を獲得する闘争に注ぐ力をサッカーから得た。

ロベン島で組織的なサッカー競技が実施されていたことを示す一枚の写真がある。南アフリカの公安警察の一人が一九六〇年代に撮影したその写真は、囚人たちの待遇が適切なものであることを国外にアピールするよう、巧妙な広報活動の一環として配信された。

注目すべきはプレイヤーたちの顔がぼかされ消されていることだ。アパルトヘイト政策を実行していた当時の南アフリカ政府は、囚人たちを人間として、または個人として見ることを断固拒否していた。彼らは顔も名前もないテロリストであり、ただ受刑者番号のみで呼ばれる存在だった。本書によって、プレイヤーたちの顔が取り戻されることを願っている。


二〇〇七年七月一八日、南アフリカ、ロベン島

第1章　アパルトヘイトの国

当時の南アフリカが目指していたのは、最終的に黒人の南アフリカ人が一人もいない国にすることだった。

コーネリアス・マルダー（南アフリカ共和国閣僚）

一九六四年のケープタウン。セディック・アイザックスは街角で新聞を読みながら、必死に平静を装っていた。メガネをかけた、一見おとなしそうな高校の教師であるセディックは、これからやろうとしている犯罪行為の重大さに内心おびえていた。ネルソン・マンデラが拘留されたことを報道する記事が掲載されている新聞の第一面を彼は見つめた。スポーツのファンではなかったが、もし裏面を見たら、国際サッカー連盟（ＦＩＦＡ）がアパルトヘイト政策を実施している南アフリカをサッカーの国際試合から締め出した、という記事を読んだだろう。熱心に読んでいるふりをしていたものの、セディックの頭のなかに新聞記事の内容は入ってこなかった。通りにちらちらと目をやって、安全を確認したところで薬局にすべりこむように入った。

数分後、セディックが茶色の紙にくるまれた大きな包みを抱えて通りに戻ると、通りの反対側に警察の装甲車が駐車しているのが見えた。彼の心臓は、大きく波打った。商店のドアの陰に身をひそめるようにしたセディックは、警官たちが装甲車から飛び降りて、舗道を歩いていた黒人のカップルに通行証の提示を求める様子を慎重にうかがった。

アパルトヘイト政府は一九五〇年代に「パス法」の施行を決め、以来、黒人の男女は居住、労働および移動を許可される地区が厳しく決められている。それ以外の地域に行くときには、自国内で働くにもかかわらず「外国人労働者」とみなされ、「ドンパス」と呼ばれる通行証を常時携帯していることが必要になった。通行証にはあらゆる個人情報、写真と指紋が掲載され、白人の公務員、警官や政府関係者に提示を求められたら即座に応じなくてはならなかった。言うまでもなく、ドンパスは忌み嫌われていた。

セディックはアジア系で通行証の携帯がそれほど厳しく求められてはいなかったが、顔立ちは非白人なので、市内の白人地区に出入りするときには、警戒の目を向けられることを重々承知していた。警官の目に留まれば身体検査され、今抱えているこの包みを見せるように言われるかもしれない。そう思うと身がすくんだ。

薬局で買い求めたのは違法なものではまったくない。さまざまな日用品と誰でも買える薬品ばかりが数種類だ。だがそれらを混ぜ合わせると、爆発物の原料となる。化学を専門に勉強したセディックは、爆弾を製造するために原料を買い求めたのだ。

穏やかで知的な風貌のセディックは、ケープタウン市内にあるボカープ地区で生まれ育ち、そこにある南アフリカ随一の非白人校であるトラファルガー高校を卒業した。高校の教師たちからは、世界のほかの地域では民主主義が実行され正義がなされているが、そのような社会にするためにさまざまな革命が必要だった、と聞かされた。その教えはセディックの胸に強く刻まれ、アパルトヘイト政策による不平等がまかりとおる南アフリカの現状に疑問が芽生えた。

大学で化学を学ぶかたわら、セディックはあちこちの政治集会に顔を出すようになった。とはいうものの、デモや武力闘争には、セディックにもその友人たちにも違和感があった。父親の友人がランガの黒人地区に住んでいる人々を紹介してくれたときまで、セディックは厳しい弾圧の実態に直接ふれることがなかった。父親の友人は仕立屋で、黒人居住地区で仕事をとるためにセールスマンを派遣していた。十代だったセディックは、セールスマンにくっついてトタン板がはられただけの掘立て小屋や、ブロックを積んだだけの今にも崩れそうな小屋が立ち並ぶランガ地区で黒人たちの生活にふれた。

そこで彼は、アパルトヘイト体制を転覆するためには、直接行動を起こすしかないと語る過激派の若者と出会った。最初、激しい怒りをあらわにする彼らの政治姿勢に怖気づいたセディックだったが、アパルトヘイト体制下で貧困を余儀なくされている黒人たちのみじめな暮らしを目にするにつれて、その怒りを理解するようになった。

セディックはムスリム青年運動の一員となり、同じような反体制の政治運動に加わっている人たちとも知り合いになった。彼が加わったグループのメンバーは小規模な武装計画を練っており、ほかのメンバーは政府の建物や施設の破壊の可能性を探っていた。セディックはグループの活動資金を運ぶ手伝いをしていたが、金属分析を学ぶ化学者としての技術を生かして、やがて爆発物の製造方法を学び、ほかのメンバーに教えていた。

建物の陰に隠れて警官の目を逃れていたセディックは、つかまったときに起こる皮肉な情景を思い描いた。警官に呼び止められたら、たとえ爆弾そのものを持っていなくても逮捕される可能性がある。アパルトヘイトに反対する彼自身の戦いは、その場で未遂のまま終わってしまうだろう。しかし今回は幸運だった。黒人カップルの通行証は完ぺきだったらしく何事もなく解放され、警察の装甲車は走り去った。セディックはひそかに安堵のため息をつき、爆弾の原料とともに家路を急いだ。

人種差別主義を掲げる国民党が、一九四八年に白人だけによる投票でアパルトヘイト制度の導入を決めたとき、セディックはまだ子どもだった。アパルトヘイトは、南アフリカ国内のあらゆる面において白人支配を確立するため、人種間分離をはかる制度の強化を目的とする。

第二次世界大戦中、国じゅうの都市部においてつぎつぎと新しい工場や作業所が開設され、軍需品、軍事物資から軍服、軍靴やテントまで、戦争に必要なあらゆるものが生産された。急速な経済成長を支えるのに必要だったのが労働力で、よりよい賃金と仕事に引き付けられて何千人もの貧しい黒人やアジア系の労働者が都市部に流入した。流入が止まらなかったために、都市部は広範囲にわたって人口過密になった。政府はこの問題にお手上げだった。絶望的なほど住宅は不足し、街は荒廃し、ヨハネスブルグ、プレトリアとポートエリザベスでは居住者が無断で住みつく地域がどんどん広がっていった。セディックが生まれ育ったケープタウンも例外ではなかった。

戦争が終わるころに、南アフリカの歴史では初めて都市部における黒人人口が白人人口を抜いた。多くの白人たち、とくに右翼アフリカーナー党という政党支持者はその状況に危機感を覚え、都市が黒人に乗っ取られるのではないかと恐怖した。「黒の危機」と表現した現象を阻止するために彼らが行き着いたのが、アフリカーンス語で人種間分離を意味する「アパルトヘイト」という制度を導入することだった。

この制度が実施されると、黒人とセディックのような非白人たちは、日常生活において非常な不便を強いられ、不当な差別によって厳しく行動を制限された。この制度の根底にあったのは、全白人が黒人や有色人種より優れていて、国が総力をあげて白人の「すばらしさ」を守る必要がある、という信念である。一九四八年以前にも南アフリカには人種差別や分離は数多くあったが、この年以降はそれが法律によって制度化されることになった。

セディックが子どものとき、この制度によって南アフリカにいるすべての人が公式に人種による分類分けをされた。白人、アジア人、有色人種、黒人の四つの分類である。家族のなかにあっても、肌の色や、ときには髪質によっても別々の人種に分類された。公務員は誰もがこの法律を独自の判断で、選択的に施行することができたし、実際そうした。多くの家族がそのために引き裂かれ、子どもたちが親から引き離された。そうした処置への不満に対して、人種混合によって必然的に起こるであろう惨事を防ぐためには必要なのだとアパルトヘイトの維持は正当化された。

政府は異人種間のセックスを違法とする法律まで可決し、異人種同士の結婚は禁止となった。警察はこの法律を拡大解釈し、ときには抜き打ちで家宅捜索を行ない、寝室にまで踏み込んでカップルの写真を撮った。

南アフリカ全土に「白人専用」という標識が掲げられた。人種間分離をより進めるために、学校、大学から病院までそれぞれの人種用に分けられた。プールやビーチから、公共トイレや公園にいたるまで、すべての公共施設は白人用と非白人用に分けてつくられた。白人は白人専用のバスに乗り、白人専用のバス停で待った。当然ながら、どんなことでも一番条件がよいものが白人に割り当てられ、とくに仕事や土地など経済的利益にかかわることで白人は有利だった。貴重な鉱物資源が産出される地域もふくむ国土の八〇%を、わずか一二%の人口しかない白人が占有した。

アパルトヘイト政策を推し進める政府は、自国にいるはずの黒人たちを体よく外国人にしてしまう法律を施行した。それは、アメリカにおいてネイティブアメリカンが、オーストラリアにおいてアボリジニが押しこめられた特別居住区と同じような地区を設け、非白人にそこ以外の居住を許さない法律だった。のちにホームランドと呼ばれる黒人自治区のバンツースタン地区は、たいていやせて荒廃した土地で、国土の十分の一以下しかなかった。すべての黒人をその地区に追いやることで、白人と非白人の生活地区をはっきり分割し、街や都市部を黒人に支配される恐怖をやわらげようという計画だ。地方の統治にあたるのは中央政府が選んだ操り人形ばかりだった。彼らにはほとんど何も権限がなく、地方行政においてはあらゆる面で白人のご主人様の命令に従わなくてはならなかった。

三〇〇〇万人以上の人々が強制的にそれまで住んでいた家を追い出され、大勢がひしめきあって暮らさなくてはならない狭い地区へと追いやられ、しかもそこは生活の基盤となる水や電気などの設備もない土地だった。ヨハネスブルグのソフィアタウンやケープタウン近郊のディストリクト・シックスといった、多民族がともに暮らしていた活気のある地区は破壊され、荒廃した。ソフィアタウンはヨハネスブルグでもっとも古い黒人地区の一つで、五万人もの人々が暮らしていた。そこで演奏されるジャズは国内のみならず海外でも有名で、アートや文化活動が盛んだったが、地区は文字通り一夜にして廃墟となった。日が落ちて暗くなったころ、銃を手にした兵士や警官がおびただしい台数のトラックに乗ってやってきて、抵抗する住民を抑えつけて強制的にトラックに押しこみ、街の中心部から二十五キロ離れた荒廃した未開の地へと連れていった。政府はその地をメドウランズと呼んだが、黒人のアフリカ人たちはソウェトと呼んだ。ソウェトとはサウスウェスト・タウンシップ（南西区）を略した言い方である。

ソフィアタウンの強制的な立ち退きが完了すると、家々はブルドーザーでなぎ倒され、そこに暮らしていた人々の痕跡は歴史から抹消された。新たに白人労働者の街が建設された。政府の都市計画担当者はその地区を、あらたに「トリンプ」、アフリカーンス語で「勝利」と名づけた。

ソフィアタウンで行なわれたような強制退去は、セディックが十代だったときに南アフリカ全土のあちこちで繰り返された。黒人ばかりでなく、アジア人、有色人種や中国人も同じように街の中心部から退去させられた。街や都市部から強制的に追放され、より貧しい地方へと移転させられた人たちは三〇〇万人にのぼった。

しかし黒人、アジア人と有色人種たちが広く従事していた手工業や半手工業、家事労働なしには、白人居住区は成り立っていかなかった。白人は非白人の労働に深く依存していたために、政府は非白人種が街や都市部で働き続けながらも、移住については厳しく制限するために何らかの方策を講じる必要があった。そこで導入されたのが、黒人に通行証の携帯を義務づけるパス法である。しかし政府は黒人ばかりでなく、非白人種についても疑惑の目を向けて警戒を怠らなかった。とくにセディックのように、アパルトヘイトに批判的な組織のメンバーであることがわかっているものに注がれる監視の目は厳しかった。セディックは南アフリカの秘密警察が国じゅうのいたるところに監視網を張りめぐらしていることを認識させられた。貧しい黒人と非白人たちは、反アパルトヘイト活動に積極的な友人や隣人について情報を提供すれば公安機関から金銭が支払われ、密告がさかんに奨励された。公安機関は反アパルトヘイト活動組織の多くに潜入し、反体制を唱える声に強い弾圧をかけた。

セディックは心のどこかで、反体制活動を続けていれば逮捕されるのは時間の問題だと感じていた。しかし若かったそのころはまだゲーム感覚だった。薬局から帰宅するとき、白人居住区で自分のアジア系の顔立ちが人目を引かないことを祈るような気持ちで、神経をぴりぴりさせながら歩いていた。パトロール中の警官の前を通りすぎなくてはならなかったが、その日は運が味方した。一度も呼び止められることなく家までたどりつき、実験を始められたからだ。

それから数日後の晩、セディックは三人の仲間たちと一緒に、あらたに製造した爆発物を実験するため、ケープタウンのはずれにあるストランドフォンテイン海岸に出かけた。中心部からもっとも遠い西海岸沿いに何キロにもわたって続いている白い砂の海岸は、人影がほとんどなく街の喧騒から外れたところにある。そこならば公安警察の注意を引かないだろうとセディックたちは期待した。砂上で爆発物を二つ試し、車で家に帰る途中、変電所に寄って最後の一つの爆弾を仕かけようかどうしようか迷った。しかし、セディックの運はすでに尽きていた。警察が彼らを待ち受けていたのだ。

公安警察に何週間にもわたって監視されていたことを、セディックはあとで知った。理由は爆破計画とはまったく関係のないところにある、と推測していた。セディックは当時、地元の白人の少女と親しくつきあっていたのだが、二人ともが異人種間の交際を禁じる「不道徳法」に違反しているばかりでなく、白人の南アフリカ警官の大半が根強く持っていた異人種間の交際への偏見を刺激する行為だった。

セディックは銃口を向けられたまま三人の仲間たちとともにウッドストック警察署に連行された。一晩じゅう尋問されたのち、翌日ケープタウンの悪名の高いカレドン・スクエア警察本署に移された。

治安妨害の容疑者向け留置所に空きがなかったために、セディックは一般犯罪容疑で留置されている男と一緒の監房に入れられた。グレイのペンキがはげかけた壁に囲まれ、これから先のことを考えて絶望的な気分になるのをまぎらわすために、彼はその男にどんな容疑で入っているのかを訊いた。男は、何件もの殺人、強姦と殺人未遂だと答えた。同じ質問をされたセディックが政治犯罪だと答えると、彼よりも一〇センチほど背が高く、一〇キロ以上体重がありそうなその男は、ゆっくりと長く息を吐いて言った。「おお、それはヤバイぜ、おまえ」。何がどうヤバイのかを、セディックはすぐに悟ることになる。

セディックの尋問者の多くは黒人と有色人種の政治的扇動者を忌み嫌っている強硬な右翼で、考えつくかぎりもっとも残忍でサディスティックな尋問方法を使った。彼らの目にはセディックはテロリストだと映った。より幸福で、より繁栄する南アフリカを建設するために白人を優位においた社会システムをつくっているというのに、それに異議を唱えるなど、彼らにはとうてい理解しがたい。国の未来を暗くするのは、セディック・アイザックスのような男たちが権利を手中にすることだ。だから国の安全を脅かす人物は罰せられるべきなのだ。

囚人の人権とその扱いについての国際協定をことごとく無視し、尋問者のチームは朝八時から深夜まで、交代でセディックを精神的、肉体的に責め続けた。最初は拷問から始まった。公安警察のメンバーたちは、もし協力を拒めばどんな拷問が待ち受けているかを、図解つきで舌なめずりするようにセディックに説明した。彼らが求めているのは情報だった——セディックの仲間たちの名前、所属する政治団体がどんな破壊工作の計画を立てていて、いつ、どこで実施するつもりなのか、という情報だ。

求めている情報をセディックが渡さないでいると、長時間にわたって睡眠をとらせないようにして、殴打や懲罰に耐えるための体力を消耗させようとした。睡眠を剝奪されると、人は判断力を失い、身体的苦痛に耐える力が弱くなり、尋問者の取引きに簡単に応じて進んで情報を渡してしまう。

いっさい眠らせないでおいたあと、尋問者は最初に図解までして説明したとおり、セディックを拳やライフルの台尻で殴り、足で蹴り、つぎに身体のあちこちに電極をつけて電気ショックを与えた。拷問は何日も続いた。セディックは尋問にやってくる看守からアルコールのにおいをかいでは、「むしろ地獄に堕ちたほうがまし」という気持ちはどういうものかを知った。酔った勢いでの元気を「オランダ人の勇気」という言い方をするが、看守たちはまさにアルコールの勢いで「オランダ人の勇気」を得て、理性の抑止力をいっさい失い、政治囚たちに残虐のかぎりをつくした。

尋問者は何回となくセディックに、仲間たちは全部吐いたぞ、いつまでも黙っている意味がない、と言い続けたが、セディックはありえないと思った。何もかも知っているというのなら、なぜまだ自分を殴り、電気ショックを与えて情報を引き出そうとするのか？

多くの政治囚たちは、セディックと同様に、日が落ちてからも拷問された。本署にあるもう一つの留置所に入っていた政治囚たちは、ある晩、眠っていたところを起こされて、陰険な心理的拷問を与えられた。一人の看守が通路を行ったり来たりしながら、今晩お前たちの仲間の一人が殺される予定だ、と監房ごとに不気味にささやいていくのだ。

囚人たちはまた、互いを敵視するように仕向けられた。殺人や窃盗などの一般犯罪者たちは政治犯を攻撃し、殴り、性的暴行を加えるなどすれば支給品がよけいにもらえ、特権が与えられた。政府にとって唾棄すべき政治囚たちの精神を不安定にし、判断力を失わせ、震えあがるほどの恐怖を与えることができそうな拷問が徹底して実行された。

しかしセディックの場合、拷問を与えられるほど、ぜったいに生き延びて、監獄内だろうが外の世界だろうが、アパルトヘイト打倒のために闘い続けるという決意をよけいに固くした。だが、その闘いが監獄内になることは避けられそうになかった。南アフリカの公安警察は、できるだけ多くの反アパルトヘイト闘士を検挙し、抹殺するか刑務所に入れるかして一掃する、という「反テロリスト」計画の一環としてセディックを逮捕したからだ。政府は公安機関の力を強化するための予算を増やし、反アパルトヘイト活動を撲滅するために際限なく大きな権力を与えた——国内だけでなく、国外においても公安機関は与えられた権力をふるった。

セディックが裁判を待つ間、のちに刑務所内で親友として信頼を置くことになる男たちもまた、政府公安機関によって続々逮捕されていた。

リゾ・シトトは熊のような男だった。南アフリカの黒人にはめずらしく、彼は「白人男性のスポーツ」とみなされていたラグビーに夢中だった。イースタンケープでは黒人のラガーマンが活躍していて、ラグビーは白人ではなく自分たちのスポーツだと住民たちは思っていた。もし公平にチャンスを与えられれば、南アフリカ代表チーム、スプリングボクスの選手として国際試合でプレイできるはずだ、という自信を持っている黒人ラガーマンは大勢いた。リゾと、やがて刑務所に一緒に入ることになるマーカス・ソロモンとスティーブ・チウェテは、教会とラグビークラブが住民にとって二つのよりどころとなるイースタンケープ地区の文化のなかで育った。

大きく、強く、身体能力に優れたリゾは、アフリカ民族会議（ANC）の軍事部門である「民族の槍（MK）」に加わった。MKは南アフリカの白人社会を脅かすようなことは決してしなかったが、政府はプロパガンダを理由にその重要性を強調し、政治的抑圧の強化を正当化する手段として、MKの存在を利用した。MKは非常にうまく運営されている組織で、ザンビアやボツワナといった周辺国との国境地帯にトレーニングキャンプをはり、軍事力の強化をはかっていた。リゾは訓練を受けるために北ローデシア〔訳注／現ザンビア〕に派遣された。

アフリカ民族会議は発足当時は多人種で構成される南アフリカ全土に及ぶ組織で、掲げている目標は人種差別の撤廃と、肌の色や人種や主義に関係なく参政権を獲得することにあった。活動方針は、ガンジーが唱えた非暴力での抵抗運動に根ざしていた。だが一九六〇年につぎつぎと起こった衝撃的な事件に対応するために方針を変更せざるを得なくなり、アフリカ民族会議と、新たに結成されたパンアフリカニスト会議（ＰＡＣ）の両方のリーダーたちは、武器をとって戦うという決意を固めた。

一九六〇年、リゾは十八歳ですでに政治的に成熟した考えを持った闘士だった。イースタンケープ地区で生まれ育ったリゾは、黒人女性の権利向上をはかる女性同盟のメンバーで、政治活動に熱心な母親の影響を強く受けて育った。そして南アフリカの何千人もの非白人と同様、一九六〇年のシャープビル事件はリゾに大きな衝撃を与え、忌まわしいアパルトヘイトを撤廃させるため、武器をとって直接行動に出るきっかけを与えた。

多くの非白人を武装闘争に向かわせるきっかけとなったその事件は、ヨハネスブルグの郊外にあるシャープビルで始まった。一九六〇年三月二一日午前十時をまわったころ、パス法の撤回を求めて五日間にわたり全国あちこちで行なわれていた平和的なデモに参加しようと、五千人以上の黒人たちが地元の警察署前に集合した。デモ主催者たちからの要望で、デモに参加した人たちは、自分の通行証を家に置いてきて、形式的に、おとなしく警察に出頭し逮捕されることになっていた。

デモ参加者たちが大勢投獄されることで留置所を満杯にし、また逮捕により労働力を不足させて南アフリカ経済に大きな打撃を与えることが狙いだった。南アフリカ政府は西側諸国に、執政しているのは自由な選挙によって選ばれた政党であって、なんら不正はないことを納得させようとしていたが、それとは異なる実態が公にあきらかになることもデモ参加者たちは期待していた。だが、反政府運動を繰り広げるものたちが政府の思惑を読み誤ったことが悲劇を生んだ。政府の閣僚たちが反対勢力にどう対処しようとしているか、活動家たちはまったくつかんでいなかった。

その朝、群衆が続々と集結しているところに軍用機が低空飛行して、デモ参加者たちの間に混乱を引き起こした。人々は立ちすくむばかりだった。警官たちは警察署の前に装甲車を並べて、その前に座りこんで抵抗の歌を歌っていたデモ参加者たちにいきなり銃を向けた、と当時の目撃者は記録している。

それまで暴力的な行動に走ることなくデモ隊が座り込みを続けてからちょうど三時間がたった午後一時十五分、地元警察のD・H・ピナール警部が、自分の車に大きな石が投げられた、と訴えた。それを合図に、部下の警官たちは非武装の群衆たちに銃を向け、男性、女性、子どもの区別なく無差別に、背を向けて逃げるものたちにまで狙いを定めて撃った。目撃証言によれば、人々はうさぎのように逃げまどい、石ころが転がるように倒れたという。六九人が死亡し、一八〇人が重傷を負った。撃たれた人々は車やトラックの荷台に乗せられ、ヨハネスブルグ近くのバガワナス病院に運びこまれた。傷害者たちは病院のベッドのうえで逮捕され、警察車両に押しこまれて尋問のために連行された。

この大虐殺は国際社会に非難の嵐を巻き起こし、国際連合は公式の非難決議を提出し、南アフリカ政府にアパルトヘイトと人種差別を撤廃するように訴えた。それでも南アフリカ政府は断固として世界の抗議に耳をふさぎ、非白人に対してより強固な姿勢でのぞんだ。

アフリカ民族会議とパンアフリカニスト会議はこの事件への報復として、政府の建物を標的にした破壊工作を行なうことにした。爆発物が製造され、武器が買い集められ、志願兵が戦闘訓練を受けた。この事件は、何千人もの若者たちに反体制活動に加わることを決意させるきっかけとなり、リゾ・シトトもその一人だった。国中のあらゆる地方で、種族、人種、文化的背景のちがいを越えて、ときには政治目標やそこにいたる戦略のちがいさえも越えて、「闘争」と名づけられた運動に人々がぞくぞくと参加した。あらゆるちがいを越えて共通していたのは、アパルトヘイト打倒へのあらたな決意と、自分たちの社会を変えるためにどんな危険をもかえりみない、という固い意志だった。

シャープビル大虐殺からまもなく、リゾはアフリカ民族会議の若い同志たちと車で北ローデシアに向かい、秘密基地であるMK軍事訓練キャンプに参加した。ところがキャンプの存在も、彼らの動向も公安機関には筒抜けだった。リゾと同志たちがテロ活動の訓練を受けるためにキャンプに到着する前に、白人のローデシア警官たちは南アフリカの公安警察に体よく追い払われていた。若者たちは逮捕され、南アフリカに送り返されて、公安警察の厳しい尋問を受けることになった。セディックと同様リゾも拷問された。

リゾに科せられた罪状の一つが、許可なく南アフリカを出国したことである。皮肉なことに、公安警察に拘留されて送還されたリゾには、許可証なく南アフリカに入国した、という罪も科せられた。

マーカス・ソロモンは国境を越えることさえかなわなかった。セディック・アイザックスよりも数歳年上の彼もまた、トラファルガー高校で学んだ。セディックと同じく、勤勉で知的なマーカスは教師を志望していた。しかし公安警察はソロモンが教育課程で何を学んでいたかを知っていた。一九六四年の一年間を通して、ケープタウンで発行される白人のための新聞各紙は、とりわけ危険な破壊活動分子が集まる武装部隊、国民解放戦線（毛沢東が唱えたゲリラ活動を下敷きにしていた組織）について人々をおびえさせる記事を書きたてた。

実際のところ、このグループのメンバーはほんの少数で、メンバーは武装闘争のための訓練をすることよりも、抵抗運動の理論について、また社会主義国家建設の方法をめぐって議論するほうに関心があった。しかし南アフリカ政府はほとんど偏執的なまでに反共産主義であり、共産主義国家である中華人民共和国を恐れていたために、毛沢東思想を信奉する国民解放戦線を、キリスト教を信じる資本主義国家である南アフリカの「自由」をおびやかす団体であると頭からとみなした。公安警察はかたときもそのメンバーから目を離さなかった。

マーカスと同志のひとりは活動への支援を求めて、国外脱出を計画していた。アフリカ民族会議のメンバーと手を結び、亡命の手はずを整えてもらって、ウィニー・マンデラとともに彼女の運転手が運転する車に同乗して中継地点まで連れていってもらうことにした。ところが車は途中で公安警察に止められ、マーカスと同志は連行された。マンデラ夫人と運転手は解放された。

一九六三年までに、アフリカ民族会議とパンアフリカニスト会議のリーダーたちの大半は拘留されるか亡命していたが、アパルトヘイト打倒のために熱心に活動する人たちがしだいに増えていったため、公安警察はこの二つの団体のメンバーを一掃するために、年齢がどれほど低くても取り締まり対象とすると決めた。政府は正式に定められた法律では犯罪や反逆罪が適用できない人たちでも、「違法行為」の名のもとに反体制派を拘留し投獄できるように、つぎつぎと「法律」を量産した。共産主義革命から社会を守る、という口実をもうけて、政府はもはや法律を制定するための正常な手続きさえも踏もうとしなくなった。容疑者がほんの子どもであっても、逮捕することに躊躇がなかった。

そのころ、南アフリカの北西部にある街、プレトリアの一地区で、トニー・スーズという若い学生が学校の運動場でサッカーを楽しんでいた。トニーは自他共に認めるサッカー狂だった。優れた技術と並はずれた運動神経を持つトニーと本気で勝負をしようとする友だちはいなかった。彼はつねに全力でプレイし、必ず勝った。たとえ休み時間に楽しむ草サッカーであっても手抜きしなかった。

相当の実力を持つトニーは、いつか南アフリカ代表の黒人サッカー選手になりたいという希望を抱いていたが、ラグビー選手のリゾと同様、アパルトヘイト体制のもとでは国を代表してプレイする夢はかなわないとわかっていたし、人種混合のチームができることもありえないとわかっていた。南アフリカのサッカーは、生活とまったく同じだった――人種ごとにはっきり分離されている。白人のサッカーチームとリーグは最高の環境を与えられ、ほかの人種に比べると桁はずれに多額な予算のもとで運営された。黒人と有色人種のチームには、まず自分たちのサッカー場を確保する権利を得るための闘いが待っていた。

トニーが住んでいた地区の学校は、お世辞にもきれいとは言えなかったが、きちんとはしていた。職員は生徒の学校生活をできるだけ充実させようと必死だったが、現実にはトニーの学校もほかの南アフリカの黒人地区の教育施設と同様、運営できる最低限の予算しかなく、教科書や筆記用具といったもっとも基本的な物質でさえも十分ではなかった。一九六四年、アパルトヘイト政府は黒人の子どもたちの教育予算を、白人の子どもの六分の一に抑えていた。国は黒人を教育しても無駄だと考えていた。教育して知識や技術を身につけても、将来の仕事にはまったく役立たないし、自分たちの置かれている社会的地位以上の人生設計を描かせてしまうことになりかねない。

子どものころに味わったそういった不平等を思い知らされる残酷な体験によって、トニーはパンアフリカニスト会議の活動にのめりこんでいった。政府は一九六〇年に反体制派の弾圧の一環として、アフリカ民族会議に続いてパンアフリカニスト会議を非合法組織とし、活動禁止命令を出していた。トニーが仲間たちとボビー・チャールトンやペレやディ・ステファノになったつもりで学校の運動場でサッカーに興じていると、一台のナンバープレートをつけていない車が、学校のフェンスの外側をゆっくり走ってきて停まった。前部座席に座っている二人のスーツを着た男たちは、まぶしい太陽の光をさえぎるように手をかざした。トニーは二人が校門のほうに歩いてくるのを見て、来るべきときが来たと悟った。

数日前、トニーは具合が悪くて学校を休んだ。午後遅く、クラスメートが家を訪れた。身体を心配して見舞いに立ち寄ったのではなく、公安警察が学校に来て彼のことをあれこれ訊いていったから気をつけるようにと警告するためだ。あと数日休んだほうがいいだろう、と忠告するその友人に向かって、その年頃の男の子にありがちな虚勢を張り、トニーは言った。「逮捕したいって言うんだったら、すればいいいじゃないか」

若さゆえの大胆さ、もしくは愚かさで、彼は登校した。まだ十代なのだから、数年間刑務所に入ったからといって長い人生ではたいしたまわり道にはならない。公安警察に連行されたとき、トニーはサッカーボールを友だちの一人に渡し、笑いながら男たちに従い、肩をそびやかして車に乗った。

公安警察は政治囚から引き出せるだけの情報を引き出したと考えると、政治犯と断じたセディック、トニー、マーカスとリゾを裁判までの期間、国じゅうに散らばる刑務所に収監した。政治犯罪の疑いをかけられた容疑者たち全員にとって、裁判はあくまでも形式にすぎなかった。どれほど敏腕な弁護士がついていても、どれほど政府の訴えの根拠が脆弱であっても、有罪判決が下ることはまちがいなかった。結局、アパルトヘイトの論理では、国の敵でなかったならば、そもそも訴えられるはずがないのだ。公安警察はまちがいをおかすはずがないことになっていた。裁判での重要な問題は、何年間収監されるか、そしてどこで服役するのか、ということだけだ。

セデックはカレドン・スクエア警察本部からポルズムーア刑務所に移送されて裁判を待つことになった。のちにロベン島から移送されたネルソン・マンデラも収監されたこの巨大な刑務所は、六千人規模の一般囚人向け施設だった。ケープタウン郊外のトカという高級白人地区という不似合いな場所にあるこの施設は、灰色に塗られた通路が迷路のように張り巡らされ、樽形の監房が並んでいた。刑務所を一歩出ると、きれいに刈りそろえられた芝生が広がり、プールがある豪邸が並んでいたが、所内の奥深くにある監房にいるセディックには、そんな景色は見えなかった。

そこでセディックは拘留の苦痛と孤独をまぎらわすために、持ち前の好奇心と科学の知識を駆使して脱獄計画を立てた。同房のエディ・ダニエルズと協力して、わいろを使って看守に糸鋸を差し入れさせ、脱獄したあとの逃亡の手はずを整えてもらった。

見つからないように鉄格子を切る作業を行なうためには、囚人仲間たちに協力してもらうか、少なくとも黙っていてもらわなくてはならなかった。デュラー・オマールは、危険をかえりみず、自らのキャリアをかけて政治犯のために奔走する弁護士で、セディックの弁護も担当していた。セディックに面会に訪れたとき、格子を糸鋸で切る音をごまかすために、隣の監房に入っている男たちが歌を歌っていることにデュラーは気づいた。デュラーはショックを受け、平静を取り戻すとセディックに、看守は脱獄囚を撃ち殺すことを楽しみにしているのだぞ、と警告した。

もし脱獄計画が発覚したら自分の共謀も疑われるとわかっていながら、デュラーはセディックの弁護をおりるということは一度もほのめかさなかった。デュラー・オマールは政治犯として捕らえられた人々のために闘い続け、一九九四年には南アフリカ史上初の民主的選挙によって選ばれた政府において、マンデラ大統領から法務大臣に任命された。

数週間作業を続けたセディックとエディ・ダニエルズは、格子窓をなんとかゆるめるところまでこぎつけた。ところが計画していた脱獄の日の数日前に、刑務官の一団が格子をたたいて検査しにやってきて、ゆるんでいる窓を見つけてしまった。糸鋸が売られたことを一般囚の一人が刑務官に密告したことから、検査が行なわれたことはまちがいなかった。ところが囚人たちが罰を受けたくないのと同じくらい、刑務官たちも管理不行き届きを問われることは避けたかった。そこで鉄格子が最初からゆるんでいて、それは建設業者が不良品を納入したからにちがいない、という話がでっちあげられた。つくり話のおかげで、脱獄計画について直接、罰を与えることはできなくなったが、セディックはその後、看守たちから要注意人物として厳しい監視の目を注がれることになった。

セディックと三人の仲間たちの裁判では、裁判官ではなく二人の「査定者」が審判を行なった。裁判はいたって簡単に処理され、爆発物が彼らの乗っていた車で発見されている以上、全員、陰謀罪が適用されて有罪はあきらかである、とされた。セディックは証人台に立たないと決めていたが、兄が呼ばれて、車のなかにあった手書きの書類の筆跡をセディックのものと証言するように求められた。兄はセディックのものかどうかわからないふりをしたが、裁判では兄でさえもはっきり否定できないのだから、それはセディックが書いたものだと断定され、あいまいにごまかすことは肯定的証拠だとされて、作戦は失敗に終わった。セディックはその後二十年にわたって何回となく、アパルトヘイト体制下では、こじつけの論理によって正当か否かが判断されることを痛感することになる。

セディックには十二年の実刑判決が下り、トラファルガー高校の伝統に傷をつけ、先生や生徒たちをはずかしめたと長々と説教された。その皮肉に思わずセディックは苦笑した。トラファルガー高校こそ、彼の政治意識を目覚めさせたところなのだ。

トニー・スーズはプレトリアで裁判にかけられ、刑期はせいぜい一、二年だろうとたかをくくっていたのに、国家反逆罪と破壊工作の罪状で十五年の実刑判決を聞かされて愕然とした。まだ少年にもかかわらずそれほど重い刑が下されたのは、彼を見せしめとすると裁判所が決めたからだ。ケープタウンではまた、マーカス・ソロモンが扇動罪と陰謀罪で十年の、またリゾ・シトトには数々の罪状が述べられて結局、最長の十六年半の刑が下った。

セディック、リゾ、トニーとマーカスの四人はそれぞれに育った場所も階級もちがい、参加している政治団体も異なっていたが、全員が同じ場所で刑に服するよう言い渡された。そこは国家が治安のためにあらたに実験的に設けた刑務所である。政治犯たちが一般犯罪で服役している囚人たちを洗脳し、テロに共感させることを恐れて、政府は抵抗運動の芽を根こそぎ摘み取るために、国家にとって潜在的にもっとも危険な存在とみなされる政治運動組織のリーダーと熱心なメンバー、および破壊活動を実践する人たちをほかの囚人たちから切り離そうとした。全員が国家の脅威とならない場所へと送られた。それがロベン島である。

ケープタウンの港から十一キロ離れたところにあるロベン島は、大きな岩の塊が海面に突き出た小さな島で、たえず強風が吹きつけ、何百年にわたって南アフリカの支配者が厄介者を島流しにするのに利用してきた。サンフランシスコ沖に浮かぶ悪名高い監獄島、アルカトラズの南アフリカ版である。島の周囲は大西洋の流れの速い潮流に洗われ、海底には難破船が積み重なっている。何世紀もの間多くの船乗りが、荒れ狂い、サメが棲むその海の犠牲になってきた。

オランダ人は一七九五年に英国がその地を征服するまで、脱走兵と犯罪者を封じこめるための仮の刑務所として利用してきた。十九世紀にはロベン島は地獄の入口だった。らい病患者、精神病者、梅毒を患っている売春婦たちが島に送りこまれ、みじめな生活を強いられた。

政治犯を収容する刑務所として島を利用し始めたのは、英国人である。偉大なアフリカ人将軍、マカナもこの島に投獄された。南アフリカに住むコサ人であるマカナ将軍は、自分たちの土地を植民地にして貴重な財産である牛を盗んだ英国人に対して戦争を起こし、捕らえられてロベン島に送られた。逃亡を試みた彼は亡くなった。一九六四年、マカナ将軍が投獄されたときからおよそ百五十年後、やはりコサ人の一人がロベン島に投獄された。ネルソン・マンデラである。

一九三〇年代に島にいた全員が、南アフリカ本土の刑務所と病院へと移送された。軍の統括下に置かれた島では、古い崩れそうな建物は焼き払われ、荒れる海を強固な障壁にし、砲床を設置して、地下に作業所を設けて刑務所を完成させた。一九六〇年代初めには、戦時に最前線で防衛にあたるよう訓練されたケープタウンに駐屯する部隊が、この島でアパルトヘイト体制に反対する男たちを攻撃する最前線に立った。公安部隊は軍から島を徴用し、新しく建設された刑務所の外側に高さ六メートル以上のフェンスに有刺鉄線を張り巡らせて電気を流した。巨大な施設には優に二〇〇〇人以上が収容できた。セディック、トニー、リゾとマーカスはそんな島に送られた。

第2章　抵抗の代償

刑務所の管理体制にしても、アパルトヘイト体制にしても、
押しつけられた制度のもとで生きるよりは、闘うほうがいい。
ディハング・モセネケ（受刑者番号491／63）

一二月中旬のことだった。ケープタウンの白人たちは街の中心にあるデパートで、クリスマスに向けてプレゼントや飾りつけの買い物を楽しんでいた。一方、ポルズムーア刑務所に投獄されている黒人、有色人種やアジア人の受刑者たちは、もっともぞっとするクリスマスプレゼントを受け取ることになった。

受刑者たちは監房の外に集められ、互いの足首と手首をつながれてトラックの荷台に乗せられた。厳重な警備のなかをトラックはトカイを出てケープタウンの中心部に入り、クリスマスツリーやショーウィンドゥが美しく飾りつけられているかたわらを走り抜けて、人影のない波止場へと向かった。夕方の早い時間で、ひえびえとしていた。

セディック・アイザックスにはほかの受刑者よりもう一つ多く足を拘束する鎖がかけられていた。未遂に終わった脱獄計画のために、看守たちから要注意人物だとみなされたためだ。ほかの受刑者た

ちとともに彼も荷台から蹴落とされ、一列に並ばされて、待っている船のところまで桟橋を走らされた。鎖でつながれているために、受刑者たちはまっすぐ走るのにもひと苦労で、酔っ払いのようによろめきながら進むうちに、鉄枷《てつかせ》は手首と足首に食いこんだ。

船倉の扉が開けられ、受刑者たちは突堤から飛び降りるよう命じられた。鉄枷がはめられているために、船倉に折り重なるように倒れた受刑者たちは痛みでうめいた。セディックには、移送過程のすべてが受刑者に最大限屈辱を与えるために周到に計画されていることがはっきりとわかった。

船倉にしゃがみこんだセディックが見上げると、意地悪そうに受刑者たちを眺めているたくさんの顔が見えた。一人の看守がうれしそうに「おまえは二度と家族には会えないだろうな」と言い、もう一人は「島から帰ってくるつもりだったら車に空を走れと言うんだな」と言った。そして船倉の扉が閉じられて真っ暗になり、エンジンがかかる音が聞こえた。


ケープタウンからロベン島までは船で一時間もかからないのだが、その間を隔てる海は突然大荒れになることで有名で、潮の流れも急だ。一緒に船倉に閉じこめられた囚人たちは船に乗ったことがないものが多く、波に揺られて上下するうちにたちまち大勢が船酔いした。ディーゼルエンジンの煙のにおいがいっそう気分を悪くさせた。手足に鉄枷をかけられていたため、囚人たちは島に到着したときには互いの吐しゃ物にまみれ、これからの不安も相まって動揺していた。

全員がロベン島についての情報や噂は聞いていたが、誰一人としてどれほど過酷な日々が待ち受けているのか具体的な情報を持っていなかった。最悪なことが起こるだろうとは覚悟をしていたが、もしかしたら想像を越えるかもしれない。本土の刑務所では看守たちが受刑者に、ロベン島ではゴム製のこん棒やつるはしの柄で殴られるぞ、と虐待の激しさを脅すように伝えた。また夏は炎天下で、冬には凍えそうな寒さのなかで、採石場での長時間労働が待っている、とも話した。

船が島の南にあるマレイズ・ベイ港に近づくと、受刑者たちは船上に集められた。港からコンクリートの突堤がペンチで船をはさむような形で突き出ていた。深緑色の制服を着た看守の一団がすでに埠頭で待ち受けていた。長いこん棒や警棒を手に持ち、振りまわしている姿を見て、看守たちが手ぐすねをひいて、暴力の歓迎をしようと待ち構えているのだ、とセディックは知った。

その向こうに目をやって、セディックはこれから十二年暮らすことになる場所を眺めた。受刑者たちの大半が彼と同じ第一印象を抱いたにちがいない。不吉な予感に胃がきりきり痛んだ。荒涼とした地が平たく広がる島は、舗装されていない道が十字に走り、道路脇には低木の茂みが生えているだけだ。ほぼ楕円形で、セディックが想像していたよりも小さかった。実際、島は直径二・五キロしかない。

西側には大西洋に向けて灯台が立ち、危険な沖合の暗礁の存在を島の近くを通行する船舶に知らせていた。灯台の南側に続く道を行くと、まるで兵舎のような英国国教会の聖堂があり、その周辺に小さな家々が建ち並ぶ村落があった。のちに村落では既婚の看守とその家族が暮らしていると知った。東側は島の「ビジネス地区」だった。二百メートルほどの砂利道を行くと、古い刑務所が立っていた。周囲は高さ六メートルの二重の塀で囲まれていて、塀の上には有刺鉄線が巻かれている。刑務所の四方それぞれにおどろおどろしい監視塔が建てられ、見張りが立っていた。

突堤の向こう側には、船から降りてくる既決囚を乗せるために軍用トラックが待っていた。まだ鉄の手枷、足枷をつけられたままの男たちは、岸壁をよじのぼってむきだしのコンクリートの上につぎつぎに転がった。武装した看守たちが周りを取り囲んではやしたて、ツバを吐きかけ、折り重なって倒れ、互いの吐しゃ物にまみれている受刑者たちの姿に喝采した。海からの風が吹きつけるなか、アフリカーナー〔訳注／主としてオランダからの白人移民の子孫。アフリカーンス語を話し、白人人口の六割近くを占めた〕の刑務官の冷酷な声が響きわたった。「ここが、おまえたちの墓場となる島だ!」。そして警告なしにいきなり、頭といわず、肩といわず、受刑者たちを警棒で殴り、トラックの荷台に追いやった。野蛮で卑怯な攻撃は周到に計画されていた。刑務所の統治体制の意図を思い知らせるためだ。受刑者たちは「悪魔の島」での絶え間なく続く理不尽な懲罰に耐えなくてはならない。生き残っていくかぎり、身体的暴力にさらされ、精神的な屈辱を味わうためにここに送りこまれたのだ。

人間を家畜のように乗せたトラックは、未舗装の砂利道を刑務所のほうへとがたがた揺れながら走った。近づいてくるにつれて、これから暮らすことになる収容施設が見えてきて、それが古く今にも倒れそうな兵舎をそのまま転用した建物だということがわかった。必要最低限の設備しかない。

到着すると、受刑者たちはまるで穀物袋のようにトラックから投げ落とされ、一列になって最初の食事に向かった。食事はトウモロコシを煮た薄い粥で、大きなドラム缶で調理されていた。裁判前に収監されていた本土の刑務所では、おいしいとは言えないものの、少なくともそれよりは栄養も量も十分な食事を与えられていた。

セディックは最初の食事で、あらたに到着した受刑者たちの何人かが船酔いがひどくて、食べものをとても飲みこめず、どうしようもなく空腹だったにもかかわらず食事の大半を残したのを見た。だが、食事を残したのはそれが最初で最後だった。トウモロコシの粉を溶いただけのような粥はひどくまずく、塩気がきつくてすっぱかったが、島では、少なくとも自分たちには十分な食べものが与えられることがないことを受刑者たちはすぐに思い知らされる。セディックたちより二ヵ月早く島にやってきていたトニー・スーズの最初の食事は、屋外に覆いもかけないまま長時間放置されていた粥だった。冷めきっているうえに鳥の糞が混じっていた。スプーンで口にがつがつ運んでいると、カモメが頭上で羽ばたき、鳴きわめいた。カモメたちはまるで新入りのトニーをあざけるように鳴き、からかうように飛びまわり、追い払ってても戻ってきては食べ残しをあさり、隙あらば食べものを横取りしようと狙っていた。

男たちには受刑者番号が割り振られた。セディックには883／64という番号が与えられたが、これは一九六四年に島に収監された883番目の受刑者、という意味だ。食事が終わると男たちは服を脱がされ、囚人服に着替えさせられた。有色人種とアジア系人種用には上着と長いズボンとソックスと靴が支給された。黒人には短パンが与えられたが、これは白人優位主義者の目から見れば黒人は成人しても子どもであり、自分たちに従わなくてはならないとする考えからくるもので、足元も古い車のタイヤから適当につくられたサンダルだけで十分で、ソックスは必要ないとされた。人種差別は島の生活のすみずみにまで浸透していた。

男たち全員がシャツのポケットに四つのものをつねに携帯するように言われた。身分証明書、歯ブラシ、スプーンとタオルだ。どんな食事もスプーン一本で用が足り、ナイフやフォークは必要ない、

ロベン島刑務所で受刑者たちは採石場で働かされ、自分たちの手で監房も建設させられた。写真の２棟も受刑者自身が建てた収容棟である。

ケープタウンからロベン島まで受刑者を運んだ船「ディアス号」は現在、ロベン島ミュージアム（ユネスコが世界遺産に指定）への定期船として利用されている。

ということだ。タオルはポケットに折りたたんでしまえるくらい小さかった。

セディックは支給されたものを身につけて、自分はまだましなほうだと知った。靴が与えられたからだ。だがそれが足に合うわけではなかった。左足が小さすぎると、右足は大きすぎた。新入りの一人はシャツを着て数分後に全身がかゆくなった。裏返して見ると、シャツはノミの棲みかになっていた。

一人ひとりに入所する収容棟が割り当てられた。黒人の受刑者たちは屋外にサンダルを投げ捨ててから、建物に入らなくてはならなかった。内部を見た全員の気持ちが重く沈んだ。古い兵舎は二〇人が寝泊まりできるように設計されていたが、そこに約六〇人が押しこまれ、受刑者たちは顔をくっつけるように寝なくてはならず、下に敷かれているのは薄いサイザル麻のマットだけだ。大半の建物は手入れが行き届かず、湿気とすき間風が入ってきて、夜になってしんしんと冷えこむと、透けそうなほど薄い毛布を二枚かけただけでは寒くて眠れない受刑者が大半だった。枕は与えられなかった。

ロベン島刑務所に入ったセディックがすぐに気づいたのが、投獄されているのが自分のような政治囚だけでなく、悪名高い殺人犯や暴力団幹部や暴力犯罪者たちもいることだった。「テロリスト」と一般犯罪の重罪人たちを一緒に投獄して、政治囚たちを厳しく締めつけよう、という刑務所の管理側が考えた巧妙な方法である。政治囚たちは看守や刑務官、そして一般犯罪者の両方と闘わなくてはならない。

分離して統治するという原則が刑務所のすべてに適用された。あらゆる点から見てきわめて「政治的」政治囚だとされたセディックは、Dカテゴリーの受刑者に分類された。Aカテゴリーはもっとも優遇され、新聞を読むことも、ラジオを聴くことさえも許された。B、Cカテゴリーと低くなると与えられる権利は少なくなり、もっとも低いセディックのようなDカテゴリーの受刑者は、いっさい何も権利がなかった。Dカテゴリーの受刑者は、話すことさえ許されなかった。どれだけ刑務所内での行ないがよくても、セディックは言い渡された十二年の刑期が、一日でも、一時間でも短くしてもらえることはありえない。のちにセディックは、公式に不満を訴えて、刑務所内の虐待を外部で発表しようとしたが、その行為はロベン島刑務所の「よき秩序と評判を転覆させようとする試み」とがめられた。そのためにもう一年刑期が延びた。今日、そういった訴えを出すことは本当に有罪だったのか、と彼にたずねると、彼はすぐにうなずいて「当然、有罪だよ」と言った。

刑務所管理者たちは受刑者同士を対立させるために、アフリカ民族会議のメンバーと、パンアフリカニスト会議と南西アフリカ人民機構（ＳＷＡＰＯ）のようなほかの抵抗組織のメンバーを同じ棟に収容するようにした。異なる政治団体の支持者たちを一緒にすることによって、互いの最悪の部分が見えて、政治的意見の食い違いが受刑者を分裂させ、対立が深まるように期待したのだ。

だが、刑務所管理者たちは伝統的な犯罪者の取り扱いの方に慣れていたために、政治囚の取り扱いとして立てた対策でいくつものまちがいをおかした。ロベン島のような過酷な刑務所に収容された受刑者が一致団結するなどありえない、という予想が、最大の誤りだった。ロベン島には国じゅうからアパルトヘイトに反対して逮捕された政治囚たちが送りこまれた。島に収容されなければ顔を合わせることはなかったであろう男たちが、反アパルトヘイトについて討論し、互いの体験談に耳を傾けた。彼らはすぐに、アパルトヘイトと自分たち受刑者を弾圧しようとする刑務所のやり方の両方に抵抗する、という共通の動機を見出し、一致団結して行動を起こすために最初の一歩を踏み出すことになった。

八時が就寝時間だったが、凍えるように寒く、支給された薄いマットは堅くて寝心地が悪かった。暗くなると収容棟の照明はずっと点されたままで、刑務官が通路を巡回してくる。ときには靴を脱いで靴下だけになり、受刑者たちに気づかれないよう忍び足でやってくることもあった。私語は禁止され、小声で話しているのが見つかると殴られた。

受刑者たちの大半にとって、最悪なのは夜だった。黙って一人きりで考えこむと、思いは打ちつける波の向こうにある本土へ、家庭へ、家族へ、妻と子どもたちへと向かう。愛する人たちと会えない寂しさだけでなく、経済的に困っていないか、ちゃんと暮らせているかという不安が当然のように湧き起こってくる。どの家庭も稼ぎ手を失い、子どもたちに満足な食べものや着るものを与えられていないだろうと予想していたが、それ以上に受刑者たちが心底恐れていたのは、家族に危険が及んでいないか、ということだった。父や兄弟や叔父や従兄弟や甥がロベン島に送られたことで、家族全員が公安の厳しい監視下に置かれる。ロベン島が監獄島となって十五年後の一九六四年までに、南アフリカ全体が実質的に警察国家になっていた。警察の留置所や軍隊の監房での拷問や殺人は野放し状態で黙認、というより奨励され、公安機関のメンバーは私的制裁を加えても許された。ロベン島の受刑者たちの家族は、とりわけ標的になった。

受刑者たちができるのは、希望を持つことだけだ。仲間や友人たちがまだ自由の身で、家族が生き残れるように力を貸してくれる、という希望。それを信じなくてはならなかったが、夜になると、ネルソン・マンデラが言う「内なる敵」が忍び寄ってくる。受刑者たちは全員、アパルトヘイト政府がどれだけ手強いか、その尋問や拷問がどれほど苛酷かを身にしみて知っていた。愛する人たちがもしその手に落ちたらどうしたらいいか？　島への訪問は厳しく制限され、手紙は徹底的に検閲されている。家族に何が起きているかまったくわからず、どんな情報も得られないまま、数えきれないほどの夜を悶々と過ごす日々は政治囚たちの精神を消耗させた。政治的な目的のためにひたむきに運動をすることは、本当に正しいことなのだろうか？　個人を犠牲にし、家族を犠牲にしても、それに見合うことなのだろうか？

到着一日目から、受刑者たちの島内での生活は一日も変わることなく単調に繰り返される。早朝五時三十分にけたたましい鐘の音で起こされ、冷たい海水で顔を洗って髭をそり、収容棟から素っ裸でたたきだされて、身体じゅうの穴をのぞかれる屈辱とはずかしめ以外なにものでもない身体検査に向かう。

黒人の受刑者たちには毎朝、対のサンダルを見つける、という狂乱の儀式が待ち受けている。トニー・スーズは到着翌日の朝、どんなサンダルでもいいからすばやく二つつかまなくては一日が始まらない、と思い知らされた。左右対になっていないし――一つは小さすぎて、一つは大きすぎる、もしくは二つとも左足用――サイズも合っていないだろうが、とにかくつかんではき、その後一日かけて、少しでも合ったものと交換する。翌朝、また「狂乱のつかみあい」から一日が始まる。

一般犯罪の受刑者たちが刃物やとがったものを隠して、夜間にケンカや報復行為に使うかもしれないから、という理由で、看守たちはサンダルを外で脱ぐよう強制した。しかし本当の意図は、政治囚に屈辱を与え、いらだたせて苦痛を味あわせるために刑務所の幹部が決めた卑劣で腹立たしい規則の一つにすぎなかった。一日の大半の時間を黒人の受刑者たちが裸足で過ごすのは、トニーや仲間の政治囚たちに科せられた労働を考えると過酷だった。一般犯罪の受刑者たちは厨房や事務所や図書室での仕事といった軽労働が与えられたが、政治囚たちにはもっともつらい労働が言い渡されたからだ。一日八時間、毎日採石場で働くことである。

粥だけの粗末な朝食をそそくさと終えると、受刑者たちは縦隊を組んで、両側に高くそびえる有刺鉄線の棚にはさまれた石ころだらけの通路を走らされる。島の東海岸にあるランガティラ湾に通路は続いている。海岸に着くと、男たちは看守が監視しやすいように、作業ごとに有刺鉄線で仕切られた囲いのなかに入る。囲いのなかの受刑者たちはたえず脅され、殴られ、ときにはシェパード犬に腕や足に嚙みつかれることもある。それが採石場の労働の始まりで、かつてそこで働かされた受刑者たちは「どんなことが起こっても不思議ではなく、生きながらえるのが不思議なほどの苛酷な場所」と言った。

採石場は吹きさらしで寒く、荒涼としていた。セディックとトニーの二人とも、初めてその場所を見たときの衝撃が忘れられない。大西洋のくすんだ灰色の波が高く盛り上がって岩の海岸に激しく打ちつけられ、天然の岩場を越えて飛沫が飛んできて、囲いのなかに海水の水たまりをつくった。男たちの最初の仕事は、水をくみ上げて、岩の海岸から海水が入ってこないように堤防を築くことだった。島にやってきた最初の数週間から数ヵ月間、骨まで凍えそうなほどの海水をかきわけながら、海底に転がる大きな岩をひたすら運び出す作業が続いた。

海水の浸入を防いで足場ができると、つぎの作業にとりかかった。受刑者たち自身の収容棟を建設する仕事だ。古い兵舎はすでに満杯で、トニーのあとにやってきた受刑者たちは鉄製の倉庫用の建物に押しこまれていたが、そこは冬は恐ろしく寒く、夏は焼けつくように暑かった。受刑者たちの生活環境にまったく関心をはらわないにもかかわらず、刑務所の幹部たちは彼らならではのサディスティックなアイデアを思いついた。政府の建設業者に依頼するのではなく、政治囚に自分たちの収容棟を建設させて経費を浮かせることだ――近代の歴史上、そんなことをやらされたのはロベン島の受刑者だけだ。

作業は困難をきわめた。看守たちに監視されながら、男たちは来る日も来る日も、六キロ弱あるハンマーをふるって石を切り出した。セディックやマーカスのように激しい肉体労働をやったことがない受刑者たちにとっては、とりわけ苛酷な労働だった。初日にマーカスは、海水につかりながら手押し車に大きな石を積みおろす作業を一日じゅう続け、午前中数時間やっただけで手がマメだらけになり、すぐに破けて傷になり、出血した。

そうなっても手当てされることはなく、ケガをしようが疲労困憊だろうが、受刑者たちは全力で働かされた。作業についていけなくなると、殴られたうえに食事を減らされた。十分な食事を与えなければ、十分に労働できないだろうという理屈は、刑務所の管理者たちには通用しなかった。

トニー・スーズは島に来て最初の二日間、採石場のなかで石の切り出し作業に従事した。そこに行けば学校の友だちのベニー・ントエレに会える、という期待があった。二人は幼いときから一緒にボールを蹴った仲間であり、ベニーが一ヵ月早くロベン島に送られたことをトニーは知っていた。一番古くからの友だちの一人であるベニーに会えれば、きっと気持ちが前向きになるにちがいない――少なくともトニーはそう思っていた。

トニーの作業班の前を別の作業班が通り過ぎていくとき、受刑者の一人があそこにベニーがいる、と指差して教えてくれた。トニーはじっと凝視したがついにベニーを見つけられず、翌日、もう一度教えてもらった。指差された方角にいたのは、背中を丸めた小柄な男だ。トニーは目を疑った。プレトリアで一緒にボールを蹴っていたベニーは、丸々と太った小柄な少年だった。だが、そこにいたのは、骨と皮ばかりになってやつれた男である。二人は小さく手を振って挨拶を交わし、看守がトニーに石切りの作業に戻れと命じた。ベニーの姿を見たトニーは、これからの島での生活を思って心底恐怖を感じた。作業をしながら、涙が頬を伝った。たったの一ヵ月でベニーが面変わりするほど島の生活が厳しいのだとしたら、自分がロベン島を生きて出られるという希望があるのだろうか？

採石場の厳しさは、激しい肉体労働だけにあるのではなく、刑務官たちが事あるごとに暴力をふるうことにもあった。受刑者が刑務官たちの底知れぬ残虐性に気づくのに長い時間はかからなかった。採石場で働く作業グループに執拗に目を光らせ、私語禁止のルールを破ったものたちの頭をライフルの銃身で殴り、警棒やこん棒で頻繁にたたいた。第二次世界大戦時に結成された南アフリカ・ナチのメンバーの一人で、誇らしげにナチスの紋章である卍のマークを腕に入れ墨していた一人の刑務官は、拷問具が入ったケースをいつもかたわらに置いているために、受刑者たちに「スーツケース」ヴァン・レンスブルグというあだ名がつけられていた。

ヴァン・レンスブルグをはじめとする年長の刑務官は、大半が極右思想の持ち主だった。第二次世界大戦中、ドイツ・ナチスに傾倒する右翼組織、「牛車の番人団」が南アフリカで結成された。戦争終結までにその人数は三〇万人にまでふくれあがった。この右翼組織には、本場のドイツ・ナチスと同じく「茶シャツ隊」や「突撃隊」といった先鋭部隊まであった。「牛車の番人団」のメンバーの多くが、第二次大戦後南アフリカで、軍隊、警察と刑務所の仕事についた。

トニーは上級刑務官の数人が悪意のかたまりであることを見せつけられて、ふるえあがった。デルポートは「採石場の恐怖」と言われるほど悪名高い刑務官だった。徹底して黒人を見下し、黒人はこの世界のクズで、白人の脅威となる存在とみなした。デルポートは受刑者に、ロベン島をこの世の地獄だと思い知らせてやる、と決意していた。身体が頑健で筋肉質のデルポートは、気の向くままにこん棒をふるい、下級刑務官にも同じように暴力をふるえと勧めた。採石場でデルポートが監視する場所にいる受刑者たちは、定期的に殴る蹴るの虐待を受けた。若く不敵な性格のトニーは、しばしば彼の標的になった。

トニーがやってくる前、島には一般犯罪者の警備にあたる有色人種の看守が大勢いた。ところが政治囚が収監されるようになると、有色人種の看守は本土の刑務所勤務になって送り返され、全員が白人の職員になった。刑務所の幹部たちが、有色人種の看守が政治囚に感情移入するか、少なくとも彼らをモノや番号としてではなく、人間として見るのではないかと恐れたためだ。あらたにやってきた下級刑務官たちは若く、貧しく、無学だった。南アフリカ生まれのヨーロッパ系白人で、従順で、アパルトヘイトにまったく疑問を持たずに受け入れているものだけが選ばれた。上級刑務官たちは彼らに、政治囚はテロリストや共産主義者で、白人をアフリカから追い出そうとしているのだ、と教えた。黒人は南アフリカにも白人市民にも危険な存在だとする政府が唱える「ブラック・デンジャー」というプロパガンダを聞かされて育った人たちには、その教えは効果があった。

ときが経つにつれて受刑者たちは生き延びるための知恵を身につけ、刑務官たちの態度を辛抱強くうかがいながら働くようになった。司法制度を統括しているのは法務大臣だったし、刑務所を統轄するプレトリアの法務当局が南アフリカの刑務所全体の運営方針を決め、ロベン島ではそこから任命された部隊長が刑務長となって最終決定を下した。しかしそういった上層部の方針は受刑者たちには関係がなく、それぞれの収容棟や作業グループの監督を任された刑務官たちが、受刑者たちの生殺与奪の権利をにぎっている。刑務官たちこそ、受刑者一人ひとりの生活のすべてを支配していた。プレトリアやロベン島の上級幹部たちがどのような方針を決めようが、現場の刑務官たちはそれを破り、無視することができる。それを理解することが、ロベン島で生き抜くための基本だった。

当初、刑務官と受刑者たちははっきりと敵同士で、刑務官たちの根深い偏見をくつがえすなど不可能に思えた。刑務官たちは上司から、受刑者と「不必要なコミュニケーション」をとらないように命じられ、政治について議論するのはもちろん、家族の話を受刑者に聞くことさえも禁じられていた。その下で働く看守は受刑者に親近感を持つどころか、組織的暴力にむしろ積極的に加担し、採石場のいたるところで虐待を繰り返した。そのなかでもとくに、ピーターとイウォート・クライハンスの双子の兄弟ほど暴力行為を熱心に楽しんでいたものはいない。

灼熱の太陽が照りつけるある日、採石場でアフリカ民族会議の上級幹部だった受刑者、ジョンソン・ムランボが、看守の一人が発した命令を聞き返した。ムランボはたちまち作業場から引きずり出され、蹴られて怒鳴りつけられたが、それを聞いたクライハンス兄弟は、ほかの受刑者たちに灰色の埃っぽい地面に深い穴を掘るように命じた。ムランボは首まで地面に埋められ、太陽に照りつけられるまま放置された。数時間後、イウォート・クライハンスは看守一団とふんぞり返って戻ってきて、水が欲しいか？　とせせら笑いながらムランボに訊いた。欲しいよな？　と念を押したクライハンスは、ムランボに「いいものを飲ませてやろう。ウィスキーだよ」と言うなり、ズボンの前ボタンをはずして彼の顔めがけて放尿した。

クライハンス兄弟と衝突したもう一人の受刑者は、初期にロベン島に送られた政治囚の一人、アンドリュー・マサンドだ。マサンドは採石場の労働環境について不平をこぼした。イウォートは彼を採石場から引きずり出し、目や口や耳から出血するほど残忍に暴行を加えた。マサンドは傷が癒えるまで一ヵ月間医務室に寝かされ、生涯視力が回復しなかった。

マサンドは医務室に入れただけでも運がよかった。病気やケガをした受刑者は、しばしば「怠け者の黒人」とみなされて虐待を受けた。具合が悪いと訴えると、看守たちは頭をめがけてこん棒を振りおろした。もしうまくよけたら、「どこも悪くない」ことになる。本当に病気かそれとも仮病かを刑務官たちが判断するもう一つの方法は、ひまし油を飲めと命じることだった。拒否すれば診察も治療もされなかった。刑務所の管理者たちは受刑者に医療をほとんど施さず、病人はたまたま応急手当の知識があった仲間の受刑者たちに看護された。

看守たちの殴打や脅迫に加えて、受刑者は機会あるごとに人間としての尊厳を傷つけられるような屈辱を与えられた。休憩や水を飲みたいとき、仕事をちゃんとこなしたことを証明する労働カードと引き換えに交渉しなくてはならないことをトニーは知った。そういった要求はしばしば即座に却下され、拒否の理由は悪意以外のなにものでもなかった。

刑務官たちは受刑者をだましたり見下す機会をけっして逃さなかった。マーカスが島にやってきてまもないころ、彼の作業班全員が採石場で、全員の注目を集めるように立たされた。このなかで運転免許を持っているものがいるか？　と刑務官が訊いた。トラックやトラクターの運転などのもっと軽労働につけるかもしれない、と期待して大勢の男たちがすぐさま手を挙げた。刑務官はにやにや笑いながら、手を挙げた人たちを連れ出して近くの物置小屋に連れていった。そこには錆びついてゆがんだ鉄製の車輪がついた手押し車がたくさんあった。「運転できるんだろ？　よし、これを運転してくれ」

手押し車には前輪に重く大きな車輪がついていて、バランスをとるのはむずかしく、とくに大量の石を乗せると頻繁にひっくり返るので嫌がられていた。ひっくり返るたびに、手押し車を押していた受刑者は殴られ、刑務官は勝ちほこった口調で「この国を支配したいんだよな？　手押し車一つうまいこと押せないやつに国なんて動かせるか？　どうしたんだよ？　手押し車が疲れてるとでも言いたいのか？」とあざけった。

日中に受刑者たちは昼食のために短い休憩をとることが許されていたが、食べる場所は採石場だった。ドラム缶に入った昼食が運ばれ、トウモロコシの粉でつくった粥が乱雑に盛られた。めったにながったが、ときには軟骨や脂や魚の小片が混じっていることもあった。人種によって配られる食べ物はちがった。黒人は毎日三四〇グラムが支給された。アジア人と有色人種は四〇〇グラムだ。公式にはアジア人と有色人種は一週間に四回、一七〇グラム、黒人は一四〇グラムの魚か肉が支給されることになっていた。しかし実際には受刑者たちにはめったに「公式」に定められている分量が支給されなかった。一般犯罪者たちが牛耳っている刑務所の厨房では、食料の横流しが公然と行なわれていた。料理人は一番いい食べものを自分たちと暴力団関係者にまわし、歓心を買うために刑務官たちにわいろとしてふるまった。

昼食時の短い休憩後には、もっと厳しい労働が待っている。一日の終わりに向けて、作業速度はどんどん上げられた。作業班ごとに厳しいノルマが課せられていたし、受刑者一人ひとりにどんな仕事であれ一日のノルマがあった。もしそれが達成できないと、労働カードが取り上げられて罰として食事を減らされる。とぼしいながらも通常の量さえ口に入らないこの罰の厳しさを男たちはすぐに知り、食事制限を恐れるようになった。トウモロコシの汁のみでは、エネルギーもカロリーも生命を維持していく最低限の量にさえとても足りず二日と持たない。腹に何もいれずに採石場で働くのは、死ねというようなものだった。

セディックは島に来て最初の数日間で、採石場で働くのは自分にはとても無理だと思った。やせていて際立って筋肉がないセディックが、毎日課せられるノルマを達成するだけの石を切るのは絶望的だった。ところが助けの手が差し伸べられ、なんとか達成できるようになった。セディックは、島の受刑者たちの間に一体感が芽生え、自分を犠牲にしても仲間を助ける意識がしだいに育ってきているのを感じた。石を切り出して運んでくると、自分の分が突然倍の量に増えている。強く頑健な男たちが、年配者や虚弱者や病人のノルマ分を自分たちが肩代わりし、毎日の検査の前に足していた。自分たちのノルマが達成できたところで、彼らはこっそり仲間を助け、人間味のある気づかいを見せてくれたのだ。

採石場で一日働いたあと、疲労困憊した男たちは有刺鉄線で囲まれた通路を走って自分たちの収容棟まで帰る。帰り道にも吠えたてる犬やこん棒を振りまわす刑務官から逃れるために、朝よりも速く走らなくてはならない。屈辱の儀式はその後も待っている。収容棟に入る前に、受刑者たちはもっとも恥ずかしい行為を強いられる。「タウサ・ダンス」と呼ばれた身体検査である。裸になって飛びはね、舌を裏側まで見せて口のなかに何も隠していないことを刑務官に見せ、身体をひねり、手をたたき、地面に手をついて尻の穴まで見せて、採石場から何も持ち帰らなかったことを刑務官に証明する。政治囚たちは最初かたくなにこの儀式を拒み、殴る蹴るの罰を受けた。彼らはまた、看守を「ご主人様」と呼んで絶対的服従を示すことにも果敢に抵抗し、同じように罰を受けた。

政治囚の大半は狭苦しい収容棟に入っていたが、黒人や有色人種の政治運動のリーダーたちは、一般収容棟から数百メートル離れたところにつくられた隔離収容棟に収監されていた。なかにはネルソン・マンデラ、アフリカ民族会議の副議長だったウォルター・シスルほか名だたるリーダーたちがいて、彼らもまた日中は島の中央部にある小規模の石灰石の採石場で働かされた。

刑務所のほかの施設とは距離を置いてつくられた隔離収容棟は、中庭を四方から建物が囲み、内部には通路をはさんで二列ずつ監房が並んでいた。収容棟の外側にはさらに高さ六メートルの厚い塀が立てられ、塀の上から二十四時間体制でシェパード犬を連れた看守が監視した。

隔離収容棟のなかで、政治団体のリーダーたちはわずか〇・六平米の独房に入れられた。壁からも床からも湿気が忍びこんでくる劣悪な環境だ。刑務所の主要施設から離すことで、彼らを党の下級幹部やメンバーたちと接触させないようにするのが刑務所の意図だった。だがそれは成功しなかった。

隔離収容棟で監督をかねて服役していた一般囚たちは、政治囚たちからわいろをもらってメッセージやニュースや情報を運び、政治運動グループのリーダーとその手下との連絡係をつとめた。セディックがとりわけ感心したのは、島の受刑者たちが編み出した「見えない伝言メモ」である。どう見てもまったく白紙としか思えない紙だが、あぶるとミルクで書かれた文字が浮き上がってきて、命令や指示やアドバイスが読み取れる。ほかにも隔離収容棟と連絡するために、同じような伝達手段や、砂に文字を書いておくシステムができあがっていた。

隔離収容棟から一般の収容棟に伝えられたメッセージの大半は、当然ながら「闘争教育」に利用された。ほかの受刑者たちへの政治教育が積極的に奨励され、アパルトヘイトから自由になったときに新しい南アフリカの未来をどう建設していくかについて、集団で討論することがリーダーたちから勧められた。

このメッセージは受刑者たちの勉学意欲をあらためてかきたて、やがてふたたび政治問題について勉強を始めた政治囚たちが、独自のコミュニティ意識を育むことを後押しする重要なきっかけとなった。受刑者たちは個々に勉強したわけではない。男たちは互いに教え、学びあい、集団で勉学に励んだ。ともすると受動的になり、ただ流されるだけになってしまう刑務所生活で、勉強している仲間を見ることがほかの受刑者たちの刺激になった。人間性を失ってしまいそうな悲惨な環境で、勉強は自尊心を保つために役立った。そしてまた、刑務所内の生活をある程度自分たちの手で管理していくためには、刑務所の管理者たちと闘わなくてはならないことを受刑者たちは学んだ。

セディックやマーカスのような教える技術のあるものが先生となって、ほかの受刑者たちに勉強を教えるために全力をあげて取り組むようになり、すぐに具体的な勉学目標が定まった。受刑者のなかには読み書きができないものがいたので、まず受刑者全員が文字を読めるようにする、という目標が定められた。やがて夜になると、収容棟それぞれで活気ある教育活動が行なわれるようになった。受刑者たちはさまざまなセミナーを企画し、その多くのテーマが政治・経済問題だった。しかし初期には、討論会もセミナーも政治的見解によって政治グループごとにはっきり分かれていた。

受刑者たちは教育に関して、「教育の機会を与える」という刑務所の規則をうまく利用した。刑務所の規則には、高校と大学レベルの両方で通信教育を受けられる権利が明文化されていた。本質的にその規則は、アパルトヘイト政府が「公正である」ことを示す例として体裁をつくろうために制定されたにすぎず、実際にはそれまでほんの数名が申請したにとどまっていた。ところが突然、通信教育が続々と申し込まれて、ロベン島刑務所の幹部は途方に暮れた。多くの受刑者たちが申し込み、おそらく刑務官長が却下するだろうと予想していたのだが、なんと全員に許可が出た。刑務所の生活を変えようとするならば、まずは大勢で力を合わせることだと証明された一件となった。

勉強と通信教育だけが刑務所の気晴らしではなかった。受刑者たちの大半は若く、どんな状態におかれても楽しみを見つけようとするエネルギーがあった。ありとあらゆるものが、彼らの創意工夫によって遊びの道具に替えられた。盗んできた石鹸でサイコロをつくり、紙の切れ端でカードをつくり、採石場のそばにある石だらけの海岸で拾ってきた難破船の木切れでチェスの駒をつくった。マーカスをはじめとするイースタンケープ地区出身の男たちはドラウトというカードゲームを皆に教えたし、トランスバール〔訳注／北部に位置する四つの州、ノースウェスト州、リンポポ州、ハウテン州、ムプマランガ州の総称〕出身者はルードーというカードゲームを紹介した。

受刑者たちは、刑務官たちが学びや遊びにまで我慢がならないとは、思い至らなかった。ロベン島刑務所で、受刑者たちが一瞬でも楽しいことをすることを彼らは望まなかった。そのため刑務官たちは、勉学や遊びの機会をことごとくつぶそうとした。単調な刑務所生活の退屈をまぎらわすために受刑者たちがやっていることを、残酷に踏みにじった。定期的に検査が行なわれて、収容棟はすみずみまで調べられた。刑務官たちは遊びをやめさせ、つくった道具をこわすことに嗜虐的な喜びを覚え、拾ってきたものから創意工夫してつくったものも破壊し、楽しみはただちに取り上げられた。

トニーと同じ収容棟にいた一人が、支給されたスプーンに何時間もかけて彫刻した。検査のときに一人の看守がその男の寝具をふるうと、スプーンがコンクリートの床に転がり落ちた。刑務官がそれを拾い上げ、手のなかでまわしながら繊細で複雑な彫刻の見事な出来栄えを称賛し、にっこり笑ってこなごなに砕き、床に投げ捨てた。流木や石板で個人的な道具をつくっていた受刑者たちも、見つけられると同じように壊される憂き目を見た。

だが、刑務官にもぜったいに止められない遊びが一つあった。どこででも簡単にできて、刑務官たちにばれない遊びである。サッカー狂のトニー・スーズは島にやってきてまもなく、シャツ数枚を丸めて縛ってボールまがいのものをつくり、同じくサッカー好きの仲間たちと興じるようになった。看守が検査に入っても、ほどいて元通りシャツにすれば見つからない。やがて長い退屈な夜に、収容棟はサッカーで活気づくようになった。寝具を隅に片づけ、見張りを立てて、五人ずつ、または八人ずつのミニゲームが行なわれた。

ときが経つにつれてロベン島にもレベルの高いサッカー選手が増え、しだいに熱いゲームが繰り広げられるようになるのだが、一九六四年の時点ではまだ軽い遊びの域を出ていなかった。セディック、トニー、リゾとマーカスが島にいた初期には、受刑者が組織的なスポーツを楽しむことを刑務所の幹部が許可するなど、夢にも考えられなかった。だが南アフリカじゅうからロベン島に送られてきた男たちが、その夢を現実に変えるまでにそれほど長い時間はかからなかった。

第3章　ついに刑務所でサッカーが

スポーツは人権の一つだった。
われわれ受刑者には精神的、身体的に向上する権利があったんだ。
アイザック・ムジムニェ（受刑者番号898／63）

何十年もの間、南アフリカの非白人の間でサッカーはもっとも人気のある国民的スポーツだった。一九二〇年代と三〇年代には、国じゅうのいたるところに黒人と有色人種で組まれたチームによるリーグが発足し、爆発的な勢いで広がっていった。黒人がぞくぞくと都市部に移住してきた一九三〇年代と四〇年代には、現代まで語り継がれる伝説のクラブが生まれた。オーランド・パイレーツ、モコネ・スワローズやバックスなどである。選手たちはほとんど無給だったが、ピッチですばらしいプレイを見せ、コミュニティの人々に喜びと自尊心を与えて、地元でスーパースターとなった。

一九五〇年代には、南アフリカは白人ではなく、黒人の世界的に有名なサッカー選手を輩出し、黒人サッカーファンたちの大きな誇りとなった。伝説の選手は、スティーブ「カラマズー（黒い流星）」・モコネである。サッカー選手として名をあげるためには、白人と非白人がはっきり分けられている南アフリカ・リーグを出ていかざるをえなかったし、パスポートを受け取るまでに何ヵ月も待たされた、ということはあったが、スティーブ・モコネはサッカーに何の興味もない南アフリカの黒人たちにも、黒人として生きていくことへの勇気を与えた。

モコネはすでに南アフリカのチーム、バックスの選手として国民的スターだったが、一九五五年に英国のコベントリー・クラブFCから熱心な誘いを受け、海外でプレイすることになった。英国に渡ったモコネは、ピッチでは輝いていたが英国のサッカーファンの人種差別に幻滅した。当時英国では、非白人が英国発祥のスポーツでプレイすることは非常にまれで、モコネには選手とファンの両方から試合中に絶え間なく悪口雑言が浴びせられた。

三年後にオランダの一部リーグにあるヘラクレスに移籍すると、エースストライカーとなり、高得点をあげてクラブをオランダ・エールディビジ（一部リーグ）で優勝争いをするところまで導き、すばらしい二シーズンを送った。オランダのファンにこよなく愛され、アムステルダムには今でも彼の名前を冠した通りがある。

一九六一年、モコネはイタリアのトリノへの移籍を決意した。黒人のサッカー選手としては世界初の年俸一万ポンドという高額での移籍は、大きな意味があった。トリノでの最初の試合となる対ヴェローナ戦で、モコネはただちに一万ポンドの価値があることを実証した。ヴェローナに対する五ゴールすべてをあげ、チームを5対2の勝利に導いたのだ。イタリアのスポーツ・メディアはすぐに彼に「サッカー界のマセラッティ」とあだ名をつけた。

南アフリカでは、黒人たちはモコネの国際的な成功に大いに勇気づけられてサッカー熱がますます上がり、アマチュアのサッカーリーグは一つの黄金期を迎えていた。一九五〇年代初め、ダーバン、ヨハネスブルグ、ケープタウンとプレトリアで実施される試合には一万人以上の観客が集まった。一九五〇年代の終わりごろには、ブッシュ・バックス、ワンダラーズ、ズールー・ロイヤルズとシティ・ブラックスといった黒人のトップチームの試合は、常時二万人以上を集客するまでになった。

一九五六年、有色人種でつくるウェスタン・プロビンスが、白人だけのウェスタン・プロビンスと一回だけめずらしい親善試合を行なった。白人チームだけで構成されたサッカーリーグのなかでウェスタン・プロビンスは常勝チームで、カレー・カップというカップ戦でも優勝したばかりだった。このカップ戦には黒人チームも有色人種のチームも参加を禁止されていた。のちにクリケットの有名選手となるバジル・ドリベイラがキャプテンをつとめていた有色人種のサッカーチームは、白人チームに5対1で勝利した。アパルトヘイト制度が施行されてから八年後に有色人種が白人に勝ったことは、サッカーの試合だけにとどまらない大きな意味を持ち、ピッチの外でも歓喜が渦巻いた。

一九六〇年代を通して、マンチェスター・ユナイテッド、ウォルバーハンプトン・ワンダラーズ、トッテナム・ホットスパーズといった英国のサッカークラブは定期的に南アフリカ・ツアーを行なった。英国の選手たちが全員白人だったとしても、少なくとも南アフリカの白人ではなかったので、南アフリカ側の非白人観客用に設けられた席では英国のチームを熱心に応援する声がこだまし、アパルトヘイト政府側の選手を打ち負かすと喜びでどよめいた。黒人も有色人種も観客は南アフリカの代表チームが負けてもまったく落胆しなかった。しかし、そういう応援をすれば報復はあった。試合を警備している公安警察が、非白人の観客の頭を警棒で殴る光景はスタンドではめずらしくなかった。

サッカーが若い男性の生活の中心にあることは、南アフリカも世界のほかの国々と変わらなかった。空き地があると、必ずすぐにチームに分かれて草サッカーが始まる。だから、一九六四年から六五年にかけてトニー、マーカス、セディックやリゾたちがロベン島に収監されたとき、二千人の政治囚のなかにサッカーをやりたくてうずうずしている才能ある若いサッカー選手が大勢いても不思議ではなかった。

ディマケ・マレペもその一人だ。わずか十六歳でロベン島に送られたディマケは、もっとも若い受刑者で、もっとも上手なサッカー選手の一人だった。ロベン島に送られる前に、彼はケープタウンのサッカークラブでフルタイムでプレイしていて、受刑者の仲間たちからは「プロ」とあだ名がつけられた。ディマケの従兄弟で、一緒にプレイしていたことがあり、同時期に島に送られたマーク・シナーズとディクハング・モセネケも上手だった。また、ゴールキーパーのシフォ・シャバララや、タフなディフェンダー、「ビッグモー」マセモラといった人たちも才能があった。

インドレス・ナイドゥはサッカーのプレイヤーではなかったが、サッカーをする権利を勝ち取るための運動で重要な役割を演じた。破壊工作の罪で収監されたインドレスは、拘留中に激しい拷問を受けたが、ついに屈しなかった。彼の家族がアフリカ民族会議の熱心なメンバーで、公安警察の間では有名だったことから、刑務所の幹部はインドレスにとりわけ強い関心を持っていた。

一九六三年、シャツで即席につくったボールを蹴り合う簡単なゲームが収容棟内で自然に始まり、苛酷な刑務所生活に活気を与える気晴らしとなり、受刑者たちの大切な生き甲斐となった。もし外の世界にいれば自由を求めるために闘っていたはずの若い男性たちは、投獄された刑務所のなかで楽しんでいたサッカーに、政治運動と同じような達成感と解放感を見出した。そして若い男性たちにとっては当然の流れとして、単なる蹴り合いはしだいに気晴らし以上の熱気をおびてきた。トニー・スーズとマーク・シナーズがほかの受刑者たちにボール扱いの技術を教えたために、だんだん本物のサッカーらしくなってきたが、そのため受刑者たちはよけいにフラストレーションがたまる一方だった。公式ルールにのっとったサッカーの試合をしたい。シャツでつくったボールを収容棟のなかで蹴るほど、本物のボールで、まともな試合をしたいという思いがつのるばかりだった。

もちろん、そんな希望が刑務所の規則に反することくらい男たちにはわかっていた。本物のサッカーボールを使って、屋外のピッチでプレイしたい、などという希望は、現実を見れば笑止千万である。刑務所側が受刑者の生活を全面的に管理しているのだ。当初、ロベン島の政治囚は互いに話をすることさえ禁じられていたし、ましてや集団で行動するなどとんでもなかった。鉛筆を持つのも、チェス、ルードーやドラウトというゲームも禁止されている。屋外でチームスポーツをするなど問題外である。もし物事を変えるなら、たとえばサッカーボールを収容棟の外に持ち出し、屋外で一一人のチームを組んでサッカーをしたいというのならば、規則を根本から変えるように、刑務所上層部に訴えなければならない。

収容棟内でプレイする受刑者たちが、公式ルールに則してサッカーの試合をしたい、という希望を初めて声に出して訴えたとき、ほかの受刑者たちは笑った。刑務所側が許可するとは到底考えられない。だが、サッカー愛好者たちはそれまでも課題を一つずつ克服してきたし、今度もまず刑務所独自のルールに従って、要望を正面から通す方法を探った。

刑務所の規則の一つに、七十二時間以上収容棟のなかに監禁された受刑者は、運動のために屋外で新鮮な空気を吸う許可が与えられなくてはならない、という項があった。それまで受刑者たちの運動といえばあてもなく所内をぐるぐる歩くだけだったが、その時間にサッカーをやることを許してもらったらいいではないか。

実現不可能とも思えるこの要望を刑務所側に通すために最初に乗り越えなくてはならない問題は、どうやって訴えればいいか、ということだった。刑務官長の執務室におもむいてドアをノックし、なかに入って要望を伝える、ということはまず無理だ。そこであらためて、もう一つの刑務所の規則を利用することにした。もし「不満」や「要望」があれば受刑者が刑務所側に訴えられる、という簡易法廷が毎週土曜の朝に開かれる。

この簡易法廷はそれぞれの収容棟で開かれ、受刑者は刑務官長のセロン隊長に要望や不満を提出できる。南アフリカの刑務所の規則として、受刑者が不満を訴える権利は絶対視されていて、国じゅうの刑務所で定期的に簡易法廷を開くことは強制されていた。アパルトヘイト政府はこの規則が明文化されていることを自慢し、自分たちは公正で法的手続きを尊重していることを国際社会に印象づけようとした。しかし受刑者の不満に対処するかどうかについては、なんら法的拘束力はなかった。

毎週土曜日の朝、むなしい茶番劇がロベン島で演じられた。受刑者たちは簡易法廷の席で不満や要望を訴え、刑務所のやり方を弾劾する意見を提出する。たとえば食べものや衣服が十分でないことや労働環境があまりにひどいことなどだ。看守のひどい対応や、基本的人権が侵害されていることなども訴えられた。だが毎週、刑務官長は興味がなさそうに遠くのほうをじっと見つめ、肩をすくめて受刑者の不満を無視した。何も変わらなかったがこの規則は毎週実行された。

そして一九六四年一二月下旬から、受刑者はかわるがわる毎週同じ要望を出すようになった。「サッカーをする許可を要求します」。最初のころ、セロン隊長はせせら笑いながらそれを聞き、受刑者のあまりの図々しさにあきれはてていたし、すぐに刑務官たちの間でも話題になった。刑務所の職員全員が怒り狂った。彼らの目から見ると、そんな要望など出すこと自体が論外である。テロリストたちはこの島にスポーツを楽しむためにやってきたわけじゃない。厳しい労働と脅しによって罰せられるために収監されているのだ。要望を出させないように何か手を打たなくてはならない。そんなことを言いだしたら当然報いがあるのだ。

運動が始まって二、三週間経ったころ、初めてトニーに土曜朝の簡易法廷に出席する番がまわってきた。同じ言葉で彼も訴えた。「サッカーをする許可を要求します」。顔を上げることもなく、刑務官長は看守にトニーの「食糧チケット」を取り上げさせ、週末に食事がいっさいできない罰を与えた。それからの数ヵ月、受刑者がサッカーをする権利を要求するたび、刑務所側の報復は続いた。

毎週懲罰を受け続けたにもかかわらず、受刑者たちの不屈の闘志と団結力はいっこうに衰えなかった。各収容棟の男たちは、つぎの土曜日に要求を提出する人を選ぶにあたって相談し、二日間食事を没収される報復に耐えられるかどうかを十分考慮して人選した。ロベン島でもっともサッカーに熱意を燃やしていたのはマーク・シナーズ、ビッグ・モー・マセモラとプロ・マレペで、真っ先に要求提出に手を挙げて、食糧チケットを取り上げられる報復を受けた。受刑者たちは年老いた男たちや病人にはこの運動に参加させないよう配慮していたが、熱意のあるものは誰もが参加して要求を提出した。参加する人を選んで運動を起こし、自分たちの要望を通させるやり方は、ハンガーストライキをやって食事と衣服の改善をはかったときの方法を踏襲した。

受刑者たちの忍耐強さに刑務所の上層部は困惑し、あせった。そうでなくても苛酷な刑務所生活が懲罰によってもっと苦しくなるというのに、なぜ強情に要求するのか？　たかが馬鹿げた試合ではないか。

刑務所対受刑者の消耗戦は一九六五年を通して続き、どちらも引き下がらなかった。受刑者にはたいへんな強さが必要だったが、ときが経つにつれて、サッカーをする権利を得るためという運動の目的は、受刑者のコミュニティを一つにまとめる、という目標に変わっていった。集まって話し合う場を得たおかげで運動を長期間持続できたのだし、サッカーだけにとどまらない効果があった。どうしてもサッカーをやるのだ、という意志と、何かをする権利を得るための努力は、政治的な考え方のちがいを超越した。政治団体それぞれの主張の相違は、島での生活の隅々に影響を及ぼしていて、受刑者たちの日常活動にまで及んでいた。だがパンアフリカニスト会議とアフリカ民族会議のそれぞれの支持者が一緒になって島の生活改革について話し合い、どちらの団体も進んで土曜日の朝の要求提出に参加した。共通の敵である頑迷な刑務所側とどう闘っていくかについて長時間話し合うほど、サッカーの試合を組織的に実施するメリットがどれほど大きいかを、受刑者たちは明確に認識するようになった。

もちろんスポーツをすることで純粋に身体的な喜びが得られるし、チームとして仲間と一緒に何かをやることは興奮をもたらし、闘うことでアドレナリンが出て心身が活性化し、自分の能力をほかの人よりもっと磨きたいと思えば意欲的になる。だがロベン島では、サッカーをやることにそれ以上の意味がある。サッカーのリーグ戦を実施すれば、男たちは自信を取り戻し、刑務所の管理者たちに、自分たちにも組織的に働き、規律を持って行動し、共同して何かを成し遂げる力があることを証明できるのだ。サッカーは、逆境のなかで自尊心を取り戻し、自分たちが刑務所内の共同体の一員であるという意識を受刑者一人ひとりに持たせるものとなるはずだ。

心理学的な側面からも効果があった。本土でセディック・アイザックスは、服役期間が長期に及んだときの影響について書かれた本を多数読み、長期受刑者は精神的に虚脱し無気力に陥る危険があると知っていた。感情を豊かに、精神を健全に保って刑務所生活を生き延びるために、受刑者には心身ともに活性化させる何かが必要なのだ。自分たちを虐げようとする刑務官や看守に抵抗しなくてはならない。そのためにまず勉学があり、多くの受刑者たちに将来につながる目的を与えた。サッカーは彼らに情熱を与えるだろう。

セディックは抵抗運動がどれだけ男たちの士気を上げるかを見てきた。収容棟のサッカー選手たちは、もし許可がおりたらどうやって試合を実施するかについて討議を重ねていた。ミーティングはつねに熱を帯び、ときには過熱した。やがて受刑者たちはサッカー以外の問題について話し合うためのミーティングも、積極的に開くようになった。権利を勝ち取る運動に成功し、サッカーで男たちが精神的、肉体的に健康を維持していけば、解放されたのちに反アパルトヘイト闘争を元気に再開できて、南アフリカできっと革命が達成できるにちがいないとセディックは信じていた。

土曜の朝に受刑者たちが要望を出し、刑務所側が報復することは、一九六六年に入っても繰り返された。刑務官長のかたくなな姿勢も受刑者たちの忍耐強さも変わることがなかった。受刑者たちの要望をあくまで抑えつけようとする刑務所管理側の圧倒的に大きな権力、という構図に変化はなかった。だが、その構図を支えてきた社会情勢はまさに変わろうとしていた。

変化の最初の兆候は、受刑者がいつも食べている粥に、目を疑うほど大きな肉の塊が入っていたことと、かなりの数の受刑者たちに衣服が支給されたことからあらわれた。数日後、国際赤十字からの派遣団がロベン島にやってきた。受刑者たちは思いがけず重要な味方を見出した。

赤十字の視察は、一部の受刑者たちにとってはある意味で矛盾であることに変わりはなかった。赤十字は公式的には、難民や政治囚や戦争犯罪者たちの待遇を監視するために、拘留場所を実際に訪れる、とその目的があきらかにされていた。一般囚の様子を見ることは、彼らの任務ではない。ところがアパルトヘイト政府の辞書に、「政治囚」という言葉はない。ロベン島でカテゴリーDに分類されている受刑者の大半は、公式には「国家転覆犯罪者」であり、テロリスト以外の何ものでもないとみなされた。公式に認められている政治囚も戦争犯罪者もいないのに、南アフリカ政府が国際赤十字の視察を受け入れた、というのはあきらかに矛盾している。

要求や不満を提出する簡易法廷が刑務所にあることをアパルトヘイト政府がいくら強調しても、それは建前にすぎず、西側の民主主義国家の一員として同盟関係を維持していきたい、また公正な国であると認められたい、という願望からの単なる形式にすぎない。

南アフリカに対して国際世論は非難を強めており、政府関係者の間にはしだいに不安が高まっていた。一九六四年ごろからスポーツの国際大会からつぎつぎに締め出されていったのを皮切りに、行きすぎたアパルトヘイト政策に対して世界じゅうから非難の声が集中し、南アフリカに対して政治的圧力をかけるべきだという海外諸国の意見に対して、政府は早急に手を打たなくてはならなかった。

一九六一年、ＦＩＦＡは南アフリカの白人のみで構成された代表チームが公式試合や親善試合を行なうことを禁止した。しかし当時ＦＩＦＡ会長だった英国人のサー・スタンレー・ラウスは頑強な植民地主義者で、その処置は南アフリカ政府への政治介入だとして長く強力に反対運動を繰り広げていた。白人選手だけが最高水準の国際試合に参加するのにふさわしい能力があるとする南アフリカ政府の決断は、あきらかに人種差別政策である、という事実に、サー・スタンレーは進んで目をつぶった。

一九六三年、サー・スタンレーが「南アフリカの有色人種のサッカー選手は、アパルトヘイト体制における人種間の関係に満足している」という見解を述べたことが、南アフリカの国際試合禁止解除を後押しした。サー・スタンレー元会長は南アフリカを短期で訪れて、政府が指定した人物と南アフリカサッカー協会関係者と会ってその結論を出した。もしロベン島の受刑者たちがその意見を聞いていたら、きっと仰天したにちがいない。

白人だけの南アフリカ代表チームはふたたびサッカーの国際試合に出場するようになった――だがその期間は短かった。翌年、ＦＩＦＡの年次総会にはかつてないほど多くのアフリカ、アジアと東欧圏諸国の代表者が出席し、肌の色や人種で差別する政策を痛烈に非難した。一九六四年にＦＩＦＡは、ふたたび南アフリカに国際試合禁止の命令を出した。受刑者たちにとってそれは意気が上がるニュースだった。南アフリカはほぼ三十年間、サッカーの国際的組織に参加できないことになる。一九七四年、サー・スタンレー・ラウスは会長選挙に負けて、ブラジル人のジョアン・アベランジェに会長の座を譲った。アベランジェは選挙運動で、サー・スタンレーが南アフリカの人種政策についてとった姿勢を徹底的に非難して票を獲得し、長年ＦＩＦＡを牛耳ってきた英国人を蹴落とした。

ロベン島につぎつぎと送りこまれてくる受刑者たちが、スポーツ界で起きているニュースをもたらした。国際オリンピック委員会（ＩＯＣ）もＦＩＦＡにならって南アフリカをオリンピックから締め出した。ＩＯＣは南アフリカに対して、スポーツにおけるいかなる人種差別も放棄することを、正式かつ公式に表明するよう要請した。政府はこの要請を拒絶し、一九六四年の東京オリンピックは不参加となった。ＩＯＣに参加を拒否され、オリンピックでのいっさいの競技から締め出された国は南アフリカが最初だ。一九六四年にはまた、白人の南アフリカ選手とウィンブルドンで対戦が決まったテニス選手の何人かが、試合を拒否するという事件があった。

その年、南アフリカの公安警察はかつてない勢いで反体制派や抵抗勢力への対決姿勢を強めていたが、一方で政府はスポーツの国際組織からの締め出しが国の孤立を招くのではないかという危機感をしだいにつのらせていた。アパルトヘイト体制を転換するつもりはまったくないが、スポーツの世界でのボイコットが経済面に及ぶことが懸念された。南アフリカへの投資を望む政府と大企業は国際世論に不安の色を隠せなかった。そこで政府はしぶしぶながらも、国際赤十字がロベン島を視察する意義を認めざるをえなかったのだ。

最初の訪問期間中、刑務所側は派遣団の目をくらまそうとあらゆる手を使った。食事を改善し、新しい衣服を支給するだけでなく、刑務官たちは受刑者を礼儀正しく扱うようにとさえ言われた。刑務所側はすべての受刑者に対して、幅広く課外活動やレクリエーションを提供しているように見せかけた。そのために隔離収容棟に収監されているネルソン・マンデラをはじめとする主要政治団体のリーダーたちには、縫物ができるセットが支給された。一般収容棟のDカテゴリーの受刑者たちは収容棟の外に出ての運動が許され、赤十字の派遣団は短い時間だが、刑務官の監視がない状態で多くの受刑者たちにインタビューすることができた。島の生活について受刑者から聞かされた不満と告発は、刑務所側によって不都合な面を隠ぺいして見せられた様子と相反していることに、赤十字の人々は興味を持った。

最初の訪問では、それまでよりましな衣服が支給されるという直接的な効果はあったものの、赤十字派遣団は概してロベン島の管理体制を大っぴらに非難することはなかった。しかしやがて事態は変わっていった。その変化を起こしたのは、南アフリカのアパルトヘイト政策に対して、一人で果敢に立ち向かった下院議員、ヘレン・スズマンの力によるところが大きい。

ヘレン・スズマン下院議員は南アフリカの自由と平等のために不撓不屈の精神で闘った白人の政治家である。一九六〇年代に、女性の政治家は非常にめずらしかった。女性政治家であるだけでなく、一時期、所属政党に一人しかいなくなっても奮闘した、という点でもスズマンは孤高の人だった。一九六一年、初当選から八年たったところで、所属している進歩党はつぎつぎ人が抜けて一人しかいなくなってしまった。一九七四年に六人が加盟するまでおよそ五年間、たった一人で闘い続けた。進歩党は公式には野党ということになっていたが、南アフリカの人多数の人々に大きな影響を及ぼすような主要な政治問題については、与党である国民党と実質的に同調していた。そんな進歩党に最初からスズマンは信頼を置いていなかった。スズマンは支配体制にたった一人で立ち向かい、その暗部を暴くことを少しも恐れなかった。下院議員の地位のおかげで彼女には刑務所を訪問する権利があり、一九六七年からロベン島を訪れては、刑務所職員のいらだちをものともせずに実態を自分の目で確かめ、受刑者と直接話をした。

スズマンが初めて島にやってきたとき、受刑者の男たちの大半にとって彼女が三年ぶりに見る女性だった。彼女はネルソン・マンデラと隔離収容棟で会い、一般収容棟で数十人の受刑者と話をした。男たちの一人が、ナチスのシンボルである鉤十字「卍」の入れ墨を腕に入れている看守がいると話したことから、スズマンは南アフリカ政府の刑務所を統轄している法務当局の矯正監督官長に苦情を言った。刑務所内の管理を正す役目の矯正監督官長は、最初その苦情を無視していたが、スズマンが世界の主要新聞の代表を呼んで記者会見を開くと脅すとすぐに対応した。日をおかずに残虐な拷問道具をいつも持ち歩くヴァン・レンスブルグは本土の刑務所へこっそり異動させられ、受刑者たちは大喜びした。

スズマンはロベン島の実態を公表することをやめず、赤十字のような国際的な組織が表面的な視察だけでなく、もっと真剣に受刑者たちの不満に耳を傾けるべきだと圧力をかけた。

国際赤十字の派遣団は、島での受刑者の生活についてしだいに批判の度合いを強めていった。刑務所側は派遣団の訪問を恐れるようになり、実態を暴こうとする赤十字と隠そうとする刑務所のイタチごっこが始まった。刑務所側の隠ぺいの努力はむなしかった。大西洋にぽつんと浮かび、荒々しい海に囲まれて自然の要塞に守られたロベン島は、南アフリカでもっとも厳重に警備されている堅固な監獄島のはずなのに、いまや政府にとっては外部からの攻撃にもろくもさらされているアキレス腱になろうとしていた。

チャンスがめぐってきたと気づいた島の「未来の」サッカー選手たちは、土曜朝の簡易法廷での要求提出と同じく、国際赤十字派遣団に「国際ルールに則して、組織的にサッカーの試合をやりたい」と繰り返し訴えた。それに応えて赤十字は、なぜ許可しないのかと刑務所長に問いただした。

許可するように圧力が高まると、刑務所の管理者たちは苦しまぎれにさまざまな言い訳を考えだした。まず、受刑者にサッカーをやらせるうえで一番の問題は、十分な安全対策がとれないことだ、と言い訳した。刑務所側には、屋外で大勢の受刑者たちを監視し警備するだけの人員がいない。それなら同じ屋外である採石場で警備できているのはなぜなのか、という質問が出る。採石場での監視は週日だが、サッカーの試合がある週末には人手が足りなくなる、とつぎの言い訳が出てくる。それにピッチがない。受刑者たちは道具も持っていないし、靴がない。ボールだってないのだ。それ以上にサッカーは受刑者の健康によくない。サッカーの試合をするには、体力がなさすぎる。

男たちは刑務所側にかけられる外圧に元気づけられたが、赤十字派遣団がときどきしかやってこないこともわかっていた。だからサッカーをする権利を勝ち取るために最終的に頼りになる強力な武器は、自分たちの不屈の意志と、一途な気持ちしかない。

一九六七年一二月の初め、三年間途切れることなく要望を出し続けた結果、刑務官長から毎週土曜日に三十分サッカーをやることを許可する、と伝えられた。受刑者たちの勝利だった。

刑務官長は部下の刑務官たちに説明した。受刑者たちはすぐにサッカーがいやになるにちがいない、何と言っても激しいスポーツをやる体力がないのだから。白人優位主義者である刑務官長の目には、受刑者たちに足りないのは体力だけでなく、チームを結成して定期的に試合を実施できるような能力も不足している、と映った。それでもやるというのなら、何かあればサッカーを許可しないと命令を出せばいい。サッカーを命令に従わせるための駆け引きの材料にできる。刑務所側は所内の秩序を管理する力をふるう手段を一つ手に入れることになるだろう。サッカーがそれほど受刑者にとって重要ならば、それをやめさせることは打撃になるはずだ。加えて、国際世論に向けていい宣伝になる。受刑者にサッカーを許可するほど寛容な姿勢を見せれば、西側諸国と赤十字はこちらを非難できなくなるだろう。刑務所側の姿勢は、こちらが受刑者を敵として恐れているのではないことを示すよい機会になる。こちらが勝利のカードを手に入れたのだ。

収容棟では男たちは歓喜に沸いていたが、刑務所側の申し出をそのまま受けるべきかどうかをめぐって、すぐに侃々諤々の議論がわき起こった。マーカス・ソロモンは与えられたチャンスを逃すべきではなく、そこで手に入れた政治的資源を、たとえば食事の改善をはじめとするつぎの要求につなげていけばいい、と考える一人だった。サッカーをするためには、男たちはもっとカロリーとエネルギーが必要だ。それではサッカーをする前によりよい食事を要求するべきか、それともプレイしてから食事改善要求を出すべきか？

受刑者たちにとって、屋外でサッカーをする権利を獲得するための政治的な運動は、サッカーそのものにとどまらないことははっきりしていた。刑務所側から特別許可を勝ち取った男たちには、自分たちのことは自分たちで決定できる、という自信が芽生えた。この状況に乗じてもっとさまざまな権利も勝ち取れるし、新しい権利を団体交渉の切り札に利用することもできる。食事改善をまず訴えるべきかについて話し合われ、結論が出た。まず許可された権利を行使してサッカーをして、それから食事改善要求のための運動を始めよう。

一九六七年一二月、風の強い土曜日の朝、刑務官たちは第四収容棟にずかずかと入ってきて、プレイしたいと志願した受刑者のなかから適当に二チーム分の人数を選んだ。片方のチームがレンジャースと名乗り、もう一方はバックスと名づけられ、収容棟と隣接している空き地に張りきって飛びだしていった。その場所は、昔、男たちが自由の身でサッカーをしていた街中のピッチよりも生えている草が少なく、石ころだらけで凸凹があった。道具もなければシューズもなかったので、囚人服のまま、ほとんどのものが裸足でプレイした。だが一つだけありがたい配慮があった。観客がいたことだ。ほかの受刑者たち一〇人ほどが、間に合わせのピッチの周囲で観戦することを刑務官は許可した。

試合開始の笛が吹かれてすぐ、サッカーの試合をやるには受刑者たちの体力はあまりにも不足しているし、ブランクが長すぎたことが誰の目にもあきらかだった。本物のボールを三、四年蹴ったことがなく、コンクリートのうえか収容棟の壁に囲まれたなかでしか試合をしていなかった受刑者たちのプレイはひどかった。パスはつながらず、タックルは遅れ気味で、すぐに息切れして走れなくなる人が続出した。だがそんなことはプレイしている人たちにとっても、観客たちにとっても、たいした問題ではなかった。それは彼らにとってロベン島にやってきてから、もっとも興奮するイベントだった。

三十分の試合は終わってみれば0対0の引き分けだったが、参加した全員がその日は勝者だった。初めて試合をした彼らが収容棟に戻ってくると、受刑者たちは拍手喝采で迎えた。その日から、島のサッカーの歴史が始まった。

試合は毎週土曜日に行なわれた——もちろん男たちのサッカーへの情熱と試合にかける熱意は変わることがなく、刑務官長は「二週間しかもたないだろう」という自信たっぷりだった予想が裏切られてあわてた。相変わらずプレイの質はひどかったが、誰もプレイヤーのスタミナや技術のなさをからかったりしなかった。屋外でサッカーができる、ということ自体が奇跡以外なにものでもないと思えたからだ。それどころか受刑者たちの意気は、これ以上ないほど上がっていた。観客は自分たちの故郷の旗をつくって振り、応援歌を歌い、自分たちのチームを応援する気持ちをあらわすだけでなく、アイデンティティや仲間意識を育んだ。

セディック・アイザックスはサッカーをプレイすることには何の関心もなかったが、どんなスポーツ狂の観客よりもプレイの一つひとつに熱狂した。試合の内容や結果よりも、サッカーというスポーツが男たちにどれほど大きな意味を持ち、生活をどれほど大きく変えたかに興味がわいた。男たちはプレイや観戦を楽しむだけでなく、試合の準備にあれこれ工夫することにも楽しみを見出した。ゴールは海岸に流れ着いた厚板と魚網でつくられた。靴修理職人だった受刑者の一人が、自動車のタイヤの裏側に鋲を打ってシューズをこしらえた。互いに切磋琢磨して身体を鍛え、試合のための戦術を考え、組織づくりや交渉術に磨きをかけて、リーグ制度をつくろうと話し合いを重ねた。

かつて本土で熱心にサッカーをやっていた受刑者たちは、自分たちの能力が錆びついて、まともな試合ができる状態にないことを痛感していた。毎日、採石場で強制労働によって身体は使っていたが、サッカーをする力をつけるためにはトレーニングが必要だ。才能があるものたちは、プレイの質を上げるための責任を感じてコーチとなり、練習プログラムを組んで収容棟でひそかにトレーニングをした。誰もが指導を受けたがったのが、プロ・マレぺだ。

すでにしっかりとした技術を持っていたマーク・シナーズは、プロ・マレぺがどれほど優れたコーチであるかをすぐに見抜き、同じ収容棟で指導を受けられることに感謝した。プロは収容棟のトイレと洗面所で訓練を始めた。サッカーにかかわっていない受刑者たちの邪魔をしたくなかったので、わざわざ狭い洗面所を選んだ。フィジカルを鍛えるために、プロはプレイヤーたちに三十〜四十分、その場のランニング、スクワット、ダッシュ、ジャンプ、腕立て伏せといったトレーニングをやらせた。それからドリブル、パス、シュートやタックルといったサッカーのスキルを練習した。すべて限られた収容棟のスペースを使っての練習だった。

採石場で一日激しい労働をこなしたあとにもかかわらず、さぼることは許されなかった。プロはサッカーができるコンディションにない選手にがまんがならなかった。疲労を見せた男たちには、とくに集中的に厳しくトレーニングさせた。「もっと高く跳べ！　早く走れ！」と叱咤した。彼のトレーニングの意図ははっきりしていた。苦しんで努力をすれば、必ず苦しみ以上のものを得る、ということだ。男たちの身体能力はしだいに高くなり、それにしたがってプレイの質も向上した。

インドレス・ナイドゥは初期のころの三十分の試合で審判をつとめた。セディックと同様、インドレスもサッカーをすることが男たちの士気をどれほど高めるかを目の当たりにした。試合をする権利を勝ち取ったところで、つぎの段階は試合の形をより整えてサッカーを組織化しなくてはならないと考えていた。その時期が来た。

選手たちは刑務官にもっと長い時間プレイさせてほしいと交渉し、ピッチにいる時間をしだいに長くしていった。プレイする時間が長くなっていくにつれて、しだいにもっと大胆な、勇気ある要望を出すようになった。第一に、刑務官が収容棟ごとに適当に選手を選んでチームをつくるのではなく、受刑者たちの意志でチームをつくらせてほしい、という要望を出した。自分たちで選んだメンバーでチームを結成し、さらにクラブを設立して、島でサッカーのリーグ戦を開催したいという大胆きわまりない計画を立てた。もっと大きな野心もあった。自分たちでＦＩＦＡの会則に従ったサッカー協会を設立することだ。すでにもっともサッカーにくわしいサッカー選手たちによって計画は進行中で、審判と試合運営について厳しい訓練も始めていた。

狭い場所で共同生活を送る受刑者たちには、互いに規則を守り、きちんとした組織をつくることが非常に重要だった。強制的に窮屈な場所に押しこめられている状態では、感情的ないざこざが起こりがちで、つねに緊張がある。厳格な規則なしには、収容棟での日々の生活はたちまち不愉快なものになってしまう。政治囚たちにとってサッカーリーグを結成することは、自ら集団を組織化し、いつか自分たちで国を運営するチャンスがめぐってきたときに必要になる力を養うために重要だった。もし自分たちの手に国の運営を任せられる日が来れば、円滑に動かしたい。レンジャースとバックスの最初の試合が終わってから四日後、声明を作成するために収容棟の代表者が採石場で内密に集まった。

明るい未来を予見させる出来事だった。基本的なルールを共同で決めたことも重要だったが、それ以上に、異なる政治思想を持つものたちが一緒になって一つのことをやる、ということに意味があった。サッカーをする権利を勝ち取るために一致協力する以前は、受刑者たちは主要な政治団体ごとに固まり、所内は分裂していた。採石場の作業でも政治団体ごとに分かれていたし、所属する政治団体がちがうと挨拶も合図もせず、協力しあうことなどまずなかった。サッカーリーグを結成するために派閥を越えた会合を持つなど、そのころは考えられもしなかった。

サッカーリーグの組織づくりのガイドラインが決められた。それぞれのクラブは会長、事務局長と事務を選ぶ。クラブの運営を監視するサッカー協会を組織し、その下にさまざまな委員会を置く。リーグ組織を形づくっていくなかで、南アフリカの未来の指導者たちは、組織づくりや周囲との交渉や団結の方法について学んでいった。

もちろん初期の会合で問題が起きないわけではなかった。話し合いはしばしば過熱し、敵意がむき出しになり、いずれかの政治団体が主導権をにぎるのではないかと互いに疑心暗鬼になった。政治派閥ごとに七クラブが設立された――レンジャース、バックス、ホットスパーズ、ダイナモ、ディシシディ、ブラックイーグルス、ガナーズである。

最初のシーズンが始まる前に、協会は八番目のクラブとして、トニー・スーズをキャプテンとするマノンFCの参加を認めた。政治派閥に関係なく選手が参加した最初のクラブで、しかも選考基準が公開された。七ページある手書きのクラブ規約の五ページ目に、こう書かれている。

1. マノン・フットボール・クラブには誰でもが参加できる。無差別が徹底して尊重される。
2. 無差別の方針は選手だけでなく、クラブにかかわるすべてのメンバーにあてはめられる。

ロベン島以外で「無差別」は、人種、ジェンダー、宗教や国籍での差別をしない、ということを意味するが、収容棟では意味がちがった。マノンFCのメンバーは政治思想に関係なく選ばれる。アフリカ民族会議とパンアフリカニスト会議のメンバーが一緒にプレイすることができるのだ。

トニーをはじめとするマノンFCの設立者たちは、政治派閥間の垣根を取り払い、サッカーリーグを成功させるために「無差別」の方針は不可欠だと考えていた。ほかの受刑者の一人は、「無差別」についての規約条項は、つまりクラブは選手を純粋にその能力によって選抜する、ということか、とトニーにたずねると、彼はにっこり笑って肯定した。「そうだよ。自分たちが正しいと思っていたことをやったほうが、きっと得することになるからね」。マノンFCのモットーは「ハゲワシは飢えている」と決められた。

男たちは採石場や収容棟で会合を重ね、サッカー協会の目的について話し合った。ある会合で、トニーが出した名称をめぐる動議が満場一致で採択された。サッカー協会の名称は「マツェニサッカー協会」と決定した。マツェニとは「石」という意味で、採石場という彼らの生活の場を象徴していた。

インドレス・ナイドゥはディハング・モセネケをマツェニサッカー協会の会長に任命した。ディハングはパンアフリカニスト会議（受刑者の大半がこの政治団体に所属していた）のメンバーで、島に収監されたときに最年少だった受刑者の一人だ。ディハングを任命したのは、インドレスの優れた政治判断だった。島内の政治派閥間の闘争を考えると、ディハングにパンアフリカニスト会議のメンバーたちをまとめてもらわなければ、アフリカ民族会議の一員である自分の意見が通りにくくなるだろう、という判断である。ディハングは若いが、幅広く尊敬を集めていて、敵対しがちな派閥の調停をうまくはかっていくだろうという期待があった。インドレスは事務局長に選ばれ、細心の注意をはらいながらその任務にあたった。

マツェニサッカー協会の目的は、できるだけ多くの政治囚を選手としてだけでなく、審判や線審、クラブの事務局や職員、救急班、コーチ、トレーナーやグラウンド整備といった活動に参加させることにあった。協会の方針は、ロベン島においてサッカーを通して、スポーツ、運動、娯楽やほかのさまざまな楽しみをすべて包括して提供することだ、と公式に打ちだされた。この理想を実現するために、サッカーリーグの発案者はそれぞれのクラブが三チームつくることを決めた。

Aチームは、トニー・スーズ、マーク・シナーズ、プロ・マレぺやベニー・ントエレのような、もし収監されていなければ南アフリカの黒人代表チームに入っていてもおかしくない実力のある選手で構成されるトップチームだ。Bチームはかなりの実力がある選手たちで構成され、Cチームは初心者から年配の男たちが簡単なゲームを楽しむためにつくられた。すべての人のためのスポーツ、それがマツェニサッカー協会のめざすところだった。

第4章　サッカーリーグ発足

私はトニー・スーズに数学を教え、彼は私にボールの蹴り方を教えた。
セディック・アイザックス（受刑者番号883／64）

一九六八年二月のある土曜日、トニー・スーズ、フレディ・サイモンをはじめとする収容棟のサッカー選手たちは、早朝から身体をほぐし、ストレッチや試合に向けての最後の練習に余念がなかった。一週間、待ちに待った試合だ。

だが試合前の練習の時間が過ぎるうちに、それまでの期待が不安に変わり、困惑した顔を互いに見合わせた。時計を持つのは禁じられていたにもかかわらず、ふだんから厳格なスケジュールに従って行動させられているせいで、受刑者たちの体内時計は恐ろしいほど正確だ。サッカー選手たちは午前十時に収容棟を出て、その日行なわれる最初の試合に出場する予定だったが、あきらかにすでに十時をまわっている。仲間の一人がかんぬきのかかった収容棟の扉越しに、なぜまだ外に出るのが許されないのか、と外にいる看守にたずねた。看守はそっけなく答えた。「今日、サッカーは中止だ」。男たちは腹が立ったが、それまで刑務所側と交渉を重ねてきた経験から、怒りを押し隠して穏やかな口調で、なぜ中止なのかそのわけを担当の刑務官が説明してくれるよう頼んだ。刑務官は冷淡に、勤務予定だった看守二名ほどが具合が悪くて休んでいるから、と答えた。サッカーの試合を監視するための人員が足りないためだ、という言い訳だ。

サッカーが予告なしにいきなり中止になることは初めてではなかった。刑務所側は許可を与えたときから、受刑者たちにとって重要な意味を持つサッカーを、服従させるための一つの武器として利用した。受刑者たちもまた、サッカーをする許可を求める運動を始めたときから、それが彼らにとって両刃の刃になるだろうと予測していた。受刑者に与えた権利を、刑務所側は自分たちの都合で禁止し、罰として利用できる。また島に根本的な変化が起ころうとしていた時期に、サッカーをする権利を勝ち取ったときが重なったことは、受刑者にとって運が悪かった。

一九六七年初め、刑務所の上層部が交代した。新しい幹部たちは、受刑者たちが国際赤十字にロベン島の劣悪な生活環境を訴えたことへの報復をはかるつもりで、高圧的な強硬姿勢でのぞむつもりだった。二、三年の短い刑期を終えて釈放された元受刑者たちが、島では人権侵害が日常茶飯事であると公に暴露する事件が相次ぎ、幹部や刑務官たちは怒り狂っていた。

そんな元受刑者の一人が、黒人詩人のデニス・ブルータスである。国家反逆罪で一八ヵ月間にわたってロベン島に服役したデニスは、釈放されてから国連のアパルトヘイトに関する特別委員会で島の実態について証言した。彼の発言は世界じゅうから注目を集め、アパルトヘイトに対する厳しい非難が浴びせられた。国際世論は南アフリカ政府に対して、ますます非難の声を大きくした。島の刑務官たちを統括し、刑務所内の管理を取り締まる南アフリカ政府の矯正監督官長は、ストックホルムで開かれた国際会議に出席したとき、風当たりの強さを思い知らされた。会議の議題は、世界じゅうの刑務所における受刑者の取り扱いにおいて、最低限守るべき基準を設けることにあった。矯正監督官長がストックホルムに到着すると、怒ったデモ隊に出迎えられ、ロベン島の実態について彼が知らないようなことまで知っているジャーナリストたちから質問攻めにあった。

サッカーをする権利を取り上げることは、自分たちへの批判の原因をつくった元受刑者たちに対する報復となり、また脅しをかけて受刑者への締めつけがはかれる、という一挙両得の意義がある。ところが国際赤十字の手前、サッカーを全面禁止にすることはできないので、毎週行なわれるはずの試合を許可しないことによって受刑者に揺さぶりをかけることにした。

毎週のように、刑務所側が職員の「人手不足」を理由に試合を許可しないかもしれない、という不安が受刑者たちの間で高まった。試合ができたとしても、観客の人数は厳しく制限された。刑務官たちはピッチのなかに勝手に入って歩きまわり、プレイを妨害し、ときには自分も参加しているふりをして、ゴールにボールを蹴りこんだりした。週日に看守に逆らったり、手こずらせたりする受刑者が一人でもいたら、刑務官はその受刑者がいる収容棟全員が土曜日のサッカーに参加できないと脅した。刑務官たちに「トラブルメーカー」として目をつけられている受刑者が何かしら非難めいたことを口にすれば、即刻「サッカー禁止」の罰が下った。

刑務官たちのなかにはわざと収容棟にかんぬきをかける時間を遅くして、受刑者たちが一分でも長くピッチにいられるようにするものもいたが、一方で収容棟の管理を任されている刑務官のなかには、クラブチームでプレイするのを許すかわりに、自分たちがでたらめに選手を選ぶことで、チームを組んでリーグ戦を実行することを妨害しようとするものもいた。受刑者たちの企画はすべて、刑務所側がつぶした。ところが受刑者たちの抵抗の方法は刑務官たちを当惑させた。

一九六八年四月のある土曜日の朝、刑務官が収容棟の扉をあけて、受刑者たちにサッカーの時間だぞ、と知らせた。男たちは誰一人として身動きもしなかった。一人が静かに告げた。「今日は、サッカーを中止にする」

収容棟内と採石場でサッカー選手たちは何回となく会合を重ね、もし刑務所側が自分たちへの脅しの手段としてサッカーの権利を利用するならば、刑務所側がそういう妨害工作をやめて、受刑者側に全面的に権利を渡すまで、自分たちのほうからサッカーを中止すると決めた。

それから六月まで、五月三一日の共和国建国記念日に親善試合が一回行なわれた以外は、刑務所でサッカーは中止された。翌年一九六八年七月から六九年六月の一年間は、五回しか試合が行なわれなかった。大好きなサッカーを自らやめてしまうのは本末転倒ではないかと考えて反対する受刑者がいても不思議はなかったが、そんな動きはまったくなかった。男たちはサッカーの試合を組織的に実施する気持ちには変わりなかったが、再開するときには自分たちが全面的に管理し、運営したいと考えていた。

サッカーを自らやめるのは、当然ながら男たちにとって苦渋の選択だった。サッカー選手たちはプレイしたくてたまらなかったし、ファンたちは退屈な週末の大きな楽しみがなくなってがっかりした。だが、そのころ受刑者たちの間で何回となく繰り返されていたハンガーストライキとサッカーの自主的中断は、要求を貫くための手段として同じだと受刑者たちは考えていた。刑務所の食糧事情は相変わらずひどく、改善させるには食べないことで管理側に圧力をかけるしかない。刑務所側は、ロベン島に収監された受刑者は心身ともに痛めつけられて当然と思っていたものの、実際に飢餓状態にならられると、国際社会や赤十字の手前、南アフリカ政府のイメージ悪化につながると恐れていた。

そんなとき、自分たちの抵抗運動が実は大きな影響力を持っていることに受刑者が気づく事件が起きた。一度、刑務所の食糧事情の改善を求めるハンガーストライキが実施されたとき、体力も気力も衰えた男たちを元気づける思いがけないニュースが飛びこんできた。下級刑務官たちが食堂の食事の質の改善を求めて、受刑者たちにならって食事をボイコットする運動を始めた、というのだ。

アパルトヘイトによる階級差別は白人の間にも厳然とあった。上級刑務官と既婚者は島の職員用食堂が利用でき、すべての面において最高の食事を提供されていた。若い刑務官に提供されるのは、はるかに貧しい食事内容で、彼らはみなうんざりしていた。下級刑務官たちの食事ボイコット運動によってその日のうちに要求が聞き入れられた。受刑者たちが、連帯することの大切さを下級刑務官たちに教えたのだ。

受刑者たちも、食事の改善要求を繰り返し、とくに選ばれた人たちが何回となくハンガーストライキを実行した効果があって、六〇年代の後半に徐々に改善されていった。サッカーをする許可を求める運動でも、団結して立ち上がれば、権力を握る側は歩み寄る、ということが受刑者たちにはわかった。そこで今回も要求を通すために、自分たちからサッカーをしないことにすれば、国際赤十字からの派遣団が次回訪問したときに注意を引き、刑務所側への圧力になるのではないか、と期待した。

一九六九年六月に赴任した刑務所の新しい上級幹部たちは、以前より柔軟な姿勢だったので、受刑者たちには希望の光がさした。ロベン島で長く暮らすうちに、受刑者たちはどれほどかすかであってもめぐってきたチャンスは必ず察知して、幸運を引き寄せることを学んでいる。

南アフリカ政府は海外からの圧力がかかるたびにロベン島の待遇を少し改善し、自分たちが進歩的な体制であると国際世論にアピールすることを繰り返していた。完全に場当たり的な対処でしかなかったが、国際世論の非難をかわすためには、ときどき譲歩の姿勢を見せて変更を最低限にとどめておけばいい、と考えていた。

そんな政府よりはるかに鋭い政治感覚を持っていた受刑者たちは、変化を的確に判断した。待っていた好機がめぐってきた。組織的なサッカーを再開し、毎日の暮らしをもっと自分たちの力で管理する権利を獲得する運動を始めるのは、今だ。着任した刑務所幹部は、サッカーの組織化を支援する程度のことは、許容範囲内の「小さな譲歩」にすぎないと考えていた。ロベン島は「悪魔の島」などではないことを海外メディアに信じこませて、世界の目をくらませられるのなら、サッカーを許可するくらいお安い御用だ、と考えていたのだ。

サッカーをする権利を自らの手に取り戻した受刑者たちは、サッカー協会の運営委員会での話し合いで参加するチームと試合について決め、同時にリーグの名称をマツェニからマカナサッカー協会に変更することを満場一致で決定した。マツェニ（石）という言葉は、採石場での苛酷な労働を連想させる。運営委員会は島の歴史に自分たちが誇りとする人物の名前を刻むことにした。「マカナ」は島の白人刑務官たちには何の意味も持たないが、受刑者たちにとっては大きな意味がある名前だ。コサ人の戦士であるマカナは、南アフリカに植民した英国の軍隊と戦って一八一九年に捕虜となった。翌年、島に向かう船に乗せられたマカナは、同乗した三〇人の男たちとともに逃亡を企てたものの船が転覆し、亡くなった。島の男たちはマカナに強い感銘を受けていて、新しく設立するサッカー協会にふさわしい名前であると思った。

リーグを組織してサッカーをしたいと気持ちがはやったが、まずマカナサッカー協会の組織化が先決であるとして、運営委員を選出した。若いディハング・モセネケが再び組織の長に選ばれたことには驚きはなかったし、強い影響力を持つインドレス・ナイドゥは彼を支える右腕となった。

トニー・スーズをはじめとする才能豊かなサッカー選手たちは、運営委員と一緒にマカナサッカー協会の公式の会則を練り、何度も書き直してつくりあげた。会則をめぐる議論は何ヵ月も続き、ときには沸騰した。会則作成の中心となったのは、アフリカ民族会議とパンアフリカニスト会議のメンバーたちだ。一九六九年六月、ついに会則ができあがった。

何ページにも及ぶ会則の最初に、新しいサッカー協会の感動的な設立趣旨が記されている。注目すべきは、マカナサッカー協会と所属するすべての選手と職員たちは、ＦＩＦＡの規約と規定に忠実に従わなくてはならない、と記されている箇所だ。ＦＩＦＡは世界じゅうのサッカーの団体をまとめる機関で、ＦＩＦＡが決めた規約と規定は各国のサッカー協会で適用される。ＦＩＦＡが想定している「世界」のなかには、南アフリカの神に見捨てられた離島に収監されている受刑者たちがつくる協会はふくまれないだろう。だが、そのＦＩＦＡに従うという受刑者たちの意志は、ロベン島のサッカーを発展させていく仕事に彼らがどれほど真剣に取り組んでいるかの証だった。

受刑者たちがＦＩＦＡのルールブックを入手できたのは、ほんの偶然だった。受刑者と国際赤十字からの圧力のおかげで、刑務所には小さな図書室がつくられた。適当に選ばれ、ぼろぼろになった本が二、三の本棚に並べられているだけの図書室である。蔵書の大半は安っぽい三文小説と聖書だったが、そこにＦＩＦＡの規定と規約を記した薄い本が混じっていた。島の生活改善をはかる運動を繰り広げていた人たちが、大学図書館から本を寄贈してもらうことと、本土の図書館から貸し出してもらう権利を得て、図書室を拡充したおかげだ。

会則に書かれたマカナサッカー協会の設立趣旨からは、彼らの熱い思いが伝わってくる。そこにはロベン島でサッカーを「普及させ」、人気を高めていくためには、会議で話し合い、講師を立てて講義を聴いて学び、模範試合を行なって優れた選手のプレイを見せることが必要だ、と書かれている。また選手と観客両方の関心を引きつけるために、たとえば各収容棟の古参たちによる試合など、特別イベントを組むこともはっきり約束されていた。またピッチ上での妙技やフェアプレイを奨励するために、毎シーズン「優秀選手」を選ぶことも計画していた。

会則には規定と規約がこまかく記されていたが、なかには不服を提訴するための手続き方法や、クラブと協会の代表者の選出方法、リーグ戦とカップ戦の実施方法もあった。選手登録のやり方やクラブ間の移籍のルールも決められていて、とくにその条項には受刑者たちが大きな関心を寄せた。

外の世界では、選手はクラブと法的実効力がある雇用契約を結び、選手の移籍はクラブ側が全面的に管理する。移籍について選手側にほとんど権限はなく、移籍には何かしらの金銭が動くのが通例だ。ロベン島では選手は別のクラブに移ることが自分で決められる。大半のプロサッカー選手に比べると、ロベン島の選手のほうがずっと自由だといえるかもしれない。だがマカナサッカー協会の設立者たちは、移籍を選手任せにしておくとクラブが安定しない、と経験から十分にわかっていたので、何かしらの制限を設けることにした。選手は移籍したいと思ったら、所属クラブの理事長に「移籍証明書」をもらわなければならない。協会設立者たちはクラブが不正な方法で選手を集めることもあると予測していたので、その防止のためにこの規定を設けた。

しかし同時に、自由を求める政治運動の闘士たちは、プレイするクラブを選ぶという基本的な自由を奪う規定など、意味をもたない、と考えた。マカナサッカー協会は「妥当な理由」がないかぎり、選手が移籍を申し出た日から十四日以内にクラブは移籍証明書を発行しなくてはならず、もしそれが守られなければ選手は協会の「裁定委員会」に提訴できる、という規約をつくった。裁定委員会は状況を十分に調査したあと、クラブと選手間のもめごとの最終判断を下す権限を持つ。不服・不正を調停する裁定委員会は、会則に具体的な事例が列挙されている唯一の委員会である。審判に退場を命じられた選手の処分、協会の資産を許可なく使用・所有した場合の事例、暴力的な脅し、実際の暴力行為や選手の協会役員に対する侮辱などの事例があげられていた。裁定委員会はクラブの活動に反対するメンバーの訴えについても「最終判断を下す」責任を負っていた。

こういったしっかりした規約をつくった背景には、ロベン島ならではの事情があった。正式な司法手続きを経て収監された受刑者はほとんどいなかったので、せめてサッカーにおいては控訴できる権利を十分に確保したいと受刑者たちは願った。スポーツではあるが、自分たちがつくるシステムは公正と公平を重んじ、正義と民主主義の二つの理想に基づいているものでなくてはならない。つまり、アパルトヘイトと真逆にある組織にしたかったのだ。

協会にはほかにも委員会があった。風紀委員会、スタジアム管理委員会、応急治療委員会、備品管理委員会などだが、裁定委員会ほど大きな責務を担ったものはない。裁定委員会は島の生活でユニークな存在となり、ほかの委員会より会議が開催される頻度ははるかに多く、討論の時間も長かった。この委員会の報告書と議事録は膨大だった。

島では鉛筆、ペンやインク、紙といった筆記用具が非常に貴重だった。勉強に、手紙に、さまざまな組織での実務に筆記用具は必須だ。受刑者たちは紙のサイズがそろわなくても気にせず、かろうじて読めるまで字を小さくして有効に利用する術を編み出していた。ありとあらゆるものを紙の代用品にしたし、ときにはセメントが入っていた茶色の袋まで使った。それほど貴重な紙を、裁定委員会のためなら喜んで受刑者たちが寄付したという事実からも、彼らがサッカーの組織化をどれほど重視していたかがわかるだろう。

もちろん一つの目的のために団結しているとはいっても、ケンカやいさかいがなくなったわけではない。ロベン島の厳しい管理体制で締めつけられても、男たちは従順なイエスマンにはならなかった。サッカーをする権利を獲得し、リーグを結成する目的が、受刑者たちが自分のことは自分で決めて、各自が自立した考えを持つ力を取り戻すことにあったとしたら、サッカーの組織化をめぐってそれぞれ異なる意見を持ち、それを主張してぶつかることは避けられない。マカナサッカー協会はその点を念頭において、サッカーの試合には必須の組織を発足させた。審判委員会である。

世界じゅうどこでも、草サッカーを楽しむ人たちは自分たちで審判をつとめる。だがロベン島のサッカー選手たちにそれはありえなかった。マカナサッカー協会は、審判についての絶対的な信念を持っていた。そこで独立した組織である審判委員会を設立し、簡単な言葉で趣旨を説明した。「レフェリーなくして、組織的サッカーはない」。男たちがスポーツの組織化をいかに真剣に考えていたかを示唆する一言だ。クラブごとのスローガンは多彩で、創意に富んでいて、遊び心がいっぱいだった――マノンFCは「ハゲワシは飢えている」、レンジャースは「ゴールは銀色、アートは金色」などが、審判委員会のモットーは高尚かつ現実的だ。「自分のことより審判の任務を優先」。

審判委員会は独自の会則を持ち、所属する人たちはサッカー協会から独立し、運営規約も別だった。レフェリーになりたい志望者はFIFAのガイドラインに沿った筆記試験と、ピッチで審判できることを証明する実地試験に合格しなくてはならない。審判委員会は志望者を集めて収容棟で講義や勉強会を開き、審判方法を書いた手引書や書類を作成した。

外の世界では、レフェリーとマッチコミッショナーは試合をするチームのホームタウンと関係がない人が選ばれるが、ロベン島の狭いコミュニティではそれは不可能だ。試合が終わった夜、レフェリーは退場を命じた選手の隣で眠らなくてはならないかもしれない。翌日、微妙なPK判定で負けたクラブのサポーターと一緒に石を切らなくてはならないかもしれないし、おかしなオフサイドの犠牲になったチームのキャプテンと机を並べて勉強しなくてはならないかもしれない。レフェリーにかかるプレッシャーは尋常ではなく大きかった。

サッカーでいいことの一つは、もたらされる興奮と、選手やサポーターの間に育まれる忠誠心のおかげで、刑務所生活でたまる欲求不満から救われることである。しかしそのためにレフェリーへの不満はいっそう大きくなりかねない。サッカーとなると性格が変わり、気分が左右される受刑者たちにとって、所属する、もしくは一つのクラブを愛するあまり、ほかのクラブには敵対する意識や感情を持つようになる。レフェリーはそんな関係にある人たちを裁かなくてはならない。だから、少しでも自分のチームに不利と感じると、選手やサポーターは激しい怒りの矛先をレフェリーに向ける。

マカナサッカー協会はレフェリーをめぐる問題を理解し、収容棟内や刑務所内のピッチ外の場所で、非公式にレフェリーに不満を述べることを厳しく禁じる方針をしっかりと固め、潜在する問題を未然に防止しようとした。クラブは不満があれば、正式に該当する委員会に申し立てなくてはならない。

マーカス・ソロモンはレフェリーになりたいと率先して手を上げた一人で、予想される困難に少しもひるむ様子はなかった。志望理由はきわめてシンプルだ。「レフェリーなしにサッカーはできない」。誰かがその役目を果たさなければならない。その役目を引き受けることは、マーカスにとってこのうえない喜びだった。のちに彼は、ほかのレフェリーを訓練し評価する仕事をし、あやふやな事例について裁定委員会に提訴される前に検討する規律委員をつとめるようになった。

マカナサッカー協会にはマーカスのようなしっかりした考え方を持った人物が必要だった。自分たちには自己管理能力があり、情熱を燃やしても感情に先走らず自制できて、問題が起こったときに解決する能力や、受刑者のコミュニティ内における争いごとを仲裁する能力もあることを刑務所側に胸を張って示さなくてはならない。そのためにもレフェリーの役割が非常に重要である。

運営能力があることを証明したい、という受刑者たちの願いがあらわれていたもう一点は、協会の運営事務がすべて書類を通して行なわれたことである。たとえ書類を届けるのが困難だったり、紙が不足していても、書類作成をないがしろにしたり省いたりすることは考えられなかった。マカナサッカー協会とクラブ、メンバーへの伝達事項はすべて形式にのっとった、堅苦しいほどの厳格な様式を守って作成された文書でやりとりされた。文書や委員会の議事録では名字に「ミスター」がつけられた。刑務所の職員からは番号で呼ばれるか、人種を侮辱する呼び方や下品に罵った言葉でしか呼ばれない受刑者たちにとって、名字で呼びかけられることは人間としての尊厳を認め、個人として尊重していることのあらわれだった。文書の最後は「スポーツのために」という言葉で締めくくられ、意見はちがっても、目的のために一致団結する気持ちがあることを示した。文書のやりとりで外の世界とちがっていたのは、発信者も受信者も同じ住所だったことだ。トニー・スーズがマカナサッカー協会からの通達を受け取るとすると、宛先はミスター・アンソニー・スーズ、収容棟番号C1、第四収容ブロック、ロベン島、となる。

なぜ男たちは面と向かって議論するのではなく、すべてを書きものにしたのだろうか? 受刑者たちは一緒に暮らし、働き、シャワーを浴び、つねに顔を突きあわせていなくてはならない。とくに採石場では仕事の単調さと苦しさをまぎらわすために、チャンスがあれば何でも話し合われた。だが、話し合いで意見の一致を見るのはむずかしい。話したことはうやむやになりがちだが、書いたものは残る。書いてしまえば、そんなことは言っていないと言い逃れはできない。受け取ったものも、その意見は聞いていないと無視できない。男たちは物事を正式に運ぶことを重視していた。プレトリアの

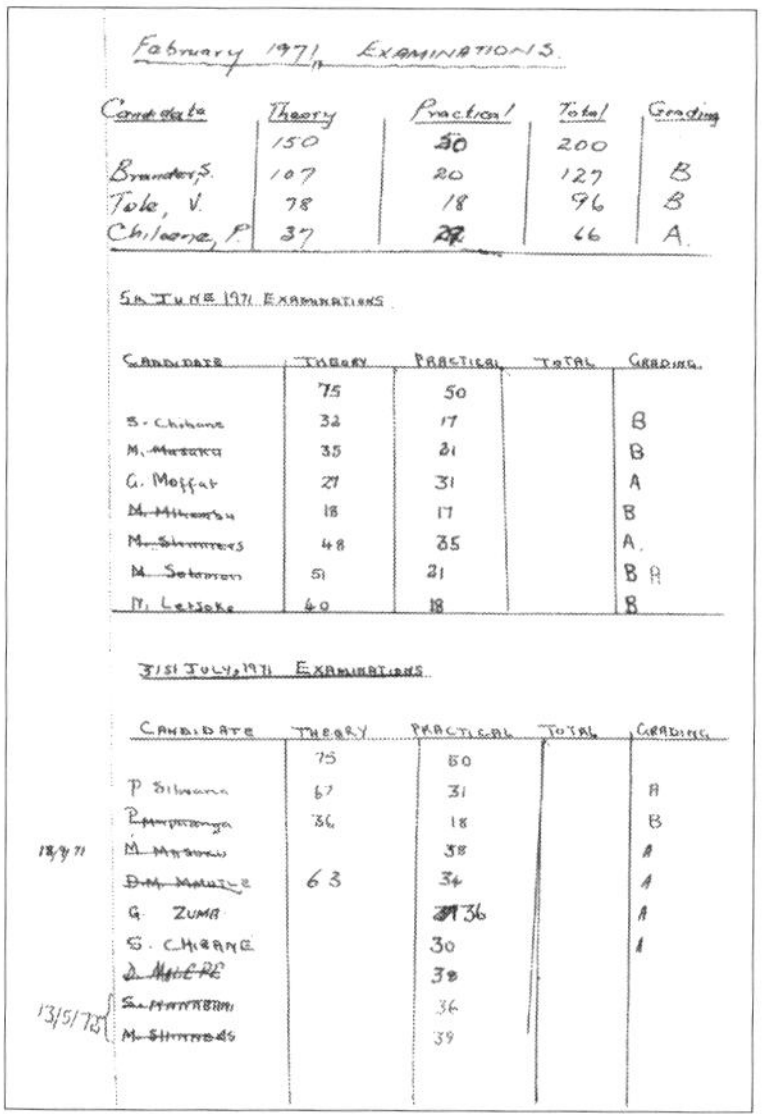

「レフェリーなくしてサッカーなし」は審判委員会のモットーだった。レフェリーをつとめるものは全員がFIFAが実施していた筆記試験に合格しなくてはリーグ戦で笛を吹くことは許されなかった。

総当たりのリーグ戦を実施するだけでなく、マカナサッカー協会は数多く試合を企画して受刑者たちのサッカーへの情熱を維持していこうとした。これは1973年10月13日に開催された収容棟対抗戦を報せるチラシ。

サッカークラブで事務長をつとめていたなら、自分たちのクラブで起こったサッカーに関連する問題を、サッカー協会に直接訴えに行くことはしないだろう。外の世界での正しいやり方があるのなら、島でもそれを踏襲すべきだ、というのが彼らの考え方だった。

ガナーズ、ディシシディ、レンジャース、ホットスパーズ、ダイナモ、バックス、ブラックイーグルスという初期のクラブにマノンFCとのちにムファッラツァネが加わった九クラブは、マカナサッカー協会が開催するサッカーリーグの最初のシーズンを迎え、A、B、Cの三つのディビジョンに分かれてリーグ戦を戦うことになった。

島でのサッカー人気は非常に高かった。信じられないほど大勢の受刑者が選手として応募し、登録された。レンジャースは三チーム全部で四〇人も登録したと自慢し、バックスは三八人を集めた。だが人数だけでなく、質でもマノンFCは発足時からリーグで群を抜いていた。政治団体のメンバーにこだわらずに誰でも応募できる超党派クラブであったことが功を奏し、なんと五九名もが登録された。

九クラブのそれぞれが運営委員会を結成し、応急処置のための訓練や監督の任命や選手の選考にあたった。まもなくロベン島に収監されている政治囚の半分近くが、直接的、間接的にサッカーにかかわるようになった。

選手が登録され、クラブの運営が動き出したところで、サッカー関係者たちの間にあらたな具体的問題が浮上した。第一の問題は、もしサッカーのリーグ戦を組織的に実施するというのならば、外見もそれらしくしなければならない、ということだ。すべてのプレイヤーがまともな道具を手に入れることを最優先事項とした。最初、彼らは刑務所の上層部にかけあったが、刑務所側はきわめて実利的な回答をよこした――日常着として支給している衣服を汚してほしくない。だが本当の理由はもっと深いところにあった。まともなサッカーウェアとシューズでピッチを走れば、男たちは失ったものの大きさをあらためて思い知るだろう。島に収監される前の生活を思い出されるのはかなわない。

チームカラーを決める活発な議論も繰り広げられた。本土にいたときに応援していたクラブのユニフォームを採用したいというものもいれば、海外のクラブ、たとえばマンチェスター・ユナイテッド、レアルマドリードやウォルバーハンプトン・ワンダラーズのユニフォームを着たいというものもいる。結局、ガナーズは黒と白、ディシシディが栗色と白、レンジャースがロイヤルブルーとゴールド、ホットスパーズがグリーンと白に決まった。ほかのチームも自分たちの色を選んだ。ダイナモは栗色と黒、マノンが栗色とゴールド、ムファッラララツァネはグリーンとゴールド、バックスが黒とゴールド、ブラックイーグルスがネイビーとスカイブルーである。

ユニフォームの色を決めたのはいいが、ウェアやシューズなどをどうやって手に入れるかが問題だった。国際赤十字がリーグ発足に向けて金銭的援助をしたが、メンバーの家族も自分たちが暮らしにも事欠く状態なのにもかかわらず、いくばくかの金を送ってきた。厳しい検閲をくぐりぬけて届いた手紙の行間を読み、ロベン島の受刑者たちのニュースを聞いた本土の家族は、男たちにとってサッカーがどれほど大切なのかを理解したからだ。

いくらか資金ができたところで、プレイヤーたちは欲しいユニフォームのデザイン画を描き、どの色をどこに入れるかを指示する作業へと進んだ。もちろんどうやって調達するか、という問題がある。近所のスポーツ用品店に出かけて注文するわけにはいかない。赤十字を通して彼らは刑務官長に頼み、ケープタウンのスポーツ用品店に注文を送ってもらうことにした。それぞれのクラブが注文を出し、首を長くして待った。本土の店に足元を見られ、先払いしたのに粗悪品が送られていることがよくあった。注文した数が足りず、色やサイズがまちがっていても、サッカー選手たちは直接文句をつけることができない。

マカナサッカー協会は別のやり方を試みることにした。刑務官長のところにあらためてかけあいにいくと、刑務所の新しい管理体制がより進歩的であることを示すように、刑務官長が真剣に相談に乗ってくれたばかりか、マカナサッカー協会がこれからはすべてのクラブの注文を一括し、一つの店にまとめて注文するべきだ、というアドバイスまでくれた。そうすれば店側にしても窓口が一つになってまとまった数の注文が入り、利益が上がるから上客として扱ってくれる。この件は受刑者と刑務所側が積極的に協力しためずらしい例となった。

ほかにもサッカーリーグを発足させる前に、実務的な問題がいろいろあった。そもそもピッチは収容棟の隣にある荒れ地だ。FIFAルールにのっとってサッカーの試合をしようとするならば、何かしら手を加えなくてはならない。受刑者たちは刑務所の上層部にかけあって、ピッチを平らにならすために重いローラーを貸してもらうことにした。ピッチの整備はただ地面をならすだけに終わらなかった。受刑者たちは長い時間をかけてピッチわきにセメントで排水溝を通し、豪雨に襲われてすぐに泥だらけになるピッチの水はけを改善した。受刑者たちはまた、乾期にピッチのコンディションを最高にする方法を考えだした。整備をしているとき、ピッチのすぐそばに忘れられていた水道栓があるのを発見した受刑者たちは、刑務官に気づかれないように定期的にサッカー場に放水した。

トニー・スーズはあらたに鉄製のゴールポストをつくり、仲間のンルワナ、ムバサとチルワがネットを張った。彼らの尽力のおかげで、マカナサッカー協会は少なくとも三〇ランド〔訳注／現在の価格にすると六〇〇円足らず〕も貴重な予算を浮かせることができ、ほかの設備に使われた。ピッチは二ヵ月足らずで整備された。看守たちでさえも感心する出来栄えだった。低木が生えていた荒れ地が、草が青々と茂るサッカー場へと変身したのだ。

準備が整ったところで、男たちはいよいよリーグ発足が近づいていると実感し、収容棟では期待がふくらんだ。トレーニングにますます熱が入り、必要な練習時間を確保するためにAチームは「合宿」と称する危険な活動を始めた。それぞれのチームのプレイヤーは収容棟に分散していて、夜間に棟に錠がかけられて出入りが禁じられると、チーム練習ができなくなってしまう。そこで採石場での労働後、収容棟に戻る前に整列させられるとき人を入れ換えることを始めた。そうすればプレイヤーは試合の前の二晩を、所属するチームと同じ収容棟に寝泊まりして夜間一緒にトレーニングできる。収容棟の人をこっそり入れ替えることを、島では「越境」と呼んでいた。越境は希望、逃亡、自由を意味し、よりよい場所へと移動する旅を連想させる言葉だ。

プレイヤーたちは「合宿」の必要があると、収容棟の清掃係にメモを残して寝具も交換する手配をする。受刑者たちは勉強会で「越境」のためのメモをやり取りしたし、採石場でも情報伝達のためのネットワークを築いていた。作業グループはそれぞれが数十メートル離れたところで働いていたので、命令や指示などの伝達事項を伝えあうための方法を編み出した。刑務官が捨てたマッチ箱やタバコの空き箱に伝達することを書いたメモを入れ、スパイのようにやり取りした。つねに見張りを立て、マッチ箱やタバコの箱を見つけるとただちに回収し、またメモを入れてさりげなく落としておく。手押し車に石を載せて運ぶものたちも伝達係をつとめた。

合宿の間、男たちはトレーニングするだけでなく、戦術を話し合い、相手チームの強みと弱点をこまかく分析した。この選手とあの選手はたぶん怪我をしているのではないか？　あの選手は利き足しか使えないか、それとも左右とも器用に使いこなすか？　タックルに強いか弱いか？　一対一の局面に弱いか、それとも駆け引き上手か？

看守が収容棟の通路をめぐって受刑者たちに就寝を命じてからも、男たちは顔を突き合わせてひそひそ話し合った。プロのチームと同様、プレイヤーとコーチング・スタッフは一緒になってゲームプランを練った。一つだけでなく、二つも三つも戦術を検討した。左右にウィングの選手を置いて、より守備的に戦うほうがいいか？　それとも中盤を厚くして攻撃的にいくか？　FWは二人置くか、それともスリートップでいくか？

合宿はあきらかに刑務所の規則に違反する行動だ。受刑者たちは収容棟ばかりでなく、寝具まで決められていた。ちがう棟で眠っているところを発見されたら、ただちに罰が下される。だが、収容棟を巡回する看守は毎回同じ棟を担当するわけではなかったので、受刑者たちの顔をあまり見分けられず、「越境」が気づかれることはめったになかった。夜の点呼は頭数を確かめるだけで、割り当てられた人数が収容棟にそろっていれば任務が終わった、と刑務官は考えた。

一九六九年一二月、マカナサッカー協会の最初のシーズンの幕があがった。ピッチではすぐさま数々の問題が浮かび上がった。プレイヤーたちは必死のトレーニングを積み、収容棟内で身体を鍛えてきたが、屋外のピッチで実際に試合をこなすには何もかも不足していることが露呈した。試合中に身体と身体がぶつかりあう競りあいに弱く、とくにタックルが下手だった。タイミングが外れたタックルや選手同士の衝突は怪我につながる危険があり、クラブのコーチはタイミングを改善するために、プレイヤーたちにさらなる練習を課した。五日間の重労働をこなさなければならないのに、稚拙なプレイで怪我をすることだけは避けたい。サッカーの試合で怪我をしても、それは自分が悪いとみなされ、労働を休むことは許されない。

シーズンが半分終わったところで、マノンが頭一つ抜き出て、すでに直下のライバルであるガナーズに勝ち点五ポイント差をつけていた。一九七〇年四月四日土曜日、よく晴れた明るい朝、マノンFCの選手たちは、あざやかな栗色とゴールドのユニフォームに身を包み、グリーンと白のユニフォームを着たホットスパーズとの試合のためにピッチに飛び出していった。熱心なサッカーファンであるマーク・シナーズが線審の一人をつとめた。その日、Aディビジョンの試合でレフェリーをつとめることに、マークはこのうえない喜びを感じていた。

選手たちには時間厳守が求められた。マカナサッカー協会は、土曜日の午前と午後に六試合を詰めこまなくてはならなかった。できるだけ多くの人にスポーツの機会を提供する、という協会の趣旨を実行するために、試合時間は十五分ハーフのぴったり三十分とされ、ハーフタイムをとらずにコートチェンジだけをして時間内に終わらせなくてはならない。

ホットスパーズはAディビジョンの最下位で、やはり低迷するダイナモとともにすでにほかの七クラブから勝ち点を四〜五ポイント引き離されていた。ホットスパーズはどのチームと戦うときにも苦戦を強いられ、最初の十五分間はほとんど自陣のペナルティエリアに全員が釘づけになって相手の攻撃に耐えしのんだ。マノンはシュートの嵐を浴びせ、開始十分たったとき、ようやくトニー・スーズがペナルティ・ボックスの外から堅固な守りを破る見事なボレーシュートを決めた。Aディビジョンのゴールキーパーで、トニーとの対戦を喜ぶものは一人もいなかった。島でもっとも力強く速いシュートを放つのはトニーであることは誰もが認めていたし、それを受けると身体が傷む。ハーフタイムの笛が吹かれる直前、マノンはストライカーであるンカトゥロのゴールで2対0とリードした。

後半に入るとホットスパーズは疲労の色が濃くなり、意気がどんどん下がってマノンの一方的なゲームとなった。ンカトゥロが二点目を、シャバララとタバネが一点ずつ決めて、合計5対0で圧勝した。チームの実力差は歴然としていたが、どちらも最後まで一生懸命戦い、ファウルもほとんどなかった。だがホットスパーズにとってはダイナモとともに、Aディビジョンのほかのクラブのレベルに追いつくためにはプレイヤーの質を上げなくてはならない、とあらためて思い知らされる内容だった。二つのクラブはシーズン終了後に新たなプレイヤーを獲得しなくてはならないだろう。

Bディビジョンでは選手たちはまだレベルを上げるために練習しているところだ。四月一八日午後二時、マーク・シナーズはBディビジョンの中位にいるディシシディとレンジャースの試合の主審をつとめた。数えきれないほどオフサイドの笛を吹き、ゴールのチャンスはどちらもほとんどなかった。どちらのチームも自陣のペナルティエリアの近くまでボールが転がってくると、ディフェンダーはすぐにタッチラインに蹴りだしてしまう。顔を上げてパスできる味方を探す余裕がない。連携してパスをまわしゴールに迫る強さが足りず、プレイヤーは誰もディフェンスを脅かすようなプレイができていない。後半に入って一回だけ訪れた絶好機で、ディシシディがＰＫのチャンスを得た。だがそのＰＫが決まらなかったのも、実力を考えると当然だった。試合は０対０の引き分けに終わった。

Ｃディビジョンとなると、プレイヤーは戦術に沿って戦うというレベルにまで達していなかった。ただピッチで背中に太陽を浴びながら走りまわれるだけで、十分に幸せだった。

リーグ戦が始まってからというもの、それまで陰鬱だった刑務所内はサッカーに関する話題で大いに盛り上がった。ほかに会話が弾み、熱心な討論が繰り広げられる話題は政治だけだ。最初は収容棟を出て、タッチライン沿いで試合を観戦できる受刑者の数は制限されていた。観戦者は棟に帰ってくるとプレイの一つひとつについて詳細に報告し、サッカー記者も顔負けなくらい深く分析した意見を述べた。マカナサッカー協会は、できるだけ大勢をこのプロジェクトに引きこむためには、刑務所側にかけあって観戦できる受刑者の数を増やしてもらうことだと気づいた。つぎの要求運動はその点にしぼられた。

シーズンの前半が終わるまで、受刑者たちの要求に対し、看守たちは大勢の観客を監視するだけの人員は割けない、と答えていたが、ある土曜日の朝、上級刑務官の一人が全員を驚かす発言をした。下級刑務官がいつものように「人員が足りないからそんなに大勢の観戦は許可できない」と判で押したような返答をしていると、その上級刑務官が「受刑者は自分たちで試合を計画するだけの能力があり、統制もとれているではないか」と大胆にも許可を出したのだ。ロベン島でのサッカーを、刑務所の幹部職員がはっきり認めた。少なくとも上層部は受刑者に対する態度を変えたことがあきらかになった。受刑者に自制力があり、秩序だった行動がとれる集団であることをその上級刑務官は認めていたし、彼の姿勢はほかの刑務官にも徐々に浸透していき、受刑者を信頼する人たちが多くなっていった。しだいに観戦を許可される受刑者の数は増えた。

Aディビジョンの試合では、数百人の受刑者たちが応援した。観客は誰もが熱烈に応援したが、パビと呼ばれる観客席には何人かのとりわけ熱心なサポーターがあらわれた。その一人がエドガー・ガムボイェだ。ほかの人たちを肩の下に見下ろすほど背が高い彼は、その高さを利用してひときわ声を響かせた。応援するのはつねにアフリカ民族会議のメンバーが全部、もしくは大半をしめているチームだ。よく響く大声で「喉をかっきれ！　殺せ！　おまえらはへなちょこ野郎か！」と選手たちを強烈に鼓舞した。

ほかにもブルーというあだ名の受刑者が、愛するチームであるディシシディがピッチに出ていくとき「おまえらの友だち、ブルーのために勝ってくれ」と選手一人ひとりに懇願し、試合前には相手チームのサポーターに向かっては「明日、おまえらは死ぬ」と呪った。サッカーの実力はスター選手とはとても言えなかったが、ブルーはプレイするのも大好きだった。ついにCディビジョン以上にはあがれなかったが、そんなことは彼にとって、まったく問題ではなかった。マカナサッカー協会の古参の誰もがブルーのことを忘れず、パビの雰囲気が彼のおかげでどれだけ明るくなったかを語り継いだ。

マーク・シナーズはテクニックもあり、メンタルも強いタフなサッカー選手で、ピッチで戦う選手たちを奮い立たせるのは、ファンたちの熱い声援があってこそとは思っていたが、応援をいつも歓迎していたわけではない。相手チームやファンをいらだたせるためにチャントを歌う「チアリーダー」たちについて、ああいうのを聞くと本当にむかつくと彼は仲間にこぼした。ときにはファンや「チアリーダー」が上げる叫び声で気が散って、ミスをしてしまうことさえあった。

政治団体の幹部が収容されている隔離棟でも熱心なサポーターがあらわれた。サッカーを観戦することが許されなかったにもかかわらず、どのチームが勝ったか、誰が得点したか、試合の内容はどうだったかといった情報はつねに隔離棟にも伝えられ、アフリカ民族会議のリーダーであるウォルター・シスルやネルソン・マンデラといった人たちはみなリーグの内容に通じていた。島で起こっている画期的な出来事を聞くたびに喜び、とくに政治囚たちがサッカーをする許可を得てリーグを立ち上げたときには、大きな突破口を開いた、と一般収容棟の受刑者と同じくらい歓喜した。隔離棟のリーダーたちのなかには特定のクラブの熱心なファンになったものもいた。

刑務所じゅうにサッカー熱が広がっていった。一般囚もいまや特定のチームを応援するようになり、厨房、図書室、ボイラー室や病院で働く職員の間にもファンが増えた。トニー・スーズはある朝、朝食の準備をしているコックの一人が午前四時に、大声でマノンＦＣの応援歌である「ハゲワシは飢えている」を歌う声で目が覚めた。コックはトニーがいる収容棟の窓越しに、政治囚には許されていない湯の入ったドラム缶を差し入れてくれた。

刑務所全体がサッカーで活気づいた。週の前半は終わった土曜日の試合について詳しい分析に費やされ、木曜と金曜はつぎの試合の予想を話し合うのに忙しかった。かつて本土でサッカーを中心にまわっていた日常が、刑務所のなかに戻ってきた。試合が近づくにつれて誰もが胸の高まりを抑えられず、緊張のあまり気分が悪くなるほどだった。ときには大きな試合を前にしたファンや選手たちは、たとえ親友であっても相手チームを応援する人たちと口をきかなくなった。友情にひびが入りそうだったからだ。

もちろんリーグを運営していくうえで障害はまだまだ山のようにあり、ロベン島以外のサッカー協会だったらぶつかることがないような問題もあった。マカナサッカー協会の運営委員会が抱える一番大きな問題は、紙不足だ。クラブや個人に紙を支給してくれるよう、たえず要請しなくてはならなかった。紙は、サッカーに関連するどんな団体にも必須の日用品である。シーズン中から、運営委員会は翌年に向けて、できるだけ迅速に紙を調達してもらいたいと刑務所側に注文を出した。注文は廉価な紙三〇〇枚、厚手の表紙がついたノート一冊、青インクのボールペン一本、カーボン紙一束である。量的にはわずかにもかかわらず、調達するためにマカナサッカー協会は刑務所側と延々と交渉を重ねなくてはならなかった。それ以外でも、協会は紙を供給してくれるよう受刑者一人ひとりに訴え続けた。

サッカーの実戦的な知識にも、男たちは飢えていた。マカナサッカー協会は図書室で司書役をつとめるシルバ・ピレイに、「サッカーの指導書、ガイド本、ルールブックをできるだけたくさん入れてほしい」という要望書を送った。すぐにピレイは、審判委員会をはじめクラブや選手個人に役立ちそうな本を一八冊調達した。なかには英国サッカーの大御所であるジミー・グリーブス、マルコム・アリソン、ボビー・チャールトン、トミー・ドハーティ、ジミー・ヒル、デニス・ロー、サー・アルフ・ラムゼイの著書があった。

一九七〇年まで図書室で貸し出し回数がもっとも多かった本はカール・マルクスの『資本論』で、検閲担当者が（たぶんあまり賢くないか、ちゃんと読まなかったかで）「資本主義を島の共産主義者に教えて、自分たちの唱える主義がまちがっていることを気づかせるため」と考えて蔵書の許可を出したにちがいない。二番目に人気があったのが、デニス・ハウエルが書いた審判についての古典的指南書で、島のプレイヤーとレフェリーたちに計り知れないほど大きな影響を与えた。内容は、ルールに沿ってピッチ上でどのように明快な判定を下すかが記されている。

当時、受刑者の大半は知らなかったが、デニス・ハウエルはスポーツ界において、反アパルトヘイトをはっきり公言していた。サッカーのレフェリーであるだけでなく、ハウエルはバーミンガム・スモールヒル選挙区選出の労働党議員だった。一九七〇年代半ば、彼は英国の初代スポーツ大臣に任命された。「すべての人のためのスポーツ」を唱えて、精力的に改革運動を推し進め、世界じゅうでスポーツにかかわる問題における公正を訴えた彼は、ロベン島の男たちに自分の本『サッカー審判法』がどれほど重要だったかを知ったら、きっととても喜んだだろう。

ピッチの話に戻ると、プレイのレベルは急速に向上した。受刑者と国際赤十字の両方が強く要請し続けたおかげで、食糧事情がしだいに改善されたことも一因だ。量は多くないながら、肉、魚や脂肪分がメニューに加えられるようになり、摂取カロリーが増えるにしたがって男たちはよりエネルギーが出せるようになった。

それに男たちは食糧を手に入れる術に熟達していた。採石場では鳥の巣を見つけて卵をとった。ある日、トニー・スーズは苦労してホロホロチョウをつかまえた。持ち帰って、刑務所の厨房で働く優秀なサッカー選手の一人、フレディ・サイモンに渡した。フレディはそれをこっそり料理して、翌日のメニューに加えた。また受刑者たちはたえず目を光らせて、食べられそうなものを探した。つねに頭上を飛びまわっているカモメもわなをかけてつかまえた。カモメのローストは彼らのごちそうだった。

フレディ・サイモンは島で大人気のサッカー選手の一人だった。一般囚だったが、ほかの受刑者たちに説得されてアフリカ民族会議を支持するようになり、やがて熱心なメンバーとなった。ユーモアのセンスがあり、つねに物事のいいほうを見る性格だった。いつでもおもしろいことを探し、ピッチでは派手なプレイを好んだ。フレディはサッカーを通して初めて政治囚とかかわった。政治囚と同じ収容棟に入れられたが、一般囚だけに割り当てられている厨房での仕事についていた。

政治囚の最大の課題である食糧調達の解決に、フレディは多大な貢献をした。厨房から支給品をくすねてきては、政治囚たちに食べものや嗜好品を供給してくれたからだ。また政治囚のために脂肪や砂糖をこっそり持ち出して、彼らが口にする日々の貧しい食事に味とカロリーを加えてくれた。彼が人気があったのも当然だろう。

食糧事情が改善し、トレーニング法が洗練され、サッカー選手には自信が芽生えて、最初のシーズンが終わるころにはピッチ上でのプレイの質は飛躍的に向上した。

　第一シーズンにはマノンがAディビジョンで優勝したが、すぐ下につけたガナーズ、バックス、レンジャースとディシシディの四チームの順位争いは熾烈だった。

　中位チームの試合は熱かった。五月に行なわれたレンジャースとディシシディの対戦では、プロ・マレぺが主審を、トニー・スーズとハリー・グワラが線審をつとめた。試合は三人がレフェリーとして十分な資質を持っているかが試されるようなきわどい内容だった。両チームのディフェンスはラインコントロールで敵のストライカーをオフサイドトラップにかけるのがうまく、攻撃がこの戦術で何回防がれたかわからない。最終的に鋭いカウンター攻撃で決勝点を奪ったレンジャースが2対1で勝った。実際、リーグの試合のほとんどが一点差の勝負だった。ただマノンだけが大量得点で勝利した。

　マノンFCは最初のシーズンに、ほかのクラブを大きく引き離して優勝した。政治派閥に関係なくメンバーを集めたことが有利だったことは否めない。政治に関係なく誰でもクラブに入れるというクラブ規約をつくったトニー・スーズは、チャンピオンになれたのはその規約が非常に大きかったと認めている。

　マノンのプレイヤーの一人で、アフリカ民族会議のメンバーのリゾ・シトトは、体格が大きくて強く、ロベン島に送られる前はラグビーをやっていた。パンアフリカニスト会議のメンバーであるトニーは、リゾがボールを手で受けて蹴るのを見て、炯眼にもマノンFCのAチームのゴールキーパーは彼しかいないとその才能を見抜いた。

島のサッカー史に残る優れた人物はほかにもいる。ハリー・グワラは名レフェリーとして名を残し、レフェリーの仕事がほとんど天職といってよいほど性にあっていた。一九六四年、ロベン島での八年の刑期を言い渡されたとき、ハリーは四十代半ばだった。職業は教師で、労働組合を組織し、アフリカ民族会議と共産党に所属し、受刑者の間で繰り広げられる討論ではその巧みさと激しさは有名だった。自分の政治思想を展開する激情には圧倒されたが、男たちは政治信条に関係なく、ハリーにサッカーのルールや戦術についてアドバイスを求め、その知識に尊敬をはらっていた。

ハリーはあらゆる点できちんとしていた。外見までいつもこざっぱりしているので、きっと収容棟内にアイロンを隠し持っているにちがいない、と言うプレイヤーまでいた。誰もがハリーの審判を尊重したものの、ときにはピッチであまりにも杓子定規な判断を下すために、選手からもファンからも怒りを買った。ハリー・グワラ「おじさん」は、刑務所の受刑者たちの間では、ルールをもっとも厳格に解釈し、ピッチでかたくなに適用する頑固者として有名だった。

だが、世界じゅうのサッカーの歴史についてハリーほど詳しい人はおらず、まさに歩く百科事典だったし、その知識を喜んで仲間に披露した。旧ソビエト連邦のサッカーのレベルについて、またハンガリー、ポーランドなど東欧圏の偉大なサッカー選手たちについて、彼は熱く語った。

男たちはそれまで英国のクラブか、せいぜいレアルマドリードと二、三のイタリアのクラブくらいしか知らなかったが、ハリーは自分がもっとも偉大なチームだと思っている、一九五四年のワールドカップに出場できなかった幻のハンガリー代表や、その伝説的ＦＷ、フェレンツ・プシュカス選手に

1970年、マカナサッカー協会

●Aディビジョン結果

	試合数	勝	負	分	得点	失点	勝ち点
マノン	14	12	1	1	28	1	25
ガナーズ	14	7	3	4	14	9	18
バックス	14	7	4	3	14	12	17
レンジャース	14	5	4	5	10	13	15
ディシシディ	14	4	6	4	14	12	12
ムファツララツァネ	14	2	4	8	10	17	12
ダイナモ	14	2	9	3	6	17	7
ホットスパーズ	14	2	10	2	7	22	6

●Bディビジョン結果

	試合数	勝	負	分	得点	失点	勝ち点
ガナーズ	14	7	2	5	13	5	19
ムファツララツァネ	14	4	1	9	12	8	17
レンジャース	14	6	3	5	10	7	17
ディシシディ	14	4	3	7	10	7	15
バックス	14	4	5	5	13	15	13
マノン	14	3	4	7	9	10	13
ホットスパーズ	14	3	6	5	6	11	11
ダイナモ	14	1	8	5	5	15	7

ついて男たちに講義し、世界じゅうでサッカーがどれだけ広くプレイされているかに気づかせた。国籍、社会階級、肌の色、人種や宗派はさまざまでも、世界じゅうにサッカーを楽しんでいる人たちがいる。ハリー・グワラはロベン島の男たちに、彼らもまたグローバルに広がるサッカー・コミュニティの一員であることを教えた。

一九七〇年六月一日、マノンFCはマカナサッカー協会Aディビジョンの初代チャンピオンとなった。二位のガナーズに勝ち点七の差をつけての優勝だった。

ガナーズに1対0で負けただけで、マノンはわずか一敗しかしなかったし、ほかのチームの倍の得点をあげ、得点の上位三人をマノンの所属選手が占めた。ンカトゥロが一〇ゴール、シャバララが九ゴール、タバネが七ゴールである。

Bディビジョンは団子状態で、一位のガナーズから六位までのチームの勝ち点差は四しかなかった。マノンのBチームは九チーム中、六位に終わった。Cディビジョンの最終記録は残念ながらもう残っていない。

マカナサッカー協会の運営者はマノンFCに手づくりの木製の盾を贈って優勝を称えた。選手たちは天にも昇る喜びをかみしめたが、そんな思いはすぐに打ち砕かれた。優勝の儀式が終わると、看守たちがずかずかと収容棟内に入ってきて、島の実態を思い出させた。盾はすぐに没収された。受刑者たちはたしかに自由を少しだけ手に入れたし、辛抱強い交渉のおかげで、五年前には考えられなかったほど刑務所側は譲歩するようになった。受刑者と看守との間に、協調関係が芽生えた感さえある。そこまで来るのには長い道のりだった。しかし刑務所の上層部は、誰がロベン島を支配しているのかを受刑者に思い知らせることを決して忘れなかった。

第5章

刑務所に根づくサッカー

毎週、ピッチでボールを転がすことができるよう働きかけないかぎり、すべての組織はなんの意味もなくなってしまう。

マーク・シナーズ（受刑者番号493／63）

大西洋からやわらかな風が島を吹き抜け、まぶしいほどの太陽のなかをリゾ・シトトは収容棟から出て、コンクリートにサッカーシューズのスタッドが当たる音を聞きながらピッチへと向かった。マノンFCの栗色とゴールドのユニフォームを着ている、チームメイトであるトニー・スーズが一緒だ。二人は信頼のこもった固い握手をかわし、試合の幸運を祈った。一九七〇年八月一日、二シーズン目を迎えたリーグ戦の早い時間に行なわれる試合だ。マノンは二シーズン目も圧倒的強さを見せており、その日はレンジャースとの対戦で、リゾは自分たちのチームが相手をたたきつぶすことを期待されているとわかっていた。

レンジャースのキャプテンはアフリカ民族会議の活動家で、タフでまじめな男、ジェイコブ・ズマだ。政治におけるのとまったく変わりなく、ピッチ上でもいっさい妥協を許さない姿勢で有名だ。幼いときに警官だった父を亡くしたズマは、早くから政治に目覚め、一九五九年に十七歳でアフリカ民族会議のメンバーとなった。三年後、軍事部門において献身的かつ精力的なメンバーとして活躍した。その一年後、ウェストトランスバール地区で訓練を受けていたとき四五名の若手兵士とともに逮捕された。国家陰謀罪と転覆罪で有罪判決を受けると、ズマには十年の刑期が申し渡され、ロベン島に収監された。四十代の後半に差しかかっていたズマは、いまやアフリカ民族会議の理事長になっていた。

リゾはコーナーキックやセットプレイのとき、ズマがペナルティエリア内で自分の邪魔をするから気をつけなくてはならない、と経験からわかっていた。ズマは右サイドのディフェンダーか、センターハーフでプレイする強靭な選手で、彼のチームは統制がとれていて、やすやすと勝たせてはくれない。

ピッチの手前で、リゾは立ち止まって光景を眺めた。チームメイトのユニフォームが緑のグラウンドに映え、レンジャースの選手たちのロイヤルブルーとゴールドのユニフォームもまばゆいばかりに輝いている。観客たちが手づくりの旗を振っている。彼の眼にはしばらく、有刺鉄線も監視塔も、銃を持った看守がシェパード犬を連れてピッチ周辺を歩きまわっている姿も目に入らず、ただあざやかなユニフォームと、抑えきれない興奮で満面の笑みを浮かべている選手やファンたちの顔しか見えなかった。タッチライン際にいる男たちが、応援しているチームについて大声で自慢しあい、賭けをしたり、明るい太陽の下で大きな笑い声が聞こえた。方言で話しているものがいて、リゾには何を言っているのかよくわからなかったが、顔の輝きから幸福感を味わっているのはわかった。主審が「キックオフだ。両チームの選手はピッチに入れ」と叫んだ。リゾは手をたたいて自分に気合いを入れ、ピッチへと駆けだした。「長い間、鳥かごに閉じこめられていた鳥が、扉が開いて大空にはばたいていく」気分だ。ロマンチックなそんな思いは、整列を命じキックオフを宣告する主審の声でたちまち吹き飛んだ。島でナンバーワンのゴールキーパーが、自分の任務に集中するときがやってきた。

リゾの予想はまちがっていなかった。厳しく競りあうタフな試合で、ロベン島のサッカーがいかに進化したかを証明していた。前シーズンに比べると、パスミスは驚くほど減り、レベルが高くなっている。三十分の試合ではあったが、両チームともいっそう戦術に磨きをかけていた。試合のほとんどの時間で、どちらかのチームが他を一方的に攻めるということがなかった。

トニー・スーズは右ウィングのポジションで、レンジャースのディフェンスを振り切ってクロスを上げることに全力を集中していたが、彼をはじめとするマノンの攻撃陣全員がレンジャースにつぶされ、ジェイコブ・ズマに率いられた統制のとれた三人のディフェンスによって攻撃の芽をことごとくつまれた。マノンの実力は他チームから頭一つ抜けていたが、レンジャースをはじめとする上位五チームは追い上げてきていた。ハーフタイムの直前、トニーがついてきたディフェンダーをなんとか振り切って、きわどいところに鋭いクロスを上げた。マノンのストライカー、シャバララが頭であわせて得点し、1対0で折り返した。

後半も接戦が続いたが、試合終了間際、何回もコーナーキックをとったにもかかわらず、レンジャースは一点が遠かった。またもマノンの勝利に終わり、リゾは自らの完封記録を更新した。

リゾが駆け足でピッチから出ると、マノンのファンたちは彼の背中をたたいてチャントを歌った。その間を通り抜けていくとき、肩をたたかれたのに気づいた。年老いた看守の一人が、笑顔で「よかったよ」と声をかけたのだ。たった一言だったが、リゾの胸にはずしんと響いた。六年前、受刑者と看守がこんなやりとりを交わす日が来るとは夢にも考えられなかった。

役目を抜きにすると、サッカーは多くの看守や刑務官たちの気持ちをほぐし始めていた。敵意をむきだしにすることがなくなった刑務官のなかには、サッカー選手を大目に見るようになり、特定のチームを応援するものまであらわれた。土曜日の朝、数名の刑務官がその日予定されている試合について、収容棟をまわっていろいろ聞くことさえあった。看守から、今日はマノンをはじめとするAディビジョンの強豪同士の試合があると告げられると、とたんに刑務官たちの足取りが弾んでくるのだった。

刑務官の多くは若い独身者で、ロベン島で十二日間勤務して二日間オフになるシフトが組まれていた。島に遊興施設はほとんどなく、宿舎に帰ってもすることがない。多くの刑務官にとって、刑務所勤務は報われることの少ない職場だったから、サッカー観戦を楽しみにし、一週間の中心となるイベントになっていた。

小さな島で孤独に勤務する刑務官の多くは、個室で浴びるように酒を飲んだ。ポスターや写真が貼ってあり、ラジオもレコードプレイヤーも本も――字が読めたら、ではあるが――あったが、彼らの部屋は監房と変わりなかった。そんな孤独感に加えて、受刑者とちがって刑務官同士の連帯感や助け合いもなかった。島で長期刑に服していた政治囚の自殺は一件もなかったが、刑務官の何人かは自ら命を絶った。

受刑者の交渉能力が大いに向上したおかげで、時間が経つうちに受刑者と監督する看守や刑務官とはしだいに敵対することがなくなった。採石場での殴打や虐待はまだあったが、以前に比べると激減した。労働のノルマはしだいにゆるやかになり、看守のローテーションも減ったので、男たちは何ヵ月も同じ看守に見張られながら仕事するようになり、そうなると人間的な交流も生まれた。

しだいに看守たちは受刑者が行なっている活動に参加するようになった。看守の多くは教育がなく、文字が読めなかったために、受刑者たちが長い時間とエネルギーを割いて勉強する様子に魅せられた。政治囚はなだめたりおだてたりしながら、看守たちに向上心を持たせ、キャリアが積めるようにと勉強を勧めた。やがて看守は受刑者たちと一緒に座って、ぎごちないながら読み書きを学ぶようになり、試験を受けて「闘争の大学」の名誉学生となった。

看守たちは受刑者を人間として扱うようになり、受刑者はそのチャンスを逃さず、賢く、辛抱強く彼らとの関係をよりよいものにすることで、ロベン島での生活状態を改善していった。

受刑者の一人ひとりが、仲良くできそうな看守を狙い、個人的な関係や友情を育むよう努力した。個人的な関係を築くことで、受刑者がどれだけ多方面で助かったかわからない。看守から目をつけられて何かといじめられている受刑者がいると、仲間の受刑者がいじめをやめさせるように働きかけてほしい、と仲良くなった看守に頼むこともあった。

看守と受刑者の間に友情が芽生えたことで、ときどき感動的な事件も起きた。ある朝、トニー・スーズが採石場で石を切り出しているとき、一人の看守が近づいてきた。日よけのためにつくられたトタン板でつくられた小さな小屋にトニーをいざなった看守は、小屋に入るやいなや子どものように興奮した面持ちでトニーに買ったばかりのレコードプレイヤーとレコードを見せた。目をきらきらさせて、看守はレコードをターンテーブルに載せ、針をおろしながら言った。「これ、聴いてくれよ。きっとこの歌、好きだと思うんだ」。収監されてから六年間で、それはトニーが初めて耳にした音楽だった。ほかの受刑者が歌う古い抵抗の歌以外の歌を、一九六四年以来トニーは初めて聴いた。パーシー・スレッジの哀愁あふれるバラード「男が女を愛するとき」だった。

受刑者たちはもっとも残忍な看守との関係も、懸命に改善しようと試みた。そこで敵意をむきだしに、何かと理由をつけては受刑者を殴る一人を選んだ。もしそういう看守が受刑者を「人間として見る」ことができるようになると、攻撃がやわらいで、生活しやすくなるだろうと踏んだためだ。また、年齢が高い看守ほど若いものたちに強い影響力を持つ。もし年長の看守の姿勢が変われば、若者にもそれが浸透していくにちがいない。加えて強面の看守が受刑者と「仲良し」になることで、受刑者が受ける恩恵ははかりしれない。非公式に手紙や情報を差し入れてくれるかもしれない。年長の看守は上層部の信頼が篤く、ぜったいに疑われないからだ。

おそらく「仲良くなる」作戦のもっとも大きな成功例は、残虐さで悪名高い看守で、採石場の鬼と呼ばれたデルポート軍曹を懐柔したことだろう。背が高く赤ら顔のアフリカーナーであるデルポートは政治囚を忌み嫌い、サディストの性癖をむきだしにして虐待した。監獄島の初期を知る受刑者たちは、デルポート軍曹にはとくに注意し、けっして目を引かないように用心を怠らなかった。すぐに頭に血がのぼって警棒を振りまわすデルポートは、何の理由もなく、言い訳も聞かずに受刑者を気を失うまで殴りつけた。マーク・シナーズはデルポートを「拷問隊長」と呼んだ。アパルトヘイトを理想と仰いで全面的に信奉していた彼は、受刑者にとって悪魔のような存在だった。

デルポートの制服のジャケットの袖についている四つの山形紋章は、勤続年数の長さをあらわしていたが、そこにはまたどす黒くはらわたが煮えくりかえるほどの彼の怒りが隠されていた。怒りの原因は、長年勤務していたにもかかわらず、昇進できないことにある。アパルトヘイト政府を一途に信じる忠誠心は問題ではなかったが、刑務官の昇進試験に合格するだけの能力が不足していることが昇進を阻んでいる、と受刑者はやがて気づいた。デルポートは、読み書きはできるものの論理的思考ができず、学力不足のために何回となく昇進試験に落ちていた。

ある朝、収容棟のかんぬきを外しにやってきたデルポートは、ふだんにもまして怒っていた。また昇進試験に落ちたことで腹の虫がおさまらない彼は、いきなり受刑者たちを打ちすえた。彼を懐柔するために、受刑者たちはまず同情を示し、看守としての能力も忠誠心もすばらしいのにと褒めそやし、刑務所のお偉方はいったいどこに目がついているんだ、と一緒に憤った。そして穏やかに「昇進を助けてあげられるのだが」とデルポートに切り出した。「このままではいつまでも軍曹だ。受刑者と一緒に勉強してみてはどうだろうか」

信じられないことに、デルポートはそれまで罵倒してきた男たちの隣に座って、勉強を始めた。受刑者たちは彼に数学を教え、語彙を増やす手助けをし、やがて彼は高校卒業資格試験に合格した。つぎの昇進試験で、デルポートは軍曹から中尉に昇格した。

収容棟で男たちと一緒に勉強してともに過ごすうちに、アパルトヘイトを頭から信奉し、過激にその教えを実践してきた人物がゆっくりと態度を変えていった。野獣のようだった男は、受刑者がもっとも近づきやすく、彼らに協力的な刑務官の一人となった。南アフリカが自由の国になって何年もたってから、デルポートは以前の受刑者に会って、島での自分の虐待を謝罪さえした。かつて受刑者だった人々は、その言葉に嘘いつわりがないことを心から信じた。

島に収監されている男たちは、外の世界のニュースに飢えていた。それについても親しくなった看守が手を貸してくれた。政治囚は新聞や雑誌を読む権利を公には断固として禁じられていたが、看守のなかには刑務所のあちこちに読み終わった新聞をわざわざ放置しておいてくれるものがいた。受刑者たちは時勢に遅れないために独自の方法も編み出した。政治囚とは別の収容棟にいる一般囚たちは、新聞を読むのが許可されていたので、それを物々交換で手に入れるか、盗み出すかしたのだ。

一般囚と看守たちは冗談で「政治囚には貴重品でも金でもなんでも、見せびらかして盗られる心配はないが、新聞だけは盗まれるぞ」と言いあった。一瞬でも目を離したすきに、魔法のように新聞は消えてしまう。政治囚が日曜日に本土からやってくる聖職者を待ちわびていたのは、持ってくる新聞を盗むチャンスがあるからだ。

一般囚のなかには刑務所の敷地から出て、刑務官の宿舎で働くものがいた。彼らは政治囚からの指示で、ゴミ箱を探して古い新聞を見つけて渡し、かわりに読み書きを教えてもらった。政治についてのニュースだけが求められていたわけではない。盗まれ、こっそり持ちこまれた新聞で、政治囚は本土でお気に入りだったサッカーチームの、とっくの昔に終わった試合レポートをむさぼるように読み、リーグ戦の成績や結果に一喜一憂し、移籍や故障者情報に目をこらし、ゴール数を数えた。

新しい受刑者が島にやってくると、どんな小さなことでも知りたがる受刑者たちから質問攻めにあった。ニュースの大小が問題ではない。受刑者たちはどんな内容であっても本土や外の世界でのふつうの人々の暮らしで起きた事件や逸話に飢えていたし、受刑者の一つの集団が聞いた話は、たちまち政治囚がいるあらゆる収容棟に伝えられた。ワルター・シズルは仲間の受刑者に、ニュースを禁じられることは、どんな罰よりもつらい、と情報を渇望する気持ちを語った。

針金とかみそりの刃と金属のかけらでつくった原始的な鉱石ラジオも製作された。一般囚が刑務官たちが暮らす村のゴミ箱をあさってこわれた古いヘッドホンを見つけてきたので、機略縦横のセディックが修理した。できあがったラジオは、採石場の岩の間に隠された。看守がほかの作業場所を見まわっている間、受刑者たちはラジオのまわりに群がって、本土のラジオ局が発信するニュースをわずかでも聞き取れないかと雑音に耳を澄まし、外の世界で起こっていることを知ろうとした。

必死になって耳を澄まして聴きとった南アフリカ本土のニュースは、しかしけっして喜ばしいものではなかった。黒人の士気は下がっていた。南アフリカの白人たちは好景気を享受し、その支配下にある黒人や有色人種の労働者の賃金を低く抑えて搾取していたアパルトヘイト政府と手を組む海外の大手企業家たちは、南アフリカが国内の反対勢力を抑えつけ、世界のほかの国々の目をそらすことに成功したことに満足し、金銭的な支援も、投資も人材も増やしていた。

本土ではわずかに残っている黒人の下っ端の兵士たちが抵抗運動を続けていたが、彼らにも監視の目が光り、行動は厳しく制限されていた。黒人の抵抗運動とアパルトヘイト反対派は、南アフリカにあらたにつくられた忌まわしい情報機関である国家機密情報局（ＢＯＳＳ）と、ますます勢力を伸ばしているアパルトヘイト政府の軍隊と警察の取り締まりによって、地下にもぐることを余儀なくされていた。だがロベン島の男たちに思いがけない希望をもたらしたのが、国際的なイベントで起こった事件のニュースである。そして事件の多くはスポーツイベントで起こった。

トミー・スミスとジョン・カーロスという二人のアフリカ系アメリカ人のアスリートが、一九六八年に開催されたメキシコオリンピックで、人種差別に対して強烈な、だが非暴力的抗議をした。スミスは陸上の二〇〇メートルで金メダルを、カーロスが銅メダルを受賞した。メダルを授与されて表彰台に上がった二人は、米国国歌が流れると頭を下げて黒い手袋をはめた拳を掲げた。

スミスは黒人の誇りを象徴するよう右手の拳を上げ、カーロスは黒人の団結を象徴するよう左手の拳を上げた。二人は一緒に、団結と力の象徴的なアーチをつくった。銀メダルを獲得したオーストラリアの白人、ピーター・ノーマンはまっすぐ前を向いて、スミスとカーロスがジャージーにつけている「人権のためのオリンピック・プロジェクト」のバッジを自分もつけたまま国旗掲揚を不動の姿勢で見守った。表彰式の写真を見たロベン島の受刑者たちは、ノーマンの行動に注目した。人種のちがいを乗り越えて団結することも可能だ、ということを写真はあらわしている。ロベン島の男たちはこのニュースに数日間元気づけられた。世界じゅうで弾圧されている黒人たちが、オリンピックメダリストの行為を称えた。

一九六九年と七一年にはアパルトヘイト体制の根幹を揺さぶるような別の事件も起きた。ロベン島ではマカナサッカーリーグが軌道に乗り始めたころだ。南アフリカの人種差別政策をめぐる事件もまた、スポーツ界で起こった。

受刑者たちにとってもっとも大きな意味があったのは、バジル・ドリベイラという南アフリカ生まれのクリケットの選手に関係した事件である。ドリベイラは八〇センチュリー〔訳注／クリケットの試合で一イニングに一人のバットマンがあげる一〇〇点スコアが一センチュリー〕以上を記録し、一時間で二〇〇ランのヒットを打ったこともあるケープタウンのクリケット界の伝説の人物である。だが類まれな才能を持っているにもかかわらず、南アフリカ代表に選ばれるチャンスは与えられなかった。有色人種だったからだ。一流のクリケット選手にどうしてもなりたかったバジル・ドリベイラは、一九六〇年に英国に渡り、ウースターシャー郡でもっとも強いチームで大きな成功をおさめた。六年後、世界じゅうの目の肥えたクリケット・ファンは、彼が公式に英国代表選手となれたことを喜んだ。ドリベイラはすぐに国際クリケット優勝決定戦で英国代表選手としてデビューを飾った。

セディック・アイザックスはドリベイラを子どものころから知っていたので、その成功をとくに喜んだ。採石場で昼の休憩をとっているときにそのニュースを知ったセディックは、自分の「地元の知り合い」が英国の選手として国際試合に出場した、と仲間に自慢した。

一九六八年冬、英国代表チームは南アフリカ遠征を予定していた。それまでの活躍を考えると、ドリベイラが代表選手に選出されることは疑う余地がなかったが、もし彼を同行させると英国チームが南アフリカに入国を許されるかどうかわからない、という懸念があった。英国クリケット協会は遠征を実施すると決め、ドリベイラを代表から外したために、クリケット・ファンと反アパルトヘイトを唱える人たちの両方からごうごうたる非難を浴びた。デイリー・メイル紙が行なった大がかりな世論調査で、回答者の三分の二が南アフリカ生まれのドリベイラが遠征メンバーから外されたことを非難し、外したのは彼が有色人種だからだと思っている、と答えた。ＢＢＣのクリケットの放送で、伝説的名コメンテーターとして有名だったジョン・アーロットは、頭がはっきりしているものなら誰でも、ドリベイラが選出されなかった理由が、クリケットの実力によるものだとはとても信じないだろう、と辛らつに言い放った。

抗議の声が噴出した。反アパルトヘイト運動を組織する団体の上級幹部の一人は、スポーツ大臣のデニス・ハウエルに面会を求め、クリケット代表チームの決定に怒りの声を届けた。大臣室を出たところで、上級幹部は待ち構えていたジャーナリストたちから、クリケット代表チームの一人が怪我で脱落し、代わりにドリベイラが選出されたと聞かされた。南アフリカの反応はすばやかった。ブルームフォンテインで開催された国民党の集会で、当時のボルスター首相は、英国代表チームの来訪を歓迎しないと明言する扇情的な演説を行なった。首相の演説は熱心な支持者からは拍手喝采されたが、世界じゅうから非難を浴びた。英国クリケット協会は正式に遠征の取り消しを通達し、南アフリカは世界のスポーツ界からつまはじきにあったことにやっと気づいた。

ロベン島の受刑者たちがいつもの非公式の情報源からそのニュースを聞いたとき、彼らは有頂天になった。ボルスターは重大な政治的まちがいを犯した。アパルトヘイトを守ろうとするあまり、非難に対して杓子定規な反応を繰り返しているうちに、首相は世界のほかの国々の南アフリカに対する否定的なイメージをますます強め、国際社会において、南アフリカに好意的な国や投資を目論む企業のアパルトヘイトへの不安をかきたててしまっている。頑固に、挑発的といっていいくらいアパルトヘイトを押し通そうとする南アフリカ政府の姿勢が、スポーツ界からのボイコットという形でしっぺ返しをくらった。

白人だけの南アフリカ代表ラグビーチームが英国に遠征してきたとき、英国の世論はドリベイラをめぐる事件を引きずっていた。クリケット協会と同様、ラグビー協会も当初、遠征の中止を求める声を無視した。だがすぐにその決断を悔やむことになる。遠征中のどの試合でも、国をあげて抗議の声が殺到し、試合会場で大々的なデモが繰り広げられたからだ。ピッチには抗議グループが座りこみ、南アフリカ代表チームが宿泊するホテルの外ではデモ隊がピケを張った。英国のマスコミは、約五万人からなる抗議グループが試合が行なわれるスタジアムからスタジアムへとついてまわった、と報じた。

クリスマス期間中だというのに、故郷から遠く離れた英国で、抗議グループが取り囲むホテルに閉じこめられ、外出したら身の安全は保障しないと脅かされてみじめな日々を過ごした南アフリカ代表チームの選手たちは、すっかり意気阻喪して、遠征を途中で切り上げて帰国したいと団長に申し入れた。しかしアパルトヘイトを支持する人たちに特有の視野の狭さで、団長以下マネージャーたちはツアーを続けるよう命じた。

ほかの国際的に活躍するラグビー選手たちは、この件に関してすぐに、政治——そして不正、弾圧と人種偏見——とスポーツを切り離すことは不可能だとするメッセージを発表したが、英国クリケット協会の幹部たちは、国際的なスポーツ選手たちが反アパルトヘイトを表明しているのを知りながらも、自分たちは断固としてスポーツと政治を切り離して考える、という見解をあきらかにした。英国クリケット協会の保守的な体質はゆるがず、協会の理事たちは旧態依然とした考え方で、バジル・ドリベイラ事件をめぐる苦々しい騒動から何一つ学んでいないことがはっきりした。翌一九七〇年、英国クリケット協会は再び白人だけの南アフリカ代表チームを英国に招待した。

南アフリカの白人だけのクリケット代表チームの「七〇年遠征阻止」運動を組織したのは、反アパルトヘイト運動のために投獄されそうになり、一家で南アフリカから逃げてきたロンドン大学の学生、ピーター・ヘインだった。偶然にもヘイン家はロベン島のサッカーとつながりがあった。ディハング・モセネケ、マーク・シナーズやほかの受刑者たちに弁護士をつけ、弁護士費用を支払ったのがヘイン家だったのだ。

クリケットの南アフリカ代表チームの英国遠征は、英国全土に猛反対の嵐を巻き起こし、一万人の反アパルトヘイト支持者と怒ったクリケット・ファンたちが阻止運動を繰り広げた。南アフリカ代表チームが英国に到着する前から、英国じゅうのクリケットのスタジアムは反アパルトヘイトの落書きで埋め尽くされた。英国の中央に位置するレスタシャーにあるクリケット場の真ん中には、一メートルほどの深さの穴が掘られた。反アパルトヘイト運動の活動家が、物理的に試合を阻止しようとしたのだ。

アフリカ、アジア、西インド諸島の国々は、遠征が中止にならないかぎりエジンバラで開催される英連邦大会の参加をボイコットすると脅しをかけ、ついにハロルド・ウィルソン労働党政府がこの問題に介入した。政府はクリケット協会に対し、公共政策に基づいて遠征を中止するよう正式に申し入れた。政府ははじめ、英国にとって三番目に大きい貿易国である南アフリカとの関係を考えて、中立的な立場をとらざるをえなかったのだが、そんなことは言っていられなくなった。

一九七〇年に英国遠征がキャンセルされたことで、南アフリカは実質的に国際クリケット優勝決定戦から除外された。ニュージーランドが南アフリカとの試合を拒否し、一九七一年にはオーストラリアクリケット協会が、すでに決定していた南アフリカ代表チームのオーストラリア遠征をキャンセルした。事実上、白人だけの南アフリカ代表チームは解散に追いこまれたことになる。国際試合の相手がいなくなったからだ。

一九七〇年五月、すでにオリンピックの東京大会とメキシコ大会への参加が拒否されていた南アフリカは、ほかのスポーツの国際試合からも締め出されるという屈辱を味わう最初の国となった。一九七〇年の後半には、テニスのデビス杯にも参加が認められず、テニスのグランプリシリーズの開催国を取り消された。

ロベン島の男たちはどんどん自信が湧いてくるのを感じた。アパルトヘイトに基づいた白人だけのチームは、つぎつぎに国際試合から締め出されている。アパルトヘイトとの闘いにおいて、スポーツ界で起こっている事件は、南アフリカと協調関係にある国やビジネス・パートナーである企業に、モラルと正義を理想として掲げて闘う道もあることを示している。だが、スポーツ大会において南アフリカを国として締め出すことがあったとしても、それは個々の選手には及んでいなかった。テニス選手や、ゴルフのゲイリー・プレイヤーなどは、南アフリカの代表選手であることを誇りに国際試合に出場していた。

セディック・アイザックスはニュースを知れば知るほど、反アパルトヘイト運動に直接かかわるために本土に戻りたくて矢も楯もたまらなくなった。そこでほかの誰もが考えもしないようなことを思いつくセディックは、大胆きわまりないことを考えるようになった――脱獄計画である。

監獄島となってからの歴史を振り返れば、ロベン島刑務所の脱獄は不可能である。米国の監獄島、アルカトラズと同じく、ロベン島は刑務所として最高の立地条件を備えていた。たとえ受刑者が収容棟を抜け出すことができたとしても、有刺鉄線が二重に張り巡らされた高いフェンスを、二十四時間体制で監視塔から見張っている武装した看守に見つからずに越えることは非常にむずかしい。

たとえフェンスを越えて刑務所の外に出られたとしても、島を脱出しなければならない。船は何艘かがつねに島の波止場に停泊しているものの、厳重な監視下にあり一日じゅう警備がついている。泳いで本土まで戻るなど狂気の沙汰だ。本土までの十一キロの海はつねに荒れていて、人喰いサメがうようよしているうえに、地球上でももっとも潮の流れが安定しない海域である。

脱獄を考えたことがある受刑者さえもほとんどいなかった。成功の確率はあまりにも低い。ふつうの政治囚ならそんなことを考えるかわりに、島で反体制運動に参加する道を考えた。だがセディックは科学者で、型にはまらない発想ができ、話しぶりは穏やかでも、いったん思いこんだら一筋の頑固さでも有名だった。脱獄を考えることさえ頭がおかしいと言われたが、セディックは「自分には運がついている」と感じていた。

一九六四年に拘留されたポルズムーア刑務所での脱獄の失敗を、セディックは基本計画の前半部分に活かすことにした。今回は根気よく収容棟の格子を破るというような案がうまくいくはずがない。看守が定期的に、しかも隅から隅まで収容棟を検査し、「脱獄」を示すようなものがあればただちに発見されてしまうからだ。

刑務所の外に出るために、二重に張り巡らされた頑丈な有刺鉄線を正攻法で破るには時間がかかりすぎることもわかっていた。夜間には強烈なサーチライトがなめるように刑務所周辺を照らしているので、受刑者が集団で二つのフェンスを必死に破っているところが見つからないはずがない。脱獄などありえないはずだったが、ひとたび見つければ即座に受刑者を撃ち殺すように看守は命じられていたから、このやり方は自らの死刑宣告を下すに等しい。

セディックの計画は奇抜で、きわめて単純だった。誰かにマスターキーをつくらせて、まずは警報を鳴らさずに収容棟を抜け出し、正門の鍵を開いて突破する。

リゾ・シトトとトニー・スーズは、この脱獄計画に参加を呼びかけられた五人に入っていた。二人はセディックが収容棟の鍵を細かい部分まではかるのを手伝い、それを本土で鍛冶屋をしていたジャプタ（ブラ・ジェフ）マセモラという受刑者に届けた。マセモラは厨房の備品を管理している男にナイフをこっそり差し入れさせて、原始的なやり方で鍵をつくることにした。マセモラは採石場のある浜辺で鉄くずを拾ってくると、合鍵の原型をつくった。それからしばらく、試作品ができあがるたびに収容棟を行き来した。マセモラは採石場での作業の合間に、脱獄計画者の一人に最新版の鍵をこっそり渡し、脱獄計画者は実際に試してみて直す必要があるのはどこかを指示した。

受刑者たちは採石場から帰ってくると毎日裸になって身体検査をされるので、合鍵をやりとりするのは簡単な仕事ではなかった。加えて鍵を試しに差しこんでいるところを見つかる危険もあった。トニーや同房者たちは看守が来ないか見張りに立ち、その間にセディックはゆっくり鍵穴に鍵を差しこみ、音を立てずにまわせるかを確かめた。

二週間かかってやっと合鍵ができあがった。マセモラは収容棟だけでなく正門の錠も開けることができる合鍵をつくりあげた。脱獄は不可能だという自信があるあまり、すべての錠は一つのマスターキーで開けることができたのだ。

つぎの問題はどうやって島を抜け出すか、である。船を盗むのは危険すぎる。セディックはいかだをつくることにした。これについてはつねに荒れている海に囲まれた島であることが幸いした。難破船の破片が採石場近くの浜辺に定期的に流れ着くので、男たちはそのなかから大きめの板や木材を拾い集めた。ほかの受刑者たちが脱獄計画者たちの作業ノルマをこなしている間、セディックたちは採石場をこっそり抜け出して岩場の陰で板をつなぎ合わせていかだを組み立てた。

できあがると、採石場近くのゴミ捨て場から石油が入っていたドラム缶を二缶盗み出した。石油缶を木製のいかだの底にひもでつなぎ、採石場から遠く離れた海岸の岩場の間に隠した。

脱獄計画者たちは体力を鍛えるために訓練を始めた。大西洋を本土まで船で渡るためには体力がなくてはならない。セディックは毎回訓練が終わると全員の心拍数をはかった。トレーニングは容赦なく厳しかった。リゾのようにすでにサッカーで十分に体力があるものたちにも、セディックは手加減しなかった。

幸運の女神が彼らの後押しをしてくれたように思えた。同房者たちの協力で、男たちは食べものを貯蔵し、洗濯室で働く好意的な一般囚から余分の衣服を手に入れることさえできた。しかし脱獄決行の日があと数日と迫ったとき、セディックの運はつきた。セディックや計画に賛同した受刑者たちからではなく、刑務所に何かが起きて刑務官に計画がばれてしまったのだ。

食べものをはじめ、何かと特別な便宜をはかってもらったお返しに、一般囚の一人が刑務官に、政治囚の収容棟では違法のラジオがあると密告した。採石場でこっそり組み立てられた鉱石ラジオのことだ。収容棟内の徹底した捜査が行なわれ、ラジオだけでなくセディックのマスターキーも見つかってしまった。脱獄計画はとん挫した。

セディックは連行される前に、看守が合鍵を錠に差しこみ、スムーズに開いたのを見て満足を覚えた。マセモラは刑務所の別の場所に移され、すべての収容棟の錠は取り換えられた。セディックには懲罰が下された。刑期がさらに九ヵ月加えられ、一年間隔離棟に収容された。

表面的には刑務所職員と受刑者の日常的な関係はよくなっていたが、ロベン島は変わらずアパルトヘイトの情け容赦ない体制下にある刑務所だった。刑務所管理者にとってセディックは、長い間のどにはさまったトゲのような存在で、隔離棟に収容できた今、ようやくたまったうっぷんを遠慮なく晴らすことができた。セディックはコンクリートがむきだしの狭い独房に鎖でつながれ、ひっきりなしに殴られ拷問された。逆さまにつるされてこん棒で殴られた彼は、コンクリートの床に血を吐き、意識を失うとたたかれ蹴られて目が覚めた。読むのが許された本は聖書だけだったが、やがてコーランも渡された。彼は二冊の本を暗記するまで読み、また数学と論理学の問題をつくることで必死に正気を保とうとした。隔離棟の仲間の受刑者たちが、同房者が書いた詩を差し入れてくれた。苦しく孤独な隔離棟での生活を、自らに課した精神的訓練と南アフリカの明るい未来への希望をけっして失わないことで乗り越えたセディックは、十二ヵ月後、無事に正気のまま一般棟に帰ってくることができた。

第6章　アトランティック・レイダース事件

われわれはぜったいに負けるはずがない格下の相手に負けてしまった。だからプライドを救うための特別な処分が必要だったんだ。
ベニー・ントエレ（受刑者番号287／63）

刑務所の厨房では、フレディ・サイモンが見張りに立ってこっそり食糧を持ち出させていた。島の食糧事情は受刑者の運動と国際赤十字の圧力のおかげでやや改善され、男たちはときどき卵や野菜にもありつけるようになり、トウモロコシの粥に入っている魚や鳥肉は、以前のように脂肪や骨や筋だけではなくまともな塊になっていた。だが今回わざわざ盗み出されるのは、もっと豪華な食糧だ。ぜいたくな食べ物でなくてはならなかった。なぜならマノンFCがこっそりと開く優勝パーティなのだ。パーティなど、刑務所ではこれまで聞いたこともない。マノンFCはまたもリーグ優勝を果たした。選手以外の受刑者たちもパーティのための食糧調達を手伝った。ホロホロ鳥が二羽つかまえられ、浜辺を探しまわってカモメの卵も一〇個以上取ってこられたが、厨房で働くフレディと政治囚に親近感を持つ一般囚たちが差し入れるごちそうが、何と言ってもすばらしい。

一九七〇年六月のパーティの夜、チームのメンバーと招待客たちにあちこちの収容棟からくすねてきた食べものが配られ、みな笑顔で健闘を称えあった。警備につく看守次第で、パーティではしゃげるかどうかが左右される。島のサッカーに協力的な看守は、パーティには目をつぶって見て見ぬふりをしてくれたが、そこまで甘くない看守ならパーティ現場に踏みこんで蹴散らしかねない。その晩、同房者たちは音を立てないように気を配らなくてはならなかった。

マノンの選手たちは、優勝パーティにほかの受刑者たちの参加も呼びかけ、大半は上機嫌で招待を受けた――ロベン島刑務所でそれまでなかった祝い事に参加できるのだ。だがなかには、どうせマノンの連中の自慢話を聞かされるだけだろう、というものたちもいた。彼らから見れば、マノンの選手たちの増長ぶりは目に余り、いまやその天狗ぶりはピッチ上にとどまらず、鼻持ちならない態度でのし歩いている、と思っていた。マノンFCは、自分たちこそ一番のサッカーをしていて、技術は優れているし、島のほかのチームよりはるかに実力は上だと言い放っていた。たしかにその通りだ。成績が彼らの言葉を裏づけていたし、シーズンを経るごとに彼らのチーム力は確実に上がっていた。

パーティで祝い盛り上がっていくうちに、一つのアイデアが浮上した。マノンの選手たちはつねづね自分たちの才能を存分に発揮できる大会がない、と感じていた。その不満を解消するために思いついたアイデアが、やがてマカナサッカー協会が苦労してつくりあげたすべてを破壊しかねない一連の出来事の発端となり、間接的にせよそれから三十年間にわたって刑務所のコミュニティにひびをいれる原因をつくった。

優勝パーティのすぐあと、トニー・スーズとマノンのメンバーの五人ほどが、マカナサッカー協会に送る要望書の草稿を練るために集まった。まず、マノンＦＣは長らく島のサッカーのレベルについて懸念している、と書いた。たしかにかなり向上したが、マノンＦＣはトップレベルのパフォーマンスをより押し上げたい。そこでマノンに対抗できるだけの力がある選抜チームを組むことを提案する。言いたいことははっきりしていた――すべてのチームから選りすぐられた最高の選手で組んだチームでなくては、マノンＦＣと互角に戦えない、ということだ。

マカナサッカー協会は慎重に返答した。特別試合が組まれるとしたら、協会から提案するべきである。ディハング・モセネケやインドレス・ナイドゥといった協会の上級幹部は、マノンのメンバーたちがほかのクラブを見下していることに、神経を逆なでされる思いだった。

マノンの要求は思ったような形で通らなかったが、もはや無視できなくなっている問題に人々の注目を集めることには成功した。マノンＦＣが圧倒的に強い、という問題だ。マノンＦＣがほかのチームより頭一つ抜け出ているために、実力レベルに応じてすべての人にサッカーを楽しめる機会を提供したい、という協会の願いは彼らの傲慢な態度によって踏みにじられ、一般受刑者たちのサッカーへの関心を失わせるという影響を及ぼしている。

一九七〇年一一月まで、Ａディビジョンの結果はリーグ開始時とほとんど変わらなかった。前シーズンも七試合のうちマノンＦＣが六回勝利し、独走状態で優勝した。しかも、ディシシディのゴールキーパーと衝突して膝を怪我した中心選手のトニー・スーズを、二ヵ月間も欠いていたにもかかわらず出した成績である。

マノンＦＣから提出された要望書に見え隠れする思い上がった態度は、マカナサッカー協会の幹部たちを憤慨させたが、一般受刑者のサッカーに対する興味が当初より薄れてきていることに目を向けないわけにはいかなかった。そこで協会は勝ち抜きのカップ戦の実施を発表し、再びサッカーで興奮を巻き起こそうとした。選手たちは同じ収容棟の仲間でチームを組む。そうすれば現在のクラブよりもさまざまな能力レベルの選手が混じり合うチームとなるだろう。しかし、協会の意図に反してレベルの差はかえってより鮮明になり、やがてマカナサッカー協会の存在もおびやかす事態を招く結果となった。

マノンの選手たちがいる収容棟のブロック番号C4には、マノンFC以外のクラブに所属しているが、島でもっとも上手な選手たちが数人いた。そこで彼らもマノンに加わって、新しくアトランティック・レイダースというチームを結成し、新たに始まるカップ戦に参戦することになった。五つのクラブのなかから選りすぐったプレイヤーばかりで結成されたアトランティック・レイダースは、いわばロベン島のドリームチームだった。メンバーは、トニー・スーズ、フレディ・サイモン、ベニー・ントエレ、モーゼス・マセモラにアーネスト・マルガスという豪華さだ。アトランティック・レイダースが収容棟C4を代表するチームだったか、それともたまたま同じ収容棟にうまいプレイヤーばかりが集まっていただけなのかはわからない。だが収容棟C4とアトランティック・レイダースとの関係を考えるうえで、どちらの見方をとるかが、その後数ヵ月にわたって島全体が巻きこまれた騒動を判断するうえで大きな意味を持ってくる。

アトランティック・レイダースは当然、新しいカップ戦で優勝するのは自分たちだと信じていた。彼らには優勝だけにおさまらない大きな野心があった。島のほかのやつらに選手一人ひとりの実力がどれだけ抜きんでているかを見せつけたい。そして能力の高いプレイヤーが一緒になったチームがどれだけすばらしいサッカーができるかを見せてやる。勝つだけでは意味がない。圧倒的な力を見せつけて優勝しなくてはならない。

そんな意欲を持つのは傲慢かもしれないが、鉄条網に囲まれたなかで、採石場での毎日の厳しい労働を耐えている犯罪者たちがそんな気持ちを抱くのは十分うなずける。彼らには自己表現や達成感を得る機会がほとんど与えられていない。サッカーはそんな機会を与えてくれて自己実現の欲求が満たせる数少ない捌け口なのだ。自尊心を保つという意味で、ピッチ上のすべてが彼らにとって非常に大きな意味を持つ。

アトランティック・レイダースの一回戦の対戦相手はブルー・ロックスというチームになった。大きな試合を前にタバコや葉巻を賭けての勝敗予想は、通常どの収容棟でも大いに盛り上がるが、このときはちがった。レイダースの負けを予想するのはよほどのバカだと思われる。ブルー・ロックスは年長者中心で、あまり能力がない選手たちで結成されたにわかづくりのチームだ。レイダースの選手の一人は、ブルー・ロックスについて「取るに足りないやつら」とさえ言った。外の世界でたとえてみれば、マンチェスター・ユナテッドのベストメンバーが地方の小クラブと全力で戦うようなものだ。アトランティック・レイダースが勝つかどうかではなく、何点取って勝つかが問題だった。

試合の日、ブルー・ロックスの選手たちはウォーミングアップするレイダースの選手たちを不安げに見ていた。一人ひとりが上手で、さまざまなテクニックを持っているし、それ以上に全体からあふれるほどの自信が伝わってくる。トニー・スーズは二ヵ月間の負傷休場から復帰したばかりで、とりわけ張り切っていた。観客席のパビに集まった人たちは、レイダースの一方的な勝利になると予想していた。キックオフの前からすでに、ブルー・ロックスに同情する声が上がったくらいだ。

試合は一九七〇年一一月二一日午後一時にキックオフとなった。天候もピッチコンディションも完璧だ。空は晴れ渡っているが、日差しはあまり強くない。大方の予想に反して、試合開始から二、三分後、ブルー・ロックスがレイダース陣内に攻め入って、どさくさにまぎれてゴールした。レイダースの選手たちは、今のゴールはオフサイドだし、ハンドがあったと激しく抗議した。試合ががぜんおもしろくなった。年長者チームは歓喜し、先制点を守り抜くと決意した。

ブルー・ロックスは、フィールドプレーヤー全員が自陣に引いてがっちり守る10―0―0の「超守備的」フォーメーションを敷いた。ブルー・ロックスは全員がペナルティエリアに密集し、レイダースがそのなかにボールを入れるなりタッチラインの外や遠いサイドに蹴りだすことを繰り返した。まともな試合をしようという気持ちはどちらのチームにもまったく見られない――島で最高のチームから、誰も予想していなかったゴールを奪ったことで、ブルー・ロックスは「粘り強く耐え忍ぶ」という戦術をとった。そのサッカーは美しくなかったし、すばらしいサッカーをすることに誇りを持っていたアトランティック・レイダースの選手たちを激怒させた。ブルー・ロックスを応援する観客の声が大きくなるにつれて、レイダースの選手の神経はしだいにささくれだっていった。

激しい野次とレイダースの選手からハンドを見逃したことへの執拗な抗議が続いたために、主審は暴言に耐えられなくなってピッチから逃げ去った。マッチコミッショナーをつとめていた人が代わりに主審をつとめるべく、急いでピッチに入った。すでにピッチ上は大混乱で、誰がマッチコミッショナーに主審をするように命じたのかがはっきりせず、その人に審判の資格があったかについてもよくわからないままだったが、そのときは誰も気にもかけなかった。重要だったのは目の前で起こっていることと、小兵が巨人を倒すような思いもかけないことが起こるかもしれない試合の成り行きだけだ。長い中断後、試合は続行された。レイダースの波状攻撃を老骨に鞭打って息を切らせながらはね返し、ブルー・ロックスはついにレイダースに1対0の大金星をあげ、殊勲のヒーローとなった。

観客たちにとって、目の前で起こった出来事はすべてが何ものにも代えがたい価値があった。年長者チームのブルー・ロックスが島で最高の選手を集めたチームを笑いものにしたのだ。だがアトランティック・レイダースは激怒した。試合の運営を担当するマッチオフィシャルを取り囲み、収容棟に帰る道々抗議を続けた。彼らの自尊心はずたずたにされた。彼らは刑務所で才能あるサッカー選手としてそれなりのステータスを得ていたし、数百人の同房者から称賛され支持されてきた。何よりもあのゴールは認められるべきではなかった。アトランティック・レイダースは公式に不服を申し立てると決めた。

翌日、レイダースは怒りの矛先を協会に向けた。皮切りはトニーの仲がよい友人、セディック・アイザックスがマカナサッカー協会宛てに書き送った激しい言葉を連ねた手紙だ。セディックはすでに隔離棟から出て、プレイはしないがレイダースの事務を預かっていた。セディックの弁舌の巧みさと、訴訟への情熱が十分にあらわれている手紙だった。

ＦＩＦＡ規定を十分に研究したセディックは、マカナサッカー協会が会則で、反則が「オブサーブ」された、つまり認められたときには、クラブはただちに不服を申し立てなくてはならない、と定めていることも十分に承知していた。本来ならばレイダースのキャプテン、フレディ・サイモンは対ブルー・ロックス戦終了のホイッスルが吹かれてすぐに不服申し立てをしなくてはならなかったが、試合後に怒りとフラストレーションがあまりに高まったために、ついそれを怠った。

セディックは不利になる点をうまく回避するために、オックスフォード辞典では「オブザーブ」の意味を「気づく」と定義しているとした。レイダースのケースでは、不正によって自分たちがこうむった打撃の重大さに「オブザーブ＝気づく」もしくは理解するまでに時間がかかった、と主張したのだ。とにかくこの問題は非常に重要（つまりはレイダースにとって非常に重要）なので、マカナサッカー協会は申し立ての提出の遅れを受理しない理由にすべきではない。

セディックはそこまで書いてから、問題のゴールをめぐる主審の審判に論点を移す。主審はオフサイドのルールを正確に適用せず、ハンドも見逃していた。ふざけているのかと思った。組織的サッカーのルールについての審判としての理解は古すぎる。主審はゴールを認めたあと、「軽率にも」ピッチを離れて、試合中の混乱を収拾しようとしなかった。主審の行動は一から十までレイダースにとって不利に働くばかりだ。こういったまずい試合運営には断固抗議するし、私、セディック・アイザックスはＦＩＦＡ規定（島のサッカー協会にとっては絶対的な重みがある）にかんがみて、再試合を要求する。

手紙では、レイダースはこの問題をできることなら平和的に解決したいと望んでいると書きながら、すぐに自分たちの弁護団を結成して訴える、とマカナサッカー協会を脅す口調になっている。最後に、自分たちは公正な対処を望み、そのためにはどんなことでもする、と結んだ。マカナサッカー協会の幹部たちはこの手紙を読んで、レイダーズの言い分はスポーツマンではなく、まるで法律家のようだ、と違和感を持った。協会幹部は、レイダーズが考えていることはあまりにも大仰で、主審の行動を法的な手段で訴えることが最初から前提になっていることに不安を覚えた。

アトランティック・レイダースにとってこの件は、誤審にとどまらない大きな問題があった。島の最優秀選手たちは恥ずかしさにいたたまれなかった。ベニー・ントエレの言う「取るに足らないやつら」に負けた事実にどう向き合ったらいいかわからない。島の仲間たちの多くが、彼らが敗北したことよりも、レイダースには能力ではるかに劣り、勝てるはずがなかった弱小チームが勝利したからこそあからさまに大喜びしているのだとわかっても、少しも救いにならない。だからアトランティック・レイダースは、この件についてとことん戦っていくつもりだった。

当事者が全員熱くなっていることを考えると、いったん冷却期間を置くことが一番よかったのだろう。そうすればレイダースの面々は頭を冷やすことができたし、協会幹部たちは冷静さを取り戻し、審判たちのミスを広い視野で考えることもできただろう。だが困ったことに、レイダースの手紙がマカナサッカー協会に届けられる前に、カップ戦の第二試合の日程が各収容棟に配られてしまった。それを見たC４の男たちはまたもや憤った。配布された試合日程にはブルー・ロックスがカールトンとあたることがはっきり記されていた。アトランティック・レイダースとブルー・ロックスの再試合はない、とこれであきらかになった。トニー、セディックとレイダースのメンバーたちは怒り狂った。

マカナサッカー協会にしてみれば、なぜレイダースのメンバーたちの傷ついたプライドを癒すために大会規定を曲げなくてはならないのかが理解できなかった。協会はカップ戦を進行させながらこの問題を論議していくつもりだったし、一方レイダースは試合スケジュールが配布されたことで、協会が自分たちの手紙を読みもしないで申し立てを却下した、と受け取った。

一一月二八日、レイダースはつぎの手紙を協会に送付した。今回は「はなはだしい規則違反」があり、「協会はつくったルールに自ら違反し」、レイダースから申し立てた不服を裏づけるあらゆる証拠を無視しようとしている、と糾弾する内容だった。

マカナサッカー協会の姿勢は抗議されるごとにかたくなになっていった。そこでレイダースは協会が公平な立場で自分たちの意見に耳を傾ける気がないと確信した。さらにC4の同房者たちはこぞって、これはレイダースだけにとどまらず、C4全体を巻きこむ闘争だと位置づけた。受刑者たちがあれほど心血を注いでつくりあげたサッカー協会だが、その幹部である「やつら」は「俺たち」と対立している。

ブルー・ロックス対カールトンの試合はつぎの土曜日、一二月五日と決められた。レイダースは協会に対し、自分たちが納得する何かを勝ち取りたいと思った。一二月三日、セディックは第二試合が実施される前に、レイダースと協会の話し合いを要求する手紙を送付した。手紙の最後には「もし話し合いが行なわれなければ、いかなる強制手段を行使することもいとわない」と結ばれており、この一文がその後何ヵ月にもわたって激しい論議を呼ぶことになった。

最後の一行は何を意味するのかあいまいだが、十分に脅迫的だ。協会はアトランティック・レイダースがいったい何を目論んでいるのかと恐れた。レイダースとの話し合いを検討する代わりに、一二月四日ブルー・ロックス対カールトンの試合前夜、協会はレイダースのキャプテン、フレディ・サイモンと副キャプテン、ルーカス・マハロンガを呼んで、手紙のこの一行はいったい何を意味しているのかと問いただした。何を企んでいるのか？　と訊く協会幹部たちに、二人は答えを拒んだ。レイダースが何をやるのかは知らないが、この一文はあきらかに協会への脅迫だ。幹部たちはサイモンとマハロンガに、何が起こってもその責任は直接きみたちにある、と言い渡した。

翌日、マハロンガはレイダースのすべての活動から手を引いた。彼はもちろん仲間たちがやろうとしていることを知っていたし、それについて真剣に危惧していた。

一二月五日の昼間近になって、レイダースを負かしたブルー・ロックスの選手たちは、二回戦のために足取りも軽くピッチに入ってきた。タッチライン沿いに大勢の観客がいることを喜んだが、すぐに観客が自分たちもカールトンも応援するつもりではないことに気づいた。何か異常なことが起こるらしい、といううわさがすでに収容棟を駆けめぐっていて、観客たちの多くはそれを見届けるために集まっていた。

ブルー・ロックスの選手がウォーミングアップを始めると、トニー・スーズ、フレディ・サイモンとベニー・ントエレをふくむアトランティック・レイダースのメンバーがピッチにずかずかと入ってきて、センターサークルのなかでうつぶせに寝転んだ。選手もファンも度肝を抜かれた。誰も予期していなかったそのような抗議によって、一触即発の緊迫した空気が流れた。監視塔の看守たちもピッチの様子に気づき、警戒を強めた。選手にも集まっていた受刑者たちにも、事態の深刻さがじわじわと伝わった。

試合観戦を一週間の最大の楽しみにしている一般の観客たちは、この事態に怒った。だまされた気分だ。レイダースの抗議行動は、ケンカや暴動につながりかねない行為だ。ロベン島の看守たちが暴力行為に手をこまねいているはずがないし、こんな挑発の仕方では何が起こっても不思議ではない。島のサッカーは全面禁止になるだろう。レイダースはいったい何を考えているのか?

レイダースの選手たちが非暴力の手段で抗議しているのだと男たちは理解していたが、もし事態が暴力沙汰にエスカレートすると、刑務所の上層部は一刻の猶予もなく警棒と銃で制圧にかかるにちがいないことも予測していた。抗議者であるレイダースの選手たちはピッチ周囲を取り囲む仲間たちが、暴力に走らないようにと必死に祈るしかなかった。受刑者たちが刑務所で獲得した「自制力」に賭けた。だがたとえそう願っていたとしても、彼らの行動があまりにも危険をはらんでいたことには変わりない。

協会幹部にはこのとき三つの選択肢があった。アトランティック・レイダースとの交渉に同意する（彼らの強制的手段に屈することを意味するうえに、スポーツの原則に全面的に違反する行為を認めることになるので受け入れられない）、力づくでレイダースのメンバーをピッチから引きずり出す（政治囚同士で肉体的な暴力をともなう争いをすることは、刑務所の鉄の掟に逆らうことになるので、これもまた考えられないし、そんなことをしたら看守に介入の口実を与えることになる）。そして協会幹部が選んだ三番目の選択肢は、何もしないことだった。

こう着状態は四十五分間続き、緊張はいやがうえにも高まった。刑務所全体が固唾をのんで見守った。結局、四十五分経ったとき、レイダースの選手たちは互いに合図しあってピッチを去った。取り囲んでいた観衆は解散し、刑務官たちはそれぞれの収容棟に彼らを連れ帰り、その日のロベン島のサッカーの時間は終わった。

抗議行動とその余波について、刑務所じゅうで話題になった。採石場で、収容棟で、議論は熱を帯び、賛否が渦巻いた。アトランティック・レイダースは本来なら自分たちが参戦するはずだった試合をただ妨害したかったのか？　それとも必然的な抗議だったのか？

ベニー・ントエレは、抗議行動の動機は傷ついたプライドを回復することだった、と何年もたった後に認めている。レイダースは現地の言葉で「マハラ」、つまり無能者に負けた。レイダースこそが島で最高のプレイヤーであるはずなのに、まちがった審判によって負けるはずがない下位のチームに初戦で負けてしまった。自分たちの権威を回復させるためには何かをやらなければおさまらなかった。

一二月八日、マカナサッカー協会の幹部たちは収容棟の裏手で、つぎに何をすべきかを話し合った。試合途中でピッチを去った審判に懲罰を与えることは決めていたが、同時にレイダースがとった行動に弁解の余地はいっさいないことで全員の意見は一致した。会長は規定に従って処分する、だが抗議者たちはそれに対し正式に控訴を提出できる、と通達した。処分を決めるために特別に裁定委員会が組織され、抗議者たちに有罪の判定が下った場合の懲罰の内容を決めることになった。

レイダースはこの通達に憤り、あらためて協会幹部に話し合いを要求した。協会は、トニー・スーズがサインし、セディック・アイザックスが収容棟Ｃ４を代表して、棟にいる全員の名前を書いた意見書を受け取った――代表しているのがアトランティック・レイダースではなかった点は注目に値する。

対立の状況はこの意見書で一変した。トニー、フレディ、セディックとほかのメンバーたちはこの対立を、サッカー選手対協会の規律委員会から、権威を体現するもの（つまりマカナサッカー協会幹部）対収容棟Ｃ４で共同生活を送る受刑者たち、という構図に変えた。

意見書には、Ｃ４の同房者たちの総意として、簡潔に要点だけが書かれていた。われわれはサッカーに対して深い関心を持っていて、この論争の平和的決着を望んでいる。レイダースは自分たちがやったことに対する責任をとるとか、責めを負う覚悟のうえで行動したわけではない。だが、ブルー・ロックス対カールトンの試合があらためて組まれることを期待していると明言し、収容棟Ｃ４の男たちがレイダース対ブルー・ロックスの再試合がないことを暗黙のうちに容認していると伝えていた。もう抗議行動には出ない。ただ今回の論争を終結させるために、面子を立てる道を探っている。必要なのはマカナサッカー協会から、レイダースが正式な不服を申し立てたことを認める何らかの意思表示が出されることだ。それは如才なくまとめられた、当たり障りがない文書だった。妥協の可能性があることを感じた協会は、話し合いを承諾した。

ミーティングは一二月一一日の夜に収容棟Ｃ４で開かれた。マカナサッカー協会のディハング・モセネケをはじめとする四人の幹部がこっそり忍びこんだ。

オブザーバーとして受刑者たち全員から尊敬を集めているイケ・マシムニエが加わった。オブザーバーを入れたことは、今回の件について客観的な立場から刑務所全体に報告されることを両者ともが強く希望していることのあらわれだ。通訳も控えていて、英語を話せないものに討論の内容を伝えることになっていた。二一名の受刑者が四人の協会幹部を取り囲み、ぴりぴりした緊張感ある空気が収容棟内を包んだ。

トニー・スーズが話し合いの議長をつとめ、最初にこの収容棟のなかでは全員が自由に話していいと宣言した。話し合いは熱気を帯びた。対立は、アトランティック・レイダース対マカナサッカー協会ではなく、C4対協会だった。冷静になるために、しばしば休憩が求められた。

抗議行動後、レイダースのメンバーと彼らの友人たちに対して、刑務所全体から圧力がかかるようになっていた。ほかのクラブや選手、試合運営者やファンたちは、レイダースがとった行動を非難し、彼らの暴走に歯止めをかけようとしていた。トニー・スーズ、フレディ・サイモンとベニー・ントエレは、マカナサッカー協会が自分たちを悪者にし、見せしめのためにこらしめようとしている、と感じていた。一つ、誰もが同意したのは、ロベン島のサッカーがいまや混乱状態にある、という点だ。

ベニー・ントエレはC4を代表して、協会のとった行動は自分たちのことをまったく考えていないか、そもそも不服に耳を傾ける気などなかったことを示している、という声明文を読み上げた。だから自分たちはあんな極端な抗議行動に出たのだ。アトランティック・レイダースは、公正を求めている。

協会会長のモセネケは、あらためて協会の言い分を繰り返した。レイダースの不服申し立ての手段は規定に違反している。これについては収容棟から怒りの声が上がり、協会は官僚的な形式にこだわって問題の本質から逃げている、と責めた。

レイダースのメンバーではない男が、こんなことをやっていれば島にいる全員の生活に悪影響が及ぶ、という不安を述べた。みんなで楽しむ場をつくるために、多くの人たちがあんなにがんばったのに、それを全部破滅させていいのか。なぜ協会は不服申し立ての手続きにこだわってこんな事態を招いたのか、自分にはそれがわからない。ほかの受刑者たちがC４収容棟に敵意を向けるのは、そもそも協会のあやまちが原因だ。彼の主張を聞いたとたん、モセネケが猛然と反論した。

モセネケは、アトランティック・レイダースが言葉の定義で屁理屈をこね、自分たちの申し立てを通すために法律用語で小細工したのが事の発端だ、と言った。事態を悪化させたのは彼らであって、この結果は彼らが招いたものだ。

モセネケはその場にいる全員に、刑務所全体からC４に非難が集まっている原因はサッカーの試合結果ではなく、アトランティック・レイダースのメンバーが一二月五日にピッチで寝転んで試合を妨害した違法行為によるのだ、ということを理解してもらいたかった。たしかに最初の試合の運営にはミスがあったかもしれないが、その後レイダースがとった行動はそれを言い訳にできない。モセネケは協会がキャプテンと副キャプテンを面接し、「脅迫」的処置を回避しようとあらゆる手段をとったことを強調した。

これに対してトニー・スーズは怒りをにじませながら、協会は彼らが言う「脅迫」をかけながらアトランティック・レイダースのメンバーを故意に、しかも執拗にいじめてきたように自分には思える、と反論した。

ミーティングはイケ・マシムニエがオブザーバーとしてこう宣言して締めくくられた。レイダースによる試合を妨害する示威行為は「島の平和を乱すもの」であり、「それが及ぼした影響はあまりにも大きい」。オブザーバーの自分として言えるのは、協会とアトランティック・レイダースは互いに「刀を鞘に納めるべき」ということだ。

話し合いは行き詰った。それから七日間、採石場と収容棟は極度に緊迫した空気に包まれ、双方が敵意と悪感情をむきだしにした。アトランティック・レイダース事件は島全体で保たれていた調和を一気に崩した。

一週間後、男たちは再び収容棟C4でマカナサッカー協会と話し合いを持った。そもそものきっかけをつくった最初の試合で起こった出来事を問題にしようとする努力はなされたが、いまや論争は協会幹部への個人的攻撃にすりかわり、ブルー・ロックス戦やその後の抗議行動の件はわきへ押しやられた。論争は単なるケンカになった。マカナサッカー協会は、対立による緊張を和らげるために、親善試合を計画している、と明かした。C4の受刑者たちはそれに対し、アトランティック・レイダース支持をはっきり表明している自分たちが親善試合に参加するのを、協会が認めるはずがない、と言い返した。

また収容棟の男たちは、協会幹部の一人が刑務所内をまわってC4のやつらは「ごろつき」だと言っている、と批判した。われわれが心配しているのは、自分たちへの非難に対して、公の場で反論する機会が与えられず、正式な手続きを踏まずに懲罰が下され、サッカーのイベントへの参加を拒否されるのではないか、ということだ。そもそも刑務所全体がC4に対して批判的になっている状況で、本当に公正な立場から自分たちの意見に耳を傾ける場ができるだろうか?

C4の同房者は、協会が言うことは矛盾している、と非難した。会則の条項を盾にとって抗議行動をとったものたちを罰すると言っておきながら、一方でアトランティック・レイダースの不服申し立てを裏づける条項を無視している、と攻撃した。モセネケは集まった男たちに、C４の受刑者への中傷があったことは非常に残念だ、とはっきり言った。協会について言えば、幹部と言っても人間だから必ずしも誤りを犯さないわけではない、と指摘した。

この発言に、受刑者の一人、チルザネがC４の空気を代表して皮肉っぽく反応した。「協会の人たちから自分たちは『神様ではない』と認める声が聞けてうれしいよ」。それからなだめるような口調に変えて、チルザネはモセネケ会長にこう話した。「レイダースとその支持者たちがもう抗議行動はしないと決断したのは、彼らがロベン島でサッカーを続けていくことを心底願っているためだ。どうかそれを認めてもらいたい。もし協会がいくらかでも彼らの意を汲めれば、問題は解決できるはずだ」。

この発言で、アトランティック・レイダースの行動についての聞き取り調査をどのように進めるか、という議題に変わった。この件を裁くのにふさわしい公明正大な人たちを選ぶことが、それこそ大きな問題だ。どんな証拠を集めるのか、レイダースには確固たる反論を用意するための十分な時間が与えられるか、という不安があげられた。論争の途中で、いったん部屋を退出するのを許可してもらいたい、とチルザネは頼んだ。マカナサッカー協会が相変わらず官僚的で言葉にだけこだわるために、あまりにも腹が立って暴力に訴えかねないことを恐れたためだ。

事態は山場を迎えた。話し合いの目的は、C４と協会が歩み寄る道を見出すことにしぼられ、事態はますます悪化した。

ディハング・モセネケは、全員が公正だと思える筋道が通った解決を見出す必要性を認めた。事がここに至っては、事態を収拾させる唯一の道は「一段高いところからものが言える」人に託すことだ。二回の話し合いで、協会とＣ４同房者のどちらもが、このままでは妥協点を見出すことは困難だ、と互いに認めていることが根本的な問題となっている、と言った。協会は、アトランティック・レイダースが協会への敬意を欠く行為をしたと認めることを求めている。レイダースは、自分たちの不服を協会は尊重すべきだったと認めることを求めている。その食い違いをめぐって、双方がプライドと敬意と評判というとらえどころのない概念をめぐって対立し、両者の歩み寄りはますますむずかしくなった。

二回目の話し合いから数日たって、マカナサッカー協会とは一線を画し、一段高いところから発言する人たちを集めた特別委員会が開かれ、アトランティック・レイダースの選手たちは試合を壊す行為をしたことで有罪とする、と裁定が下った。

裁定では、協会幹部がレイダースの不服申し立てをまったく取り上げなかったことはたしかに問題ではあるが（南アフリカの反アパルトヘイト組織であるブラック・サッシュの市民的不服従の行動にレイダースがならったことは指摘された）、レイダースにはあれほど扇情的ではない方法で抗議することもできたはずだ、と断じた。たとえばピッチの周辺をデモして歩くことや、ピッチにいったん入ってもすぐに出ていくこともできた。そのかわりにセンターサークルに腹ばいになって寝転がった。観客たちは困惑し、その日行なわれるはずだったサッカーの試合は妨害された。それはスポーツマンシップにのっとった行為とは言えない。抗議行動をとったものたちには全員、一ヵ月間サッカーを禁止する。

マカナサッカー協会はこの裁定でアトランティック・レイダース事件が決着することを期待したが、残念なことにレイダースは頑として自説を曲げず、この裁定、もしくは判決を受け入れることを拒否した。ただちにレイダースは、セディックとジョージ・モッファット（本土にいるときに弁護士としてすばらしいキャリアを築いてきた受刑者）という二人の法律家を通して控訴した。

ビッグ・モー・マセモラはマカナサッカー協会の裁定委員会に感動的な文書を送付した。その後レイダースのメンバーが個々に控訴するとき、この文書を模範としたほどだ。彼はまず、訴訟手続きの問題を取り上げ、つぎに特別委員会の裁定が遅れたために、自分は選抜試合でプレイする機会が何試合も失われた、と書いた。それは自分にとって十分な懲罰だった——また抗議行動の前から、つぎの試合をする機会が奪われていたので、それも罰と言えるだろう。

自分は裁定委員会が、試合と抗議行動の両方をめぐる状況を十分考慮するよう願っている。試合は新たに始まったカップ戦の初戦で、起こった事態にどう対処すべきか誰もちゃんとわかっていないように思えた。自分のような一スポーツマンが、潜在的にあった問題の発生を想定していなかったマカナサッカー協会の不適切な処置から起こった問題によって、これほどまで苦しまなくてはならないのだろうか？　それ以上に、もし主審がプロにあるまじき行動に出なければ、その後の一連の騒動は起きなかったはずである。

マセモラは、自分は違反を裁かれるものであると同時に、この状況の犠牲者でもある、と主張した。特別委員会による裁定が一方的に押しつけられたものであり、しかもその懲罰は厳しい、と訴えた。マカナサッカー協会が公正さをもって臨むことと、刑務所コミュニティの調和を取り戻すことの両方を考えて、今回の判決を取り消してくれればありがたい、とマセモラは書いた。

最後に、受刑者たち全員の気持ちを反映した言葉で手紙は結ばれていた。「ここではスポーツはぜいたくなものではなく、必要なものなのです」。締めくくりは刑務所内でやりとりされるスポーツ関係者のすべての公式文書に書かれている真摯な一行だ。「スポーツのために」。

アトランティック・レイダース事件の解決までには、それからまだ三ヵ月も紆余曲折があった。セディック・アイザックスとジョージ・モッファットは長々と話し合い、裁定委員会に成り行きを事細かにつづった文書を提出した。茶目っ気のあるセディックは、巧みに言葉を操って法律的視点から論旨を展開した。

四十年後、トニー・スーズは取材に応えて、セディックはこの件を一種の楽しい冒険ととらえ、つぎの展開が読めないまま進んでいくドラマのように楽しんでいた、と断言している。事件は人々を巻きこみ、みな事件のことで頭がいっぱいになり、全情熱をかけて解決法に熱心に取り組み、一生懸命であるあまりよけいに決着までに時間がかかった。ある面でこれは知的なゲームだったが、真剣勝負の緊迫感があった。

ディハング・モセネケは控訴審の訴追者となったために、マカナサッカー協会の会長職を辞任した。今でも仲間たちは、のちに南アフリカ憲法裁判所の副判事となった彼に、きみが初めてくわしい法律文書を書く機会を得たのはアトランティック・レイダース事件だったね、と言っている。彼はむずかしいこの控訴を受けて立ち、裁定委員会は事件の詳細に焦点をあて、マカナサッカー協会の会則にある該当する条項をしっかり読んだうえで裁定を下した、と保証した。

セディックはレイダースの弁護を引き受けた。彼はマカナサッカー協会の会則を何箇所も参照するだけでなく、ＦＩＦＡ規定やマグナカルタから、ブラックストン判事〔訳注／サー・ウィリアム（一七二三―八〇）。英国のコモンローについて歴史的・分析的論述をなした判事〕の言葉や米国の憲法にまで言及して弁護を展開した。面倒な立場に置かれているとわかっていたので、勝訴するために弁護の古典的な戦略を利用することにした。事実関係が自分たちにとって有利でなければ、法律そのものの是非を問うか、裁判所の権限に疑問を投げかける、という戦略だ。

セディックの戦略は、実に独創性に富み、大胆極まりないものだった。なぜ裁定を下した特別委員会のメンバーたちは謝罪し、罷免されるべきなのか、その理由をいくつも彼はあげた。ロベン島の受刑者コミュニティ全体がアトランティック・レイダースに批判的で、特別委員会のメンバーはそんな受刑者のなかから選抜されているのだから、この件を裁定するのにふさわしくない、という論旨だ。

控訴審が進むなかで、アトランティック・レイダースは協会に対して、また協会傘下のクラブに対して、あらたな攻撃的行動に出た。トニー・スーズはセディックには「独特のユーモアのセンス」があると言ったが、この件にはそれがよくあらわれている。

それはマカナサッカー協会の事務局が美しい文字で書かれた文書を受け取ったところから始まった。レイダースが正式なクラブとしてマカナサッカー協会の誠実な一員となりたい、という所属申請書だ。ふつうの状況ならば、事務局は新しいクラブが一つ増えると喜んだだろうが、この場合は事態をますます混乱させることを狙ったとんでもない要求だ、とみなした。

協会は申請書を審議し、しぶしぶながら控訴審が終わるまで申請を考慮することにしたが、一週間後再びセディックとレイダースから別の文書が届いた。その手紙はアトランティック・レイダースがエンブレムとしてあらたに選んだ、しゃれこうべに刀という海賊旗の挑発的なデザインを描いたうえに、「尊敬する貴協会との協力関係を結びたい」と書いた正式な申請書だった。クラブの代表者として名前があげられていたのは、センターサークルで抗議行動をしたことから、協会が控訴審で争っている最中の男たちだ。

手紙は公式文書の書式にきっちり従っていて、協会が新規参加希望クラブに求めているすべての基準を満たしていた。アトランティック・レイダースのメンバーに名を連ねている男たちは、それぞれ前所属クラブからの契約解除も申請していた。クラブの運営幹部の名前や、チームカラーとエンブレムも書かれていた。モットーは「それでも選ばれたものとなるために」である。

レイダースは文書中に、新しいクラブはマカナサッカー協会が主催する親善試合に参加するつもりであると示唆し、図々しくも会則のコピーを一部もらいたい、と書き加えていた——何ヵ月にもわたって会則の条項をどう解釈するかで協会と争っていた男たちからの皮肉をこめた要求だった。会則のことなら、隅から隅まで知っているはずだ。

最後の一行には、セディックの皮肉がにじみでていた。レイダースは協会を助けて、サッカーの振興とコミュニティのレクリエーションに貢献するつもりなので、この申請をぜひ前向きに検討していただきたい、とある。

申請文書の形式は適切で、応募動機もはっきり書かれていたが、この状況での申請はマカナサッカー協会を怒らせるのに十分だった。申請を受諾するかどうか検討する以前に、どう受けとめればいいのか？

新しいクラブを創設することで、いったい何を狙っているのだろう？　冗談を言っているのか、それとも意気を上げるためか？　協会幹部の一人は、別個に独自のリーグを組織するつもりではないか、と疑った。全部外れだった。単なるはったりと脅しであり、自分たちが当然払われるべきだと思っている敬意を勝ち取り、チームのメンバーに与えられる罰を軽くしようという狙いだ。男たちは事件をもう終わらせたかったが、プライドを傷つけることなく状況を打開することを願っていた。

申請書を出した裏には、アトランティック・レイダースが質の高い選手たちをそろえたことで、協会に圧力をかけられる立場にある、という計算が働いていた。協会傘下のクラブは、レイダースをリーグから外したくないはずだ。またほかのクラブは事実上島最高のプレイヤーを集めたクラブができることを喜ばないはずだ、とも予想していた。マノンどころではなく、レイダースは島で圧倒的な強さを誇るクラブとなるだろうし、そもそも新たにカップ戦を企画した理由は、リーグの一強状態を打破しようとしたためだ。

思いがけない申請で不意打ちをくらった協会は、決定を下すまで必死に時間稼ぎをした。おかげでアトランティック・レイダースの術中にはまってしまった。不服申し立てに時間がかかりすぎたことを盾にとった協会が、今度は参加申請を認めることに時間をかけたのであれば、やはりレイダースを犠牲にしたのだ、と多くの受刑者たちに信じさせることになる。協会にもっと圧力をかけようと、新生アトランティック・レイダースは初の親善試合を一九七一年一月三一日に行なう、と宣言した。試合は行なわれなかった。協会はレイダースの逆手をとった。重箱の隅をつつくことを趣味にしているセディックに、マカナサッカー協会の会則ではリーグやカップ戦が行なわれている最中に、新しいクラブの申請受諾はできないと定められている一項がある、と指摘した。その条項を撤回するためにレイダースに唯一開かれている道は、撤回を批准するための投票で、賛成するクラブを集めることだ。レンジャースのスポーツマンシップに反するやり方が非難されている状況では、賛成を勝ち取るのはまず無理だろう。そう思うのは、協会だけではなかった。

アトランティック・レイダースの新クラブ発足計画はとん挫した。ほかのクラブに圧力をかけて働きかけたものの、誰もがレイダースのプレイヤーたちがつぎのシーズンまで試合をしないでおとなしく待っていられるはずがないと見越していたためうまく行くはずもなかった。彼らにとってサッカーはあまりにも大きい存在だった。実際のところ、レイダースが一つのクラブとして認められるまで待つくらいなら、一ヵ月試合禁止の罰を受け入れてピッチに戻ったほうがまだましだ。

会則の文言をめぐる論争の火種が尽きたころ、レイダースには別の方面からの圧力がかけられた。受刑者の仲間たちが、騒動を終結するよう彼らに訴えたのだ。一番効き目があったのは、マノンFCの会長がトニーに（マノンはトニー・スーズのクラブと言ってよかった）「もう一度島でサッカーを再開するために」行動を起こすよう働きかけたことだった。年老いた会長は知恵者で優れた仲介者であり、はるかに若いトニーにその説得は効き目があった。

一九七一年二月一四日、レイダースはしぶしぶではあったが、やっと折れた。セディックはマカナサッカー協会に、新アトランティック・レイダースFCは「平和的に解散する」という声明を送った。ひいてはできるだけ早期にレイダースのメンバーがもともと所属していたクラブに復帰することを許してもらいたいと要求したうえで、アトランティック・レイダースFCの解散を決定したのは、サッカーのレベル向上を阻むというほかのクラブの不服を考慮してのことだとつけ加えた。レイダースは敗北の現実に直面しながら、なんとか体面を保とうとした。

騒動から数ヵ月が過ぎて、誰もがブルー・ロックスがレイダースに勝利した試合に端を発した問題にあきあきしていることがはっきりした。妥協をはからねばならないときだ。多くの受刑者たちにとって重石になっていたものを取りのけるために何か手を打たなければならなかったし、島のサッカーの楽しみを復活させるときが来た。

受刑者たちはサッカーをすることも観戦の楽しみも取り上げられたまま数カ月を過ごしていたし、刑務官たちでさえも毎週末のサッカーが見られなくなったことをさびしがっていた。看守は知り合いの選手のところに行っては、せっついていた。「いったいどうしたんだ？　いつになったらまたサッカーを始める？」

なぜ選手たちがリーグ戦やカップ戦を中止してしまったのかがわからず、刑務官たちは困惑していた。刑務所の管理者たちは、受刑者間で激しい論争が起きていて、収容棟の内部で何回となく話し合いが開かれていたことにまったく気づいていなかった。皮肉なことに、アトランティック・レイダース事件が混乱を引き起こし、騒動が大きくなるほど、刑務所内の生活の根幹部分を管理しているのは管理側ではなく受刑者たち自身であることがより鮮明になった。

最終的にさまざまな政治派閥のリーダーたちが話し合い、今回の件で双方の面子を立てるための実際的な対策に乗り出した。マカナサッカー協会の裁定委員会は規定を変更した。もし暴力や協会の命令に従わないという違反を犯したときには、一ヵ月の出場停止を科す、という部分が六ヵ月の停止処分に変えられた。協会は裁定委員会で決められたとおり、レイダースの選手たちが協会あてに謝罪の手紙を送るよう要求した。

一人ずつ、選手は黙って謝罪の手紙を書いて送ってきた。五ヵ月もの間、刑務所をとげとげしく暗い雰囲気に陥らせ、協会とレイダースの双方が翻弄されたアトランティック・レイダース事件はこうして終焉した。しかしその影響は長く尾を引いた。ロベン島のスポーツ関係者たちにはその後も数年にわたって影響を感じていたし、数十年たってもまだ、関係者全員は忘れることができなかった。

マーカス・ソロモンは裁定委員会に長くかかわっていたが、アトランティック・レイダースがとった行動には仰天した。サッカー協会は受刑者全員が必死の努力で設立したはずなのに、そのことに対する敬意が足りないばかりか、協会をくつがえしかねない行動だったと今でも思っている。二〇〇〇年、子どものころからトニー・スーズと親友で、刑務所でも一緒だった男が言った。「自分はおまえを兄弟みたいに思っているけれど、いまだにアトランティック・レイダース事件を引き起こしたことは許せない」

一九七〇年度マカナサッカー協会年次報告書には、ロベン島のサッカーにこの事件がいかに大きな衝撃を与えたかについてこう記されている。

カップ戦の第一戦となる重要な試合は、われわれにとって最悪の傷痕を残した。試合に端を発した出来事に、ロベン島のサッカー界は屋台骨を揺さぶられた。マカナサッカー協会はこの歴史的な事件によって文字通り大きな打撃を受け、動揺し、翻弄された。試合を担当した審判は激しい非難にさらされた。審判委員会はレイダースの攻撃によって無力な姿をさらすことになった。裁定委員会は、われわれのサッカーの歴史上前代未聞のやり方で愚弄され、実行力をもたない組織とされてしまった。協会幹部は訴追者となり、レイダースの目には迫害者と映った。（中略）熱心なファンたちの怒りは、爆発寸前だった。そして何よりも抗議行動に出たレイダースのメンバーたちは、島にいる人々の人間関係に耐えがたいほどの緊張感を生んだ。この問題だけのために信じがたいほど多くの紙と話し合いの時間が費やされた。（中略）問題は決着を見たが、私はこの大混乱から将来的に学ぶものは多く、二度と起こらないようにすべきだと考えている。

アトランティック・レイダース事件は島のサッカーの歴史でもっともドラマチックだった。レイダースがとった行動と、それに対する反応は、島の人々のサッカーに注ぐ情熱の強さを示すだけでなく、服従を強いる刑務所の苛酷な管理体制に対し、受刑者たちが人間的な抵抗運動の精神を忘れていなかったことを物語っている。刑務所での生活は受刑者たちを、従順に受動的に規則に従うロボットにも聖人君主にも変身させなかった。この事件で先頭に立って争ったセディック・アイザックスやディハング・モセネケのような男たちは、刑務所のなかでもその知的能力を維持していたばかりか、いっそう磨きをかけてさえいた。ほかのものたちも、自分が一途に信じる方法で解決をはかることは正しいのだ、ということを証明してみせた。

アトランティック・レイダース事件では、何回にも及んだ聞き取り調査や緊張をはらんだ話し合い、また交わされた何十通もの文書や書簡のために、貴重な紙が消費された。控訴手続きの議事録だけで百二十ページもあり、しかも協会、レイダースとオブザーバーに配るために三通ずつ作成しなくてはならなかった。

なぜ問題がこれほどこじれてたいへんな事態になったのか、というのがもっとも興味をそそられる疑問である。なぜレイダースのメンバーは、一週間で最大の楽しみとなっているサッカーを中止せざるをえない試合妨害行為に出たのだろうか？　スポーツマンシップに違反し、マカナサッカー協会の規定を破る妨害行動以外の抗議のやり方は考えられなかったのか？　一方で、なぜこれほどまであからさまな違反を行なったアトランティック・レイダースに、協会はもっと迅速に懲罰を与えなかったのか、という疑問もある。

たぶんその答えを出すのはむずかしいだろう。男たちは誰もが、多数派の市民を迫害して支配体制を維持することを主たる目的とした司法制度によって裁かれて島に収監された。そんな司法制度が、自分たちは公正で正当な手続きを踏んでいるといくら主張したところで、島の男たちは誰一人として納得できなかった。

アトランティック・レイダースがとった行為はまさにかく乱でしかなく、島のサッカーの健全な発展を、たとえ短期間にしても阻むものだったが、外の社会の司法制度が拒んだ彼らの権利が島では与えられていることを、受刑者たちは暗黙のうちに互いに認め合っていた。司法の原則が島では守られていた。

アトランティック・レイダースのとった行動は迷惑以外の何ものでもなかった。今、振り返ってみると一連の出来事は茶番劇のようにも思える。当時、関係者のなかにはユーモラスな面を見出すものもいないではなかったが、それはごく少数派だった。事件は受刑者たちの人間関係を驚くほど変えた。レイダースのリーダーだったトニー・スーズはパンアフリカニスト会議の中心的メンバーの政治囚で、もう一人のリーダーのフレディ・サイモンは収監後、アフリカ民族会議のメンバーとなった一般囚だった。二、三年前ならこの二人が協力しあうことなど考えられもしなかっただろう。サッカーが二人を結びつけ、事件が進行するうちに二人は傷ついたプライドを絆に、同盟関係を結んだ。

レイダースの行動とそれが生んだ受刑者間の緊張によって、サッカーを心から楽しむという空気は一時的にせよ受刑者コミュニティのなかから消えてしまった。受刑者たちは「サッカーをしたい」という気持ちがある一方で、口には出さないものの、不正や不服があれば訴えられる権利を認めてほしい、という願いがあり、二つの気持ちが葛藤を生んだ。司法の原則は、たとえ人間関係をぎくしゃくさせて、サッカーをプレイし観戦する楽しみをお預けにしても守られなくてはならない。受刑者たちが、自分たちの間で起きる問題の解決をはかり、協会という組織を維持していくために必要な官僚機構を発展させてきたという歴史を考えると、アトランティック・レイダース事件の解決に受刑者たちが多大な時間と労力をかけたのはさして驚くことではないだろう。

第7章　サッカーが人間を成長させる

レクリエーションがない島の生活は考えられない。
その楽しみは生きていくうえでの礎だった。
インドレス・ナイドゥ（受刑者番号885／63）

ピエト・バデンホルスト刑務所長は受刑者用の医療棟の今にも壊れそうな扉を押しあけ、患者たちや雑役夫たちが驚きのあまり静まり返るなか、探るような目つきで壁際に並んだベッドに横たわる受刑者たちを見まわった。

一人ひとりに、医療棟に入った原因を問いただした。採石場で怪我をしたというものもいれば、風邪や胃病で入ったものもいた。一人の受刑者が、直近の土曜朝にサッカーの試合で怪我をした、と言ったとたん、バデンホルストの目がきらりと光った。それこそ新任所長が聞きたかった答えだ。受刑者たちが必死に闘って勝ち取ってきた権利のすべてが、再び奪われようとしていた。

一九七〇年一二月、ピエト・バデンホルストが刑務官たち一隊を引き連れてロベン島刑務所長として着任した。受刑者に対して強硬姿勢を取る彼の目には、ロベン島では受刑者たちがあまりにも気ままにやりたい放題で、刑務所は無秩序状態になっていると映り、自分は島の腐敗を一掃する、と宣言した。

一九七一年四月にバデンホルストは医療棟を訪れたが、それが初めての視察ではなかった。それまでも数回にわたって病気やひどい怪我を負って収容されている男たちを見まわり、労働をさぼるために仮病を使っているものがないかを非公式に調べていた。医療棟に収容される人数が近年増えている理由は二つある、と彼は断言した。一つは受刑者が仕事をさぼりたいために仮病を使っているからであり、もう一つはサッカーの試合での激しいプレイが影響するからだ。

どちらの場合でも、割り当てられた作業量を達成できないのは刑務所内の規律に違反し、刑を言い渡した裁判所を侮辱する行為として罪を問われるべきである、というのがバデンホルストの考え方だった。自分はそれに我慢がならない。ロベン島刑務所にあるべき本来の秩序を取り戻すための唯一の道がスポーツ競技の中止なら、今すぐやめさせるべきだ。受刑者たちが島でやるべきなのは、スポーツではなく自分が犯した罪をつぐなうことだ。

バデンホルストは、受刑者たちが独自に設立し管理しているサッカー競技を、自分の管理下に置くことを狙いとした命令をつぎつぎと出して、締めつけを強化した。まず、今後受刑者は毎週土曜日の朝に洗濯と収容棟内の掃除をしなくてはならない、と命令した。必然的にピッチに出る時間は遅くなり、試合の時間が短縮されるか、まったくなくなってしまうことが多くなった。

サッカーファンたちにもあらたに規制が加えられた。試合中に選手たちに声援を送る観客席のパビは自由な場所で、毎試合お祭り騒ぎが陽気に繰り広げられていたが、バデンホルストはそんな雰囲気を一掃すると決めた。看守たちは、観客たちに厳しい規律を守らせるよう命じられた——「厳しい規律」とは、観客がやりたいすべてを禁止することを指す。

スポーツの規制だけでなく、生活面でも状態は悪化した。食事の質は悪くなり、勉学ができる特権は奪われ、刑務官は底意地が悪い態度をとるようになった。受刑者たちは採石場で自由に歌が歌えなくなり、理由もなしに殴られることが日常化した。一九六〇年代前半の悪夢の日々がよみがえったようだった。

サッカー選手たちの間に不満の声が高まり、マカナサッカー協会は個々にそれを訴えたりしないようにすばやく釘をさした。協会は長い経験から、刑務所当局に何か変えてもらいたいことを交渉するとき、受刑者たちが一致団結して訴える手段だけが有効だ、とわかっていた。

協会幹部はクラブ一つひとつに、不満を文書にまとめて協会に提出するように求めた。それをもとにバデンホルストの姿勢についての説明を求めるため、刑務官長との面会を申し入れた。

サッカーをすることは受刑者が勝ち取った権利なのか、それとも刑務所が与えた特権なのか、という根本的な問題が問われている。協会の上層部はサッカーをする権利は自分たちにこそある、と主張し、刑務所内で進行している一連の無視できない変化について、意を決し断固闘う覚悟である、と伝えた。

一九七一年五月、南西アフリカ人民機構の創設者の一人で、後年ナミビアの独立に尽力したトイボ・ジャ・トイボが、ナミビア人受刑者グループとともに隔離棟に並んで立つBセクションの収容棟に収監される、という事件が起きた。数ヵ月間にわたってしばしば気まぐれに食事を抜かれる罰が与えられたことに抗議して、彼らはハンガーストライキを実施し、まもなくマンデラ、シスルやほかの隔離棟の政治囚のリーダーたちもそれに参加した。ある晩遅く、刑務官の一団が群れをなしてナミビア人たちが収監されている収容棟に押し入って、彼らを襲った。トイボ・ジャ・トイボは刑務官に殴られ、思わず殴り返した。彼と二八人のナミビア人受刑者たちは激しく殴打された。

翌日、ネルソン・マンデラとウォルター・シスルはこの件を公式に告訴し、数週間後、三人の高等裁判所判事が島を訪れて事件の調査にあたった。一ヵ月後、バデンホルストによるロベン島の専制支配は終わり、所長は自分の部隊を引き連れて本土に異動した。

短い間ではあったが、バデンホルストの圧制のおかげで、島のサッカーにかかわる人たちはみな、勝ち取った権利をやすやすと奪われてはならない、という思いをあらたにできた。だが残念なことに、バデンホルストが残した負の遺産もあった。刑務官のなかに、受刑者には厳しくあたらねばならないという彼の主義に啓発されたものがいて、個人的にではあるが折にふれて受刑者を痛めつけるようになったことだ。そういう刑務官たちのせいで、上層部からの命令のあるなしにかかわらず、試合はしばしば妨害された。

たとえばこんなことがあった。二つのチームが午後一時半キックオフの予定の試合に備えてはりきって準備していたところ、いきなり収容棟に戻るように命令され、「今日の試合は中止になった」と宣告された。理由はいっさい説明されなかった。また別のときには、試合開始時間が遅くなったり、ときには中止されたりして、その理由として収容棟の掃除が刑務官を満足させるほど行き届いていないからだ、と告げられた。誰か一人がささいな規則違反をしたことで、全員に収容棟から外出禁止の罰が下ったこともある。

サッカーリーグが開催されている最中に、選手たちはファン・デル・ベシューゼン中尉というきわめて不愉快な刑務官に、何回となく苦しめられた。彼はほかの多くの刑務官ほど残虐ではなかったし、自ら肉体的な暴力をふるったりはしなかったが、看守たちをけしかけて暴力をふるわせる影響力があった。受刑者の目から見て彼がきわめて許しがたい人物と映った理由は、受刑者たちが刑務所を管理する刑務官や看守たちに期待している公正で妥当な扱いを、彼がまったく無視することだった。そのことに受刑者たちは大きなストレスを覚えた。

あるとき彼は受刑者全員に週末のサッカーを禁じた。理由は、その週の早朝、鍵が開けられるはずより前に、いきなり収容棟内に入った彼が、起床の鐘が鳴ったあとに多くの男たちが寝床にいたのを見つけたからだ。寝ていた受刑者たちに激怒し、その場で食事チケットを没収し——個人に与えられる罰としては標準的なものである——すぐに刑務所全体に週末のスポーツを禁止する、と宣告した。各収容棟をまわって同じことを通達し、受刑者たちががっかりする様子を見て実に満足そうだった。その週の土曜日、罰を与えられた男たちだけでなく、起床時間を守っていた受刑者たちもそろって採石場で働かされた。

マカナサッカー協会の幹部たちは、ベシューゼン中尉がすでに罰を与えられるべき犯人を特定していたにもかかわらず、見せしめのために刑務所全体を罰するのは筋が通らないと非難して、刑務所長に厳しい調子で集団刑罰はおかしいと訴える親書を送った。その文書で協会は、理由もなくサッカーが中止にさせられたことが五回もある、と所長の注意を促した——そのほとんどでベシューゼン中尉が担当刑務官だった。

スポーツの目的は受刑者の精神的・肉体的健康を促進するためであり、規則違反していない受刑者までスポーツ禁止の罰に服させるのはおかしい、と親書には続けて書かれている。五年前にサッカーを刑務所のコミュニティ活動の一つとして取り入れたとき、これを禁止することを罰の一つとするとは言われていない。（受刑者たちはサッカー禁止を刑務所側が罰にするであろうとは予測していて、サッカーをする権利を認めさせるときに、そうなったらどうするかということは議論していた。）

親書を送った背景には、刑務所管理の元締めであるプレトリアの法務当局と受刑者の複雑な関係がある。二週間前、法務当局からロベン島の受刑者宛てに、島でスポーツ競技の運営がどれくらいうまくいっているか、また刑務所長がスポーツ運営にどれくらいかかわり、力を入れているか、という質問状が送られてきていた。

この質問状が、なぜそのタイミングで送られてきたのかについてたしかなことはわからなかったが、ロベン島で起こっていることに外部が何らかの関心を寄せていると推測したほうが安全だ。そこでマカナサッカー協会が受刑者の立場を代表して、刑務所において「スポーツはレクリエーションの意図で行なわれている」という回答を送り、加えて法務当局に、すでに受刑者たちは数百ランドの金を自腹で支払ってスポーツ用品を購入している、と注釈をつけた。

何年にもわたって刑務所管理者と問題について討議し、抗議し、対立し、交渉してきた受刑者たちは、刑務所側とある種の協調関係を築くことができたと考えていた。一年足らず前に、管理担当の刑務官長との間で、受刑者個人の違反は罰せられなくてはならないが、無罪のものまで巻きこむ集団刑罰にそれが適用されることはない、ということで確約をとっていた。刑務官長はまた、サッカーをする権利は守るよう最大限努力する、と言っていた。

しかしベシューゼン中尉とのいざこざが引き金になって起こった刑務所側との論争の間に、受刑者と刑務所側との関係にきしみが生じた。中尉はまちがいなく、受刑者のスポーツ活動の未来がどちらに転ぶか鍵を握る人物であったし、彼が率いる部隊はライフルとこん棒を持ち、彼の命令一つで受刑者に向けてそれらを使うことができる。受刑者たちが唯一できるのは、絶対的な優位に立つ彼に何らかの圧力をかけて、権力を阻止するよう刑務所側と交渉することだ。

刑務所長が刑務所の管理の近代化に真剣に取り組んでいることについては、われわれ受刑者は一瞬たりとも疑いを持ったことがなかったが、ベシューゼン中尉のもとでその方針に「突如として残念な方向転換」があったのではないかと懸念している、と親書は続いた。ベシューゼンによる集団懲罰のような出来事が繰り返されないという保証がないかぎり、ただちにスポーツ活動を一時停止する選択をとらざるをえなくなる。刑務所長から、サッカーの禁止を罰として利用することはない、という保証がもらえるまでは再開しない。

たとえば受刑者たちが制御不能になるような混乱を起こす異常事態となったときには、刑務所長は秩序と規律を復活させることを最優先すると同時に、受刑者に与えられたあらゆる特権を停止する権力があることは認めている、と協会は親書で認めた。だが、これまでそういった異常事態が起こったのは、中尉が受刑者を弾圧したときだけである、と協会は刑務所長と中尉に抗議するのを忘れなかった。親書の最後は、刑務所のコミュニティは総意として刑務所長に全幅の信頼を置いている、と結ばれていた。

刑務所長宛てのこの親書は、折衝の模範文例と言えた。刑務所長の既存の権力に敬意を払い、刑務所内に秩序と安全が必要であることを認めている。彼らは受刑者である。所長は刑務所という組織の長だ。同時に、プレトリアの法務当局は、競技スポーツが受刑者たち自身によって運営されていて、政府の方針に多大な貢献をしていると考えている点も指摘した。

親書の最後に、やっと受刑者たちは取引条件を出した――スポーツをしない、という力を使うことだ。ピッチでボールを蹴ることも、タッチライン沿いで応援することも、どちらも受刑者たちにとって大きな楽しみではあったが、それを犠牲にしても守らなくてはならない重要なことが彼らにはある。自分たちの生活を、ある程度自分たちで管理する力は渡せない。サッカーが未来永劫おしまいになってしまうという状況にだけはなってほしくないが、必要とあれば一時中止の決定を支持することは誰もが理解している。

返答が来た。刑務所長は、ファン・デル・ベシューゼン中尉にスポーツ禁止の懲罰を出すのをやめさせる、と保証しなかった。それに対してマカナサッカー協会は即座にサッカーの中止を呼びかけた。それは一一週間続いた。期間中も交渉が続けられ、ようやく刑務所長は態度を軟化させた。受刑者たちは再びサッカーを全面的に復活させ、刑務所当局からスポーツを集団刑罰の手段として利用することはない、という言質をとった。

コミュニティとして団結力を刑務所側にはっきりと示したことと、また南アフリカ政府が国際世論を気にして受刑者にスポーツする権利を与えたがっているという情報は、受刑者たちが交渉を有利に進めるうえでの切り札となった。スポーツの継続はコミュニティの一体感をつちかううえで重要な要素となる。同様に、コミュニティの全員でサッカーを中止して刑務所側に圧力をかけることも、自分たちの権利を守るためには一致団結して闘うという姿勢を示すうえで重要だった。

受刑者たちは刑務所管理者の圧力をかわすことができたものの、マカナサッカー協会はもっと大きな潜在的問題に直面していた。受刑者たちの力では解決できない問題だ。

スポーツ競技はほかの活動とは実質的に異なる。年をとればとるほどよりよいプレイができるようになる、と期待する競技者はいない。ほかの活動であれば経験と知恵を増すほどに、能力は上がっていくだろう。だがスポーツ競技では反対である。男性、女性に関係なく、スポーツ競技者としての能力は非常に若いときにピークに達し、その後急速に衰えていく。プロのサッカー選手でも三十歳に近づいて「用済み」だと考える人はけっしてめずらしくない。

サッカーの世界では、つねに若くて期待できる若手選手が新しい血として入ってきて、指導を受け、トレーニングを重ね、試合で活躍して活性化することが求められる。クラブの会長にとって、最高の選手が能力のピークを迎えたときにクラブを離れ、新しい血となる若手選手が入ってくるかどうかわからない、というのは耐えがたい。ロベン島での生活の多くの面と同様、サッカークラブもしっかりとプレイしてくれる選手をどう確保するかについて、島独自の問題を抱えていた。

一九七一年から、島で最高と評価されていたプレイヤーの何人かが釈放されて島を出ていった。チームメイトは彼らがピッチ上で見せた実力と献身的なプレイばかりでなく、きついトレーニングに耐えてもサッカーをしたいという情熱や、優れた技術を失ったことも残念がった。シフォ・シャバララは釈放されてガナーズＦＣを去るとき、チームメイトとマカナサッカー協会の役員たちに感謝を捧げ、心打たれる手紙を残していった。「短い滞在でしたが、ここで受けた恩義については感謝の言葉もありません」とし、「これからも勇気ある決断で、しっかりと運営していってください」と書いてある。最高のゴールキーパーを失うものの、チームメイトでさえも彼を喜んで送り出さないわけにはいかなかった。シュートをセーブする華麗なプレイは見られなくなるが、シフォは出獄して新しい生活を始めるのだ。一九七一年八月一日、ロベン島で七年の刑期をつとめたシフォ・シャバララは島を去った。

一九七二年以降は出獄する男たちがもっと増えた。そのころ島に誕生したラグビークラブの一つは、カップ戦で「歴史的勝利をおさめたのはあなたのおかげだ」とし、インドレス・ナイドゥに「永久メンバー」を授与して、別れの記念とした。現役選手としてインドレスがラグビーをすることはまずないだろう。別のクラブはスポーツに貢献したジョゼフ・チハラを称え、「新しい人生へと踏み出す」彼を祝した。サッカーもラグビーも貴重な選手を失い、勉強を教えてもらっていたものたちは先生を失い、応援団はお気に入りのミュージシャンやサポーターを失い、島の人口はしだいに減少していった。

サッカーが発展していくために外の世界では継続的に新しい血を入れるが、ロベン島にはその道は用意されていない。受刑者たちには新しい選手を発掘するための手段も計画もなかった。国家機密機構と南アフリカ政府が組織的かつ狡猾に働いたために、七〇年代までに大半の反政府運動や自由を獲得する運動の中心的活動家たちは、殺されるかロベン島に収監されていた。それはつまり、新しい受刑者が荒れ狂う海を越えて島に送りこまれることがあまりなくなった、ということを意味している。

その結果、若い新人のサッカー選手はほとんどいなくなった。

島のサッカーにとって、このことがどんな意味を持つのか、アトランティック・レイダース事件のときにセディック・アイザックスと協会が分析した記録が残っている。収容棟Ｃ４で結成されたチームが、新生クラブとして協会に認めさせられるかどうかを検討したときの記録だ。

セディック・アイザックスはレイダースに登録申請を希望する選手たちの名前を上げ、それぞれの年齢を書いている。それによれば、ほかのクラブと同様、アトランティック・レイダースでも最年少の選手は二十八歳だった。島のサッカーは高齢化に直面していた。マカナサッカー協会を設立した男たちもみな年をとっていった。年齢だけではない。十年以上激しい労働と栄養に乏しい食事に耐えてきていることも問題だった。自分の口からはけっして認めなかったが、選手たちは年をとるごとに動きが鈍くなり、筋肉痛に悩み、トレーニングがきついと内心感じていた。ハーフタイムの時間を延ばしてほしいというものも出てきた。必死の思いで獲得したサッカーをする権利を維持していくために、マカナサッカー協会が取り組まなければならないのは、高齢化の問題だ。クラブの幹部たちは選手の体調が心配で、そのうちまともにリーグ戦を実施するために、体力のある選手が足りなくなるのではないかと不安だった。そこで、無能なレフェリーに問題の矛先が向けられた。クラブの会長の一人は全員の気持ちを代弁し、「怪我が心配だ。レフェリーは対人プレイにはもっと注意するように選手に促すべきだ。さもなければ怪我人はもっと増えるだろうし、島のサッカーに未来はない」と言った。

刑務所側とのいざこざが決着してリーグが再開し、すべてが正常化した。一九七〇／七一年シーズンにAディビジョンでは六ゲームが行なわれた。マノンが再び首位に立ち、ディシシディに引き分けただけで四勝一分けの成績だった。Bディビジョンでは八ゲームが実施され、七勝一分けの無敗でディシシディBチームが優勝した。

このシーズンには、初めて一つのクラブから二チームが同時にBディビジョンで戦った。ダイナスパーズB1とダイナスパーズB2である。ダイナスパーズはホットスパーズとダイナモという弱小クラブの二つが合体してできたクラブである。両クラブとも登録メンバーが少なく、合併するしか生き残る道はなかった。ダイナスパーズには、モレフェ、シーニュ、ジョージ・モッファット、それにかつてアトランティック・レイダースのキャプテンだったフレディ・サイモンという非常にいい選手が所属していたが、もっと重要なのは、クラブ幹部としてマーカス・ソロモン、スティーブ・チウェテとインドレス・ナイドゥというサッカー界の重鎮が登録されたことだ。スティーブ・チウェテが新しいクラブの初代会長に就任した。

しかし創設当初からダイナスパーズは多くの問題を抱えていて、その多くはロベン島特有の環境が原因していた。その典型的な例を、ロクソという受刑者から出された不服申し立てに見ることができる。ホットスパーズ所属選手だったロクソは、六ヵ月間隔離棟に収監されている間に自分のクラブがなくなってしまったことを知った。合併に納得がいかなかった彼は、ダイナスパーズのメンバーになるのは考えられない、と主張した。

隔離棟にも情報が定期的に届けられていたことを考えると、ホットスパーズの消滅とダイナスパーズの発足を彼が知らなかったというのはにわかには信じがたい。一方ダイナスパーズの幹部は、ロク

DYNASPURS UNITED FOOTBALL CLUB

ROBBEN ISLAND
18TH JULY 1970

THE HON SEC
MAKANA FOOTBALL ASS
ROBBEN ISLAND.

SIR,

RE LEAGUE SEASON 1970-71.

EXECUTIVE COMMITTEE:

1] PRESIDENT MR S TSHWETE.
2] VICE PRESIDENT MR D PHITHI
3] SECRETARY MR I NAIDOO.
4] VICE SECRETARY MR G SINGH.
5] TRUSTEE MR N BABENIA.
6] EX MEMBER MR G MOFFAT

THE FOLLOWING PLAYER WILL PARTICIPATE IN THE FORTHCOMING LEAGUE:—

"A" DIVISION	"B^1" DIVISION	"B^2" DIVISION	
1] F SIMON CAP.	1] S. MADHUMULO CAP.	1] A. KHONZA CAP.	21] G SINAMAKANKA
2] G MOFFAT V CAP.	2] T. HOSO V. CAP.	2] Z. NDALOSE V CAP.	22] A MASHABA
3] G SINGH	3] F MLANDA.	3] W. FANTI	23] E MAFELE
4] M. NDINGI	4] D PHITHI	4] D. MKABA	24] P. NTSHABELENG
5] H MAKGOTHI	5] S HASHE	5] N. ZWENI	25] W MOSES
6] L. MOLEFE	6] S TSHWETE	6] G HENDRICKS	26] M. MACHILENI
7] B. FIHLA	7] I NAIDOO	7] E MALGAS	27] N DIALA
8] A HOHO	8] V THOLE	8] R NGWENYA	28] J DHLAMINI
9] H PLAATJIES	9] W MAGHOLA	9] M VIKILAHLE.	29] K MOODLEY
10] M. SOLOMON	10] S NAQULA.	10] W. MAKINANA	30] J CHIRWA
~~11] S ALTENAISU.~~	11] K ROXO	11] S. TSHUMA	~~31] D ...~~
11 G NAICKER	12] N DICK	12] J. MHAMANI	32] W XANDEKANI
	13] C. KETANI	13] R VANDEYAR.	33] S NGCOMBO
	14] A. BAKABA.	14] M. MKUNQWANA	34] J. NQGONDLA
	15] S ALTENAISU [G.K]	15] W. HASHE	35] B NGEVA
	16] M. NCOBE.	16] H BAARTMAN	36] T. DINGANE.
		17] J. JANUARY	~~37] ...~~
		18] M. HLAYA	38] Z. BOYANE
		19] R. MBANA	39 K WELEMI

ほかのクラブと同様にダイナスパーズＦＣ（ホットスパーズとダイナモが合併してできたクラブ）も３つのレベルに選手を分けて登録し、試合ごとに記録をとっていた。ていねいに書かれたエントリーシートと試合記録を見ると、サッカーがどれほど人気があり、記録と運営事務が重視されていたかがわかるだろう。

ソには一般棟に戻ってきたらすぐに合併を報告したし、できるかぎりのサポートをすると約束した、と主張した。

ロクソとダイナスパーズをめぐる争いは、ロクソがマカナサッカー協会にダイナスパーズの選手登録を抹消してほしいと正式に訴えたことで、あとは手続き上の問題だけになった。数週間後、希望は聞き入れられ、ロクソはバックスＦＣのメンバーとなった。

シーズンが終わったころ、新任の刑務所長、Ｐ・Ｊ・フーリーが着任し、受刑者たちは風向きが変わる、と感じた。進歩的とはとても言えなかったが、フーリーは刑務所内の秩序を維持していくのに役立つとして、サッカーを重視した。男たちが楽しそうに試合するのを見ても、労働に支障が出るとか、食べものの質の改善を求めてハンガーストライキが起こるかもしれない、などと心配する様子はなかった。トラブルが起きることを彼は望んでいなかった。

マカナサッカー協会は、新任所長とは取り引きができると感じた。これまで懸案だった二つの事項――一つは屋外で行なうレクリエーションの時間を増やすことと、もう一つ、試合数が増やせるように第二ピッチをつくること――の承認に向けて、一気に動くときが来た。

フーリーは男たちが見こんだとおりの人物だった。土曜日だけでなく日曜日にもサッカーができるよう、刑務所側を四年間必死に説得してきた努力が報われた。また第二ピッチについてもフーリーから許可が出た。

さまざまな意味で、島のサッカーリーグはこのときから絶頂期に入った。より協力的な管理者が着任しただけでなく、内部の組織活動も軌道に乗った。誰もが自分用のウェアとシューズを持っていた。リーグ運営に重要な委員会の活動も順調だった。試合レポートと審判報告書の提出が毎試合義務づけられ、能力に関係なく、すべての人にスポーツができる環境をつくる、というマカナサッカー協会の高尚な理想のおかげで、毎週末何百人もの受刑者がサッカーを楽しんだ。

しかしそれぞれのクラブや選手と、審判をはじめとする試合運営にかかわるマッチオフィシャルの人たちと関係が良好だったかというと、そうではない。勝ちたい、という非常に人間的な本能が問題を引き起こした。プレイのレベルが向上し、三つのディビジョンのすべてにおいてチーム同士の実力は伯仲していた。技術レベルや体力に応じて受刑者の誰もがスポーツに参加できるようになったが、いざボールが足元にあると、どうしても勝ちたくなるのが人情だ。勝ちたいあまり、チーム同士が何かと言えばいがみあい、冷静さを失い、試合は過熱した。マーカス・ソロモンは「何が何でも勝ちたい選手があまりにも多すぎて、協会が掲げた高い理想がしだいに侵食されていった」と言う。

すでに島で傑出したレフェリーとして認められていたマーカスは、新しいレフェリーを育成するために尽力していた。仲間のレフェリーたちとともに、マーカスはトニー・スーズ、マーク・シナーズやリゾ・シトトといったトップクラスの選手たちに、ぜひ主審や線審をやってみるようにと勧めた。選手がレフェリーをやってみることで、島の試合を別の視点で見ることができるようになる、と審判委員たちは考えていた。その裏には、選手たちにアトランティック・レイダース事件の大失敗に学んでほしい、サッカーが全員にとってとても大切である理由を、広い視野をもってもう一度考えてほしい、という真意があった。

一九七一年が終わるころ、マーカスは新生クラブ、ダイナスパーズの会長役を引き受けた。会長のスティーブ・チウェテが隔離棟に収監されている間の代役だ。マーカスはこのとき、自分の心情をせつせつと訴える機会を得た。アトランティック・レイダース事件に彼はひどく心を痛め、当事者が思っている以上に、事件はサッカーに悪影響を及ぼしていると感じていた。ダイナスパーズの年次報告書で、彼は赤裸々にこう書いている。

「試合で負けたとき、なぜ選手たちはこれほど不平や不満をぶつけるのだろうか？　なぜ協会や審判委員会に多くの不服申し立てが送られてくるのだろうか？　選手の悪行や、勝利至上主義が引き起こす事件がますます目につくようになっている。それらはすべて、よきサッカー選手になるための要素が多くの選手たちに欠けているからだ、と自分は信じている。大切な要素とは、スポーツマンシップだ。クラブは勝ち点を得るために勝たねばならないと強迫的に思いこみ、何よりも大切な試合にのぞむときの正しい姿勢を失ってしまっている。自分にとって、サッカーは単に試合だけでは終わらない。それは人としての価値が試される一つの場である」

島でもっとも熱狂的な選手やファンたちはたぶん、勝利至上主義の弊害についてのマーカスの分析に賛成しないだろうが、島のサッカーが向かっている方向に懸念を抱いていたのは彼一人ではなかった。クラブと協会の役員たちは、リーグ戦やカップ戦ですべての選手に平等に出場時間が割り振られることを原則に選手を選ぶ仕事をしている各クラブの選手選抜委員会に、勝利至上主義の圧力がかかることをとりわけ心配していた。サッカーの上手下手に関係なく誰もがプレイできるようにという配慮からできた原則であるが、この原則を守ろうとすると、クラブは必ずしも強い選手から優先的に選ぶことができなくなる。だが実力のある選手たちほど、この原則に異議を唱えた。トニー・スーズもその一人で、マノンFCの選手選抜委員会に「おいおい、社会主義もいい加減にしろよ。俺たちは今週の試合に勝ちたいんだよ」と言った。

マカナサッカー協会は、平等の原則に堂々と違反する例が相次ぎ、王様扱いを当然とする選手が出てきたことに対して不安を持った。マーカス自身が会長をつとめるダイナスパーズも、バックスからはっきりとクラブの成立に対して不信任を突きつけられる事態に陥った。ダイナスパーズはクラブ創設の成り行きから、島で人気があるとは言いがたいクラブだった。ホットスパーズとダイナモが合併することにほかのクラブが反対したためで、多くの選手たちがBディビジョンに二つのチームを送りだすのは傲慢すぎると感じていた。

スティーブ・チウェテが隔離棟から帰ってきて会長職に戻ったとき、ダイナスパーズの五人の主力――しかもクラブの要職についているメンバーも含まれていた――がクラブを去ってバックスに入ると言ってきたことに仰天した。チウェテにしてみれば、五人ともダイナスパーズに不満をあらわにしたことなど、一度もなかったはずだ。ダイナスパーズの役員たちは、バックスFCがメンバー全員を別のクラブから獲得する方針を立てている、と結論を出した。

二つのクラブはそれまでも選手選抜の原則について論争が絶えず、クラブ間の緊張が高まっていて、このままだと選手の移籍が無法状態に陥ってしまうかもしれない、という不安をチウェテは公に訴えた。そこで協会幹部が仲介に入って、解決が試みられた。長い話し合いを繰り返し、数々の証言が出されたあと、バックスがメンバー全員を別のチームから補充しているという非難は全面的にはあたっていない、とダイナスパーズが認めることで、両クラブの争いは一応の決着をみた。だが同時に、バックスが島のほかのクラブと同様、最高レベルの選手と役員を定期的にスカウトして自クラブに入れようとしている実態もあきらかになった。

バックスとダイナスパーズ間の争いは結着したものの、根底にある問題が解決されたわけではない。勝ちたい気持ちが強すぎるクラブ同士の競争意識は、かつてないほどに高まっていた。ダイナスパーズとバックスの争いは、ピッチでも運営会議の席上でも敵意をむきだしにし、何かあればすぐにぶつかるクラブ全体の空気がはっきりとあらわれた一例にすぎなかった。

ピッチでのケンカが増えていると報告され、またレフェリーに反抗的な選手に警告が出される回数も増えていった。ダイナスパーズのかつてのメンバーが、シーニュとソロモンという二人のレフェリーについて「あいつらが試合をめちゃめちゃにした」と公然と言い放ったことで、マカナサッカー協会に尋問された。受刑者のなかに審判や選手選抜について出すぎた意見を述べるもの（大半がクラブ関係者）がいると、協会幹部ははっきりと懸念を表明した。幹部はクラブに通達を送り、スポーツの雰囲気を壊しかねない暴言を自制するようメンバーに言い聞かせてほしい、と依頼した。

マカナサッカー協会は、Cディビジョンの選手たちの半分が当然与えられるべきプレイの機会を奪われていると判明したあと、各クラブに「楽しくスポーツする」ことを奨励してほしい、と勧告を出した。Bディビジョンでもっとも優れた選手たちが、Cディビジョンに降格して試合に出場することが常習化しているとわかったためだ。そんな違反行為をする理由はただ一つ、勝ちたいからだ。同じことがBディビジョンでも起こっていた。Aディビジョンの実力がある選手たちが、試合に勝つために助っ人としてBディビジョンの試合に出場していた。

誰もが、どんな手段を使ってでも、勝ち点を取ろうとした。新たな受刑者が船でやってくると、どのクラブも選手として期待できそうな人を鵜の目鷹の目で探し、サッカーが上手そうなものはたちまち目をつけられて、トップクラブの代表からしつこく勧誘された。

主審と線審は、選手たちからつねにプレッシャーをかけられ、敵意をむきだしにされ、しょっちゅう無能呼ばわりされて、えこひいきがあったと訴えられた。たぶんその訴えを裏づける証拠はそろっていただろう。受刑者たちは本土での生活を引きずってきていたから、政治派閥や仲間の人間関係が判定に関係しなかったとはいえない。だが主審と線審が神経をすり減らしたのは、選手たちの態度である。一九七一年を通して、マカナサッカー協会は試合報告書で、クラブからレフェリーの判定について、四七件を下らない不服申し立てを受け付けている。

インドレス・ナイドゥに対して出された不服申し立てにまつわる事件はあまりにも深刻だったので、協会幹部から審判委員会に直接判断が任せられた。Aディビジョンのガナーズ対レンジャースの試合で、ガナーズがレフェリーを激しく糾弾する報告書を提出したことから問題は起こった。

ガナーズは、自分たちの選手の上半身にボールがあたると、主審のインドレスがすぐにハンドの判定を出した、と主張した。レンジャースにフリーキックが認められると、ボールは必ず反則があった場所から三、四ヤード前に置かれた。ペナルティエリア内であきらかなハンドがあったとき、インドレスはホイッスルを吹いたにもかかわらず、ペナルティキックをとらなかった。

ガナーズは、インドレスが何回となくあやしいオフサイドの反則をとった、ということも告発した。なかでもきわめつけは、レンジャースが試合の前半で通常よりも重いボールを使用し、風下でのプレイを有利にした、という奇妙な不服だった。後半になって自分たちが風下になり、やっと有利になったと思ったら、インドレスが軽いボールに変えたので風に押し戻されてうまくコントロールできなかった、とガナーズは主張した。

インドレス・ナイドゥはマカナサッカー協会で重要人物だったということもあり、事は厳正に裁かれて公正な判断を下さなくてはならず、審判委員会は十分に調査するために選手たちやファンとインドレス自身も呼んで、数々の証言を集めた。ガナーズの主張を裏づける証拠は不十分だった。ガナーズは委員会の裁定を受け入れ、不服申し立てを取り下げることに納得したが、ロベン島での古典的な政治的妥協の例にならって、インドレスはたしかに有能なレフェリーではあるが、ガナーズに対して偏見を持った態度があったのはたしかで、今後ガナーズの試合のマッチオフィシャルにはならない、という言質をとった。

レフェリーを変えてほしい、という要求が各クラブからあまりにも頻繁に出されたので、協会は新しいルールを導入した。レフェリーの変更希望は、少なくとも試合の七日前までに提出せねばならず、過去の試合でレフェリーに「論議されるべき判定」があることについて、十分な裏づけがある場合にかぎる、とした。

審判委員会は、マッチオフィシャルのなかには問題がある人もいて、ピッチ上で独特の判断をしてしまうことがあることには気づいていた。結局、それもふくめてサッカーなのだ。不服申し立ては真剣に討議されなければならないが、レフェリーを支えることも必要だ。支えなしにはどんなリーグであれ、審判の仕事はむずかしさを通り越して不可能になってしまうし、ロベン島刑務所という閉鎖的な場所においては、レフェリーの規律を守ることがより複雑にむずかしくなる、という特殊な事情もある。

審判委員会は非常にむずかしい選択を迫られた。全クラブがレフェリーの判定は公平で妥当だと考えることを保証するか、またはレフェリーの一人ひとりが自分たちの困難な仕事が正しく評価されていると感じられるようにするか、である。クラブは審判委員会があまりにもレフェリー個人を過保護に守りすぎると考える一方で、レフェリー自身は自分たちがあまりにも無防備のまま放置されていると感じていた。

ロベン島のサッカー界の名士であるハリー・グワラがレフェリーをやめると言いだしたとき、レフェリーが置かれている苦況がより鮮明になった。長年にわたり、ハリーはカリスマ的存在として島の受刑者たちに大きな影響力を持っていた。レフェリーをやめるという彼の決断は審判委員会のリーダーたちに大きなショックを与え、その理由を探るために調査委員会がつくられた。

ハリーの辞任理由ははっきりしていた。えこひいきをする、という告発にうんざりしたからだ。審判委員会の会長はハリーに、彼自身がメンバーであるバックスFCや所属する政治団体との関係が、ピッチ上で何らかの影響を及ぼしているという疑惑があがっている、と話した。自分の高潔さを疑われたハリー・グワラは、それまで誰も見たことがないほど激しく怒りをあらわにした。

レフェリーは、所属クラブと距離を置く能力を示さなくてはならないと固く信じている、とハリーは言い、ピッチ上での判定は、できるかぎり最大に明確な判断と、理解しているかぎりのサッカーのルールに基づいて下している、と断言した。島でサッカーの試合についての知識において、ハリーに並ぶものがいないことは誰もが知っており、彼の高潔さに対する疑惑は撤回され、ハリー自身も辞任願を破り捨てた。

しかし、どのレフェリーもハリー・グワラほど高潔で公平な判定を下すわけではなかった。ときにはレフェリーが偏見を持っているというクラブの申し立てにはっきりとした証拠があることもあったし、特定のチームに偏った判定を下したり、えこひいきしたりするレフェリーがあまりにも多すぎて、火に油を注ぐ事態となることも少なくなかった。

一九七一年一〇月、ダイナスパーズはBディビジョンの対ガナーズ戦の前に、割り当てられたレフェリーについて不服を申し立てた。ダイナスパーズの選手たちは、トーレというレフェリーが裏庭で「ダイナスパーズは最近大きな顔をして生意気だから、自分がレフェリーをつとめるときには必ず負けさせる」と話していた、とほかの受刑者たちから聞いた。マカナサッカー協会はトーレを呼んで話し合い、彼は本当にそう言ったと認めた。そこで彼はダイナスパーズをふくむ試合のレフェリーから降ろされ、偏見を捨てるように指示された。公明正大な判定を下すことを保証し、マッチオフィシャルのレベルをより向上させるために、審判委員会はより厳しく目を光らせることにした。マッチオブザーバーとしてもっとも経験豊かなレフェリーが任命され、試合を担当した審判たちのパフォーマンスに関して詳しい報告書を書くよう指示された。

審判委員会にとって永久の課題が、主審の注意が線審に及ばないことだった。一九七二年二月に行なわれたBディビジョンのレンジャース対ムファッラララツァネの試合は、その問題を浮き彫りにした一例だ。主審のレッツォコは、線審と試合の進行を打ち合わせる努力を怠ったとして訴えられた。主審は線審の存在をすっかり忘れてしまい、あたかも自分一人がレフェリーであるように試合を進行させた。オフサイドやボールのない場面での守備の反則があったときに、線審が旗を上げているのを何回も見落とした。マッチオブザーバーによれば、レッツォコはとくに後半に入ると、主審としての技量不足を露呈した。

同じ月に行なわれたCディビジョンのディシシディ対ダイナスパーズの親善試合でも同じ問題が起こった。主審はケカナで、またもや線審にまったく注意を払わず、「連携不足」の場面が多々見受けられた。その結果、ハンドなどのファウルが見過ごされた。マッチオブザーバーはケカナの技量はとても満足のいくレベルには達していない、と断じた。

もう一つ審判委員会が解決できなかった課題は、乱暴なタックルの厳しい取り締まりを徹底できなかったことである。マノンFC対ディシシディの試合では、勝ちたい気持ちがあまりにも強すぎて、闘志をむきだしにした選手たちが何回も必要もなく衝突し、どちらのチームもボールではなく人にあたりにいった。後ろからのタックルで、何人もの選手たちが反則をとられた。二人が怪我で退場を余儀なくされた。一人が膝を、もう一人がくるぶしを怪我した。

ロベン島では怪我をした選手が最初に考えるのは、早く治してつぎの試合に間に合わせたい、ということではなく、採石場での自分のノルマがこなせるだろうか、という不安だ。ノルマがこなせないと選手は罰せられる。ほかの受刑者たちがノルマ分を代わりに働いてくれることはあっても、怪我をした身で採石場での重労働に耐えるのはつらくみじめな体験だ。

どうしても勝ちたい気持ちはほとんど強迫的になっていた。誰もが参加できるスポーツという理想と、それぞれの技量を存分に発揮して頂点に立ちたいという欲求との間に生まれる葛藤は、ロベン島のサッカーにかかわる人々をつねに熱くさせ、議論の原因になった。

第8章　二つのフットボール競技

たった二週間ほどタッチラグビーをやっただけだが、すぐに本格的に取り組むスポーツになった。
スティーブ・チウェテ（受刑者番号350／64）

トニー・スーズとリゾ・シトトはにんまり笑みをかわし、一緒にピッチに出て行った。トニーが笑顔なのは、それまでと反対にリゾが教える立場になったからだ。トニーはリゾにサッカーを教えた。今、リゾが先生となり、マノンFCの仲間たちを指導する。

二人ともマノンFCのウェアとシューズを身につけていたが、リゾが持っているボールは楕円形で、サッカー用のゴールネットは、浜辺から引きずってきた板でつくったラグビー用のゴールポストに替えられている。今日はトニーが初めてラグビーを練習する日だ。新しいスポーツがロベン島に導入され、サッカーのコミュニティにはこれまでとはちがう新たな競合相手ができそうだった。

受刑者たちはこれまでもずっと、サッカー以外のスポーツをやってみたい、という気持ちを持っていた。一九六七年のマツェニサッカー協会創設より前にも、スポーツに関心のある受刑者たちが集まってロベン島スポーツ＆レクリエーション協会の創設を考えて草案を練ったことがあった。その背景にある理念は、あらゆるスポーツ活動を通して、島の受刑者の間にスポーツマンシップと協調の精神を養うことである。

草案にはやってみたいスポーツがいくつか提案されていて、なかにサッカー、ラグビー、テニス、バレーボールとソフトボールがあった。草案のなかの協会会則の原案には、協会は試合を開催し、話し合いやレクチャーを企画し、どのスポーツも国際ルールに明記されている規準を尊重してそれに従う、とあった。また協会の役割として、それぞれのスポーツ団体と刑務所の管理側との折衝にあたることをあげていた。

島でサッカー以外のスポーツが競技として組織された形で実施されるのに長い時間がかかった理由は、サッカーが先に成功したことが大きい。サッカー競技の権利を勝ち取るまでに何年もかかったし、それまで誰もがサッカーだけに集中してエネルギーを注いでいた。土曜日の午前中にスポーツをしたいという要求を刑務所側に出すときも、スポーツ一般として幅広い要求にするよりも、サッカー一本に絞ったほうが全員の合意を得やすかった。

マカナサッカー協会が設立されると、数百人の男たちがサッカーをするために日々全力投球し、ほかのスポーツのことを考える時間はほとんどなくなった。サッカーが島の男たちに一致団結する力を与えたことに議論の余地はなく、サッカーこそがスポーツの持つ力を証明していた。サッカーが競技として一つの形をなした今、ほかのスポーツ活動を組織として立ち上げる時期がやってきた。

今日にいたるまで、島でラグビーがいつ、どのような形で始まったかについて元受刑者たちはそれぞれちがう意見を述べる。一九六〇年代後半に、ロベン島でたまにラグビーの親善試合は行なわれたが、そのときはただものめずらしいスポーツにすぎなかった。一九七〇年代半ばにいたって初めて本格的にラグビーがプレイされるようになり、その発展にはほかのスポーツと同様、二人の男たちが尽力した。セディック・アイザックスは、アイランド・ラグビー協会の初代事務局長に就任し、スティーブ・チウェテが初代会長となった。

セディックがラグビーの普及に尽力したのは、新しいスポーツのテクニックやルールを学ぶことが受刑者の頭脳の活性化に役立つ、という信念があったからだ。長期にわたって拘留生活を送っていると、ともすると受刑者の心身は鈍磨される。それを防ぐためには頭も身体もしっかり鍛えることが必要だと信じていたセディックは、受刑者がより多様な体験ができるように一生懸命だった。同じスポーツばかりプレイしたり観戦したりしていると、二年もすると興奮して取り上げる話題ではなくなってくる。ラグビーをあらたに導入することで、サッカーのときと同じような創設の体験ができるし、政治派閥にとらわれずにクラブをつくることができる。

この企画でセディックのパートナーとなったのがスティーブ・チウェテで、彼はのちに南アフリカスポーツ大臣に就任した。スティーブは、政治派閥間の対立を緩和するのにラグビーは有効だ、というセディックの見解に賛成していた。それ以上に彼自身がラガーマンで、長年このスポーツに親しんできたことが大きな動機となった。ラグビーは南アフリカで白人のスポーツとされており、スティーブ・チウェテは受刑者たちから、なぜ弾圧者のスポーツを島でやるのか、とよく訊かれた。それに対して彼は、ラグビーは歴史的に見ても白人のスポーツではない、と答えた。南アフリカではすべてが、とくに歴史の解釈がアパルトヘイト体制下の人種差別主義政策によってゆがめて伝えられている。ラグビー、イコール白人のスポーツとされている「歴史」もその例にもれない。

島に収監される前、スティーブ・チウェテは黒人居住区のイースタンケープとその周辺地区で盛んだったラグビーをやっていた。地区ではいくつもリーグ戦や大会が開かれ、プレイの質も高かった。マーカス・ソロモンとリゾ・シトトの二人のレベルも高かったが、スティーブ・チウェテにはラグビー選手として天性の才能があった。三人とも子どものころからラグビーをプレイしてきたし、そもそも南アフリカ西部では黒人の間でラグビーは誇り高い長い歴史があったのだ。

スティーブはイースタントランスバール地方の片田舎で生まれ、両親とともに子どものときから畑で働いた。両親は彼に教育の必要性を考えて学校に入れたが、彼はそこですぐに政治に染まった。十代のころは政治闘争に没頭し、アフリカ民族会議の一員となって、その軍事部門「ＭＫ」のさまざまな活動で活躍した。演説家としての天分に恵まれたスティーブは、地元にいるころから群衆を引きこむ話し方を知っていたし、ＭＫでも小グループを組織してまとめた。

セディック・アイザックスとスティーブ・チウェテは個性も外見も対極的な奇妙な二人組だった。セディックはほっそりとした体形で穏やかでおとなしかったが、スティーブは大柄でエネルギッシュな男で、人を圧倒する迫力があった。セディックの話し方は物静かだが、スティーブは低い太い声で話し、あたりの空気を震わせるほど大声で笑い、反対派までも引きこむ特殊な才能があった。

だが、二人の男たちは本質的な部分を共有していた。二人とも、収監されたときよりも強くなって島を出ていくことと、自分も仲間たちも拘留中から闘争心を養う力をつけるためにあらゆることをやる、と強く決意していた。また二人とも、自分たちの周囲にいる人間が何をしているのか、何が大切なのかを見抜く鋭い観察眼を持っていた。そういう資質があったからこそ、スティーブ・チウェテはのちに政治のオーガナイザーとして優れた手腕を発揮したし、セディック・アイザックスは世界的な科学者であり数学者になった。

二人のスポーツに対するアプローチは異なった。スティーブは自身も競技者としてスポーツに熱狂的な情熱を注いでいたし、試合のときには中心となって戦うことをこよなく愛していた。セディックは、水泳は得意だったがスポーツマンではなかった。自分でスポーツをするより、島の男たちが忙しく活動できるスポーツを提供するほうに一生懸命だった。スティーブは、チャンスさえあれば自分だって南アフリカ代表として国際試合でかなり活躍できるはずだと信じていた。一方、セディックはボールも満足に蹴ることができなかった。スティーブは島の男たちにとってスポーツがいかに重要かについて身をもって理解していた。心理学を学んだセディックは、拘留中にスポーツをはじめとする活動が不足すると、負の影響を生涯ひきずってしまう、という説に基づいてスポーツの重要性を理解していた。スティーブとセディックはそれぞれ異なる見地からではあったが、ロベン島の男たちが参加できるスポーツをもっと多様に提供することに関心を持っていた。

まるでちがうタイプの二人ではあったが、対照的な個性のおかげで、二人が組むとその働きは二倍の効果をもたらした。ラグビーを競技として設立するという目標を達成するためには、刑務所上層部と受刑者の仲間たちの両方に働きかけなくてはならない。刑務所側に対しては、サッカー以外のスポーツをする機会の獲得は受刑者の当然の権利であり、刑務所内の秩序を乱すことにはならないと説得した。一方受刑者たちには、新しいことに時間と労力をかけて挑戦することで、これまでとはちがう楽しみを発見できるはずだと説いた。

だが、新しいスポーツへの参加希望者を募るにあたって、サッカー導入時と同様の問題に直面した。時間不足、道具の必要性、刑務所側の気まぐれ、受刑者たちの政治派閥間の対立。そういった障害である。今回はそれに加えてもう一つ問題があった。これ以上スポーツ競技が増えるとサッカーをする機会が減るし、なじみのないスポーツに挑戦することへのためらいもあって、受刑者たちが二の足を踏んだことである。セディックもスティーブも島で圧倒的な人気を誇るのはサッカーだとわかっていたし、サッカーに情熱を注いでいる人たちが、サッカーの重要度が下がって、これまでの絶対的優位が揺らぐのではないか、という不安を抱かないように配慮しなければならなかった。

刑務所側は、ラグビーをやらせてほしいという受刑者たちの要求にとまどった。刑務官たちはサッカーが受刑者に人気があるのは、ただ蹴って走ればいい原始的なスポーツだからだろう、と理解していたが、ラグビーはそうはいかない。ラグビー競技を楽しむには、戦術理解や戦略をはじめさまざまなテクニックが必要だ。アパルトヘイト体制の南アフリカ以外の世界に目を向けて発想することができない刑務官たちは、ラグビーのような頭脳も使う競技をプレイできる能力は白人にしかない、と信じこんでいた。

受刑者たちがサッカーを競技として見事に組織化したことを見てきた上層部には、ラグビーをしたいという要求を却下する理由が見当たらなかった。そこでセディックとスティーブにとっての最大の障害は、島のサッカー関係者となった。

ラグビーとサッカーという二つのフットボールは、貴重な資源をめぐって争った——受刑者に与えられたかぎられた自由時間、という資源である。ピッチは二つあるし、土日の二日間が使えるとはいっても、サッカー選手たちは苦労して勝ち取ったレクリエーションの時間をラグビーにやすやすと譲り渡すことは、嫉妬もあって腹立たしかった。

個々人が、自分がかかわっているフットボールこそより重要だ、と主張しあった。サッカー選手もラグビー選手も、相手のほうがピッチの使用時間が長すぎると思ったので、当然ながら衝突した。ほかのスポーツをする人たちは、それまでもサッカー選手たちが不当に優遇されていると不満を持っていた。そこでいざ競技としてラグビーが実施されるようになると、ラグビー選手たちはサッカー選手に対して、それまでの不満からあからさまに反感を示すようになった。

彼らは、これだけ長い間ラグビーをしたい気持ちを我慢してきたのに、十分な時間と機会が与えられないのは不当だと思った。ラグビー選手もアイランド・ラグビー協会の事務局も、ラグビーがサッカーの邪魔になるからという理由で、妨害したり抑えつけようとしたりするのはおかしい、とマカナサッカー協会やサッカークラブやサッカー選手たちに矢継ぎ早に親書を送った。

二つのフットボールの代表者は、ピッチの仕様や試合の組み方をめぐって、激しい言い争いを長々と続けた。一方で刑務官たちの多くは、スポーツがもう一つ増えて週末の二日間を監督でつぶされることを嫌がり、人手不足を理由にしぶった。週末に監督を命じられた刑務官は、面倒がって機嫌が悪くなり、受刑者たちをピッチに出さずに週末の二日間とも収容棟に閉じ込めておくためにはどんなささいなことでも理由にしようと目を光らせる。サッカー選手たちは、ラグビー競技が入ってくることでそんな刑務官たちとの折衝がますます複雑になる、と恐れた。

一九七二年二月、マノンFCからマカナサッカー協会宛てに試合編成の問題について問い合わせる手紙が届いたが、そこにはまたラグビーの試合が割り込んでくるための影響が心配だ、とせつせつと訴えられていた。

登録選手の数を考えると――サッカー選手は数百人いるが、ラグビーは百人強である――ピッチの使用時間を均等に分けるのは不公平だ、とマノンFCは考えていた。一方アイランド・ラグビー協会は、試合数を確保することでラグビー人気が高まり、選手の数も増えて、いずれサッカーと肩を並べるはずだ、という信念を持っていた。マノンはその考えを一笑に付し、そんな説には「何の根拠もない」と言った。

マノンFCはまた、ラグビーが荒っぽいフィジカルコンタクトをともなうスポーツで、午前中にラグビーの試合をやると体力を消耗したり怪我を負ったりして、サッカーとかねてプレイしている選手たちが午後に満足にサッカーができなくなるのではないか、という不安もあらわした。ラグビーかサッカーかどちらかを選択せざるをえなくなり、それがひいては二つのフットボール間の溝がますます深くなるかもしれない。

レンジャースFCの事務局も、クラブのメンバーからの声をマカナサッカー協会に提出した。毎週末土日と祭日に、どちらかのスポーツだけに限定すべきではないか、という提案だ。サッカーとラグビーの試合を一週ごとに実施し、悪天候も考慮に入れなくてはならない。提案の背後にある理由は、問題をより鮮明に浮き彫りにしただけだった。もし二つのボール競技が同じ日に実施されると、選手たちは両方に参加するかもしれず、どちらかに全力を注げなくなってしまって、クラブに不協和音が生じる。

結局、二つのフットボール競技間で妥協がはかられた。一九七三年以降、サッカーとラグビーは週末に一週交代で開催されることになった。だがこの妥協案には双方ともに満足せず、競技時間をめぐる争いはその後何年も続いた。

そのうえ刑務所側の都合によって、ますます話がこじれた。試合が組まれている日に収容棟が遅くまで開いているとしたら、その週末にあたっている競技は長時間ピッチを使用することになるが、それは許されるのか？　雨で試合開始が遅れたときには、どう対処したらいい？

レンジャースFCの事務局は二つの競技間で繰り広げられる争いは、どんなスポーツにおいても起こりうる、と考えていた。事務局は、健全なスポーツマンなら異なる意見を受け入れる寛容さをもたなければならない、と忠告した。ピッチでも話し合いの席でも態度が悪い人が多すぎる、と事務局は言った。「そういう人たちは頻繁に『裏切り者』という言葉を使う。そういう見方をすることは、われわれのコミュニティにひびを入れて、悪感情を広めるだけだ」。実際、コミュニティに亀裂が走る結果を招きかねないほど事態は深刻だった。多くの受刑者たちが長い刑期に服している島内では、スポーツ関係者やほかの活動がつくるコミュニティに不協和音が生じると、受刑者全体の集団としてのモラルが維持できなくなるばかりか、分裂や無気力の原因になる。

しかし誰もが守るべき鉄則が一つあった――「敵」に対しては、団結して一枚岩でいなければならない。内部でどれだけ激しく対立しようと、刑務所の支配体制と交渉するときには受刑者の意見としてどちらか一方にまとめられた。この連帯感と団結力が示された典型例が、刑務所側が受刑者の怠慢を理由にレクリエーションを取り上げると脅しをかけたときだった。

一九七二年八月の風が強く寒いある日のこと、サッカーとラグビーの協会幹部の代表がそろって、武装した看守につきそわれて刑務所の敷地を出て、刑務官長のオフィスに向かった。刑務官長は代表者たちに、新任の刑務所長が採石場での作業の進捗具合がかんばしくないことを許しがたいと思っていて、改善されるまでレクリエーションを取りやめるよう命令した、と伝えた。スポーツをする代わりに、労働時間を増やす罰を与える、というのだ。

代表者たちは、なぜ刑務所長はそんな集団刑罰を考えているのか、と質問した。作業ノルマをこなしていない受刑者の個人名をあげて、それぞれに罰を下すことはできなかったのか？　刑務官長は、刑務所長は「法律家だらけの受刑者集団は見たくない」そうだ、と言った。

代表は収容棟に帰ってその知らせを伝えた。受刑者の反応は一致していた。島のスポーツ関係者のコミュニティは全員一致で、刑務所側と断固闘うと決めた。刑務所長がスポーツをする権利を奪うというのなら、すべてのスポーツ活動をただちにいったん停止して、スポーツをする権利をこちら側に取り戻さなくてはならない。

二週間後、スティーブ・チウェテ、セディック・アイザックス、インドレス・ナイドゥをふくむ代表団が再び刑務官長と話し合った。受刑者が刑務官長と「現在のスポーツに関する問題」について話し合うなど、少し前には考えられなかったことだ。話し合いに先立って、代表団は刑務所長との直接面談を要求した。刑務官長は、ここで面談を要求するのは「刑務所長に対する脅迫と受け取られ、それは所長として許すことはできないだろう」と返答した。

代表団は刑務所長を脅迫するつもりなど断じてない、と主張した。レクリエーションがどのような状況で許可されるのか、またそれを禁止することが罰として公正なことなのか、はっきりとした意見が聞きたいだけだ、と迫った。

これはサッカーをする権利が最初に認められたとき、刑務所側と受刑者側の間で繰り広げられた論争の再現だ。何年間もサッカーやスポーツを実施してきた今、受刑者たちはひも付きの権利を認める気はない。リーグの第三週の試合は実施してもいいが、第四週は禁止する、ということを刑務所長は言い出さないだろうか、と彼らは問いただした。そういう気まぐれな決定に振りまわされると、スポーツ競技を組織的に運営できなくなる。

刑務官長は問題の核心に踏みこんだ。もしこの問題について刑務所長と話し合いたいのであれば、まずサッカーとラグビーの試合を再開しなければならない。状況は奇妙な袋小路に入りこんだ。刑務所長はスポーツをしろと主張し、一方受刑者側は、将来的にレクリエーションをする時間が保証されるまでスポーツの楽しみはお預けにすると主張する。

自分たちはこの交渉を有利に進められる立場にあるという自信が受刑者側にはあった。刑務所長は外の世界、とくに彼の政治生命を握っているプレトリアの法務当局が、受刑者のレクリエーションを推奨する方針を持っていることを考慮しなければならないはずだ。欧米諸国に受刑者のレクリエーションを許可していると吹聴している南アフリカ政府に、当の受刑者からその恩恵を拒絶されたという話が伝わったら、自分はいったいどう説明したらいいのか、と刑務所長は悩んでいるにちがいない。国際赤十字や他国に申し開きが立たないではないか。

レクリエーションをやめるのは受刑者自身の選択なのだ、と言えるだろう。だがなぜその選択をしたのか、という理由を説明しなくてはならない。刑務所側が受刑者に気まぐれに科す罰のためだ、とはとても言えない。そんな説明はとうてい受け入れられないだろう。

決定が下されるまでに二週間かかった。刑務所長は、作業ノルマを増やし、それをこなすために労働時間を延ばす罰を与えろ、という命令を取り下げた。何年にもわたって受刑者たちは、ロベン島で実施しているスポーツ競技を、自分たちで組織して管理することの重要性に何度も言及してきた。スポーツをする権利を逆手にとって利用されるより、むしろそれをやめてしまうという行動を選択することで、その主張が正しいことが証明された。


刑務所管理側との闘いが勝利に終わったところで、内部の問題の解決に乗り出すときが来た。スポーツ競技における規律が一つの問題になっていた。荒っぽい暴力的なプレイが、とくにラグビーではますます通常化していた。アイランド・ラグビー協会の一九七二年の総会報告書は、試合は娯楽の一つというより、戦闘のようになってきている、と懸念を表明していた。

ラグビーは激しく身体をぶつけあうのがあたりまえのスポーツで、接触プレイはピッチ上で選手が日頃の怨みを晴らすための報復に出る絶好の機会を提供する。一九七三年七月、アイランド・ラグビー協会はマヘベサマについての報告書を受け取った。

マヘベサマはBディビジョンのサッカーの試合中に、たまたま相手チームの選手であるプレイティーズとぶつかった。プレイティーズはそれを偶然とはとらず、試合後にマヘベサマに詰め寄った。プレイティーズはマヘベサマに、二人とも参加することになっている翌週のラグビーの試合で仕返しをしてやるから覚えてろ、と通告した。二人がスクラムハーフを組めば、プレイティーズは怨みの敵に「仕返ししてやる」機会が山ほどあるはずだ。事はピッチ上にとどまらなかった。ほかの受刑者たちが、プレイティーズの報復計画について「毎日のように」マヘベサマを挑発したからだ。

アイランド・ラグビー協会は噂を聞いて、脅しが根も葉もないものではないと知った。両協会はラグビーとサッカーの両方のクラブに、どんな報復を考えているのか、と問い合わせる手紙を送ったが返答はなかった。試合が実施され、プレイティーズは宣告したとおりのことをやってのけた。マヘベサマは重傷を負って医療棟を出るまでに何週間もかかった。

ラグビーの試合での身体のぶつかりあいは、喧嘩や騒動に発展しがちだ。トニー・スーズはそのため、ラグビーには愛憎半ばする気持ちを抱いていた——彼にとってのスポーツは何と言ってもサッカーだった——が、ラグビー側から試合に出てほしいという申し出があれば、彼はプレイしたし、しかも強かった。数えきれないほどの回数、彼は相手チームの選手に全力でぶつかられ、荒っぽいプレイをしかけられ、一度ならず敵のチームの選手から「借りを返された」ことがある、という。

危険なファウル・プレイから、あやうく乱闘になりそうなほど激しい口喧嘩が起ったこともある。この出来事のあと、トニーはアイランド・ラグビー協会の幹部と面談して、所属しているラグビークラブに「このまま残るが、ラグビーは好きなスポーツではないし、あまりにも喧嘩が多すぎるのでプレイはやめたい」と言ったことがあった。

アイランド・ラグビー協会はそっけなく、テニスやクリケットとちがってラグビーは身体の接触があたりまえで激しいタフな試合になるので、それを理解すべきだ、と答えただけだった。アイランド・ラグビー協会のメンバーのなかには、「トニーは所属クラブや観客や試合への敬意を欠いている。だから彼のほうこそ謝罪すべきだし、やめるというなら誰もが納得する理由を提出すべきだ」と言うものもいた。問題はそこで打ち切られた。この出来事はスポーツの理想に水を差すきわめて人間的な感情のもつれの一例だ。

トニー・スーズはラグビー選手として相当に優秀だったので、続けてほしいとひそかに願っているラグビーファンは少なからずいた。スポーツ万能のトニーは持ち前の優れた運動神経や戦術理解力やスピードで、たちまち島でもっとも優れたラグビー選手となった。誰もが自分のチームにトニーをスカウトしたがった。

リゾ・シトトはトニーが縦横無尽にピッチを駆け回り、つぎつぎに敵を置き去りにして、圧倒的なスピードで突き進む姿を見てきた。スティーブ・チウェテもトニーのファンだった。ピッチを離れると生意気で自信満々のトニーはたえずスティーブをいらだたせたが、ラグビー選手としての才能には一目置いていた。

トニー・スーズとスティーブ・チウェテは政治への情熱とスポーツへの傾倒は共有していたが、トニーはパンアフリカニスト会議のメンバーでサッカーの選手であり、スティーブはアフリカ民族会議のメンバーでラグビー選手だった。二人とも獰猛なほどの闘争心を持ち、勝ちたいという欲求が強

2005年、マーカス・ソロモンはロベン島の旧採石場に座り、強制労働に従事させられた何千時間を思いやった。労働の合間に受刑者たちは、組織的に勉学に励み、政治について話し合い、サッカー談議に尽きることなく花を咲かせた。

2006年、ロベン島に戻ったリゾ・シトト。1965年に16年半の禁固刑を言い渡され、収監された。故郷でラグビー選手だったリゾは、島のサッカーリーグではきわめて優れたゴールキーパーとして活躍した。

2006年、ロベン島刑務所を取り囲んでいたフェンスにもたれかかるアンソニー・スーズ。子どものころからサッカー選手として類まれな才能を発揮していたアンソニーは、ロベン島で受刑者にサッカーをする権利を勝ち取るための運動の先頭に立ち、リーグではトッププレイヤーとして活躍した。

かった。また二人ともサッカーもラグビーもプレイしたので、島の伝説となるほど激しい衝突を繰り返した。島のラグビーの話で、必ず出てくるのが「伝説のドロップゴール」のエピソードである。

スティーブの果敢にぶつかるタックルは島で知らぬものがないほど有名で、トニー・スーズと対面でプレイする機会があったとき、スティーブはサッカー選手に真のラグビーを教えるチャンスだと考えた。自信満々のトニーは試合中も自慢話をとどまることなくしゃべり続け、試合が始まって数分たったときスティーブに向かって、「俺のスピードとうまさを見たか」と言い放った。そんな言動は牛の前で赤い布を振るようなものだ。

トニーが自陣のタッチライン際にいたとき、スティーブは一直線に彼に向ってタックルをかけにいった。つぶしてやるつもりだった。危険を察知したトニーは、とっさの判断でサイドステップを踏んでドロップキックでボールを蹴った。スティーブは、トニーがタックルを避けるためにそのプレイを選択したのだと考えた。ラグビーを少しでも知っているものなら、ゴールポストまで距離がある自陣内からドロップキックをするのはそれ以外考えられないからだ。ところがボールはどんどん伸びて、ゴールポストの間に吸いこまれていった。

このドロップキックによる得点は島じゅうで有名になり、語り継がれる伝説となった。何年たってもスティーブはそのシーンを忘れられなかったし、たとえ彼が忘れていても、トニーは彼に会うと必ず思い出させた。

看守たちも、トニーやラグビー経験者たちのプレイを見るのを楽しみにしていた。スティーブ・チウェテのようなイースタンケープ地区出身の黒人が、白人のスポーツとされていたラグビーを長年にわたって熱心にプレイしてきたとは、白人の看守たちにはにわかに信じられなかった。しかも試合で見るプレイのレベルの高さに驚いた。最初、試合を見に来たときには嘲笑してやるつもりだったのだが、多くの看守がすぐに常連の熱心な観客となった。

一つの試合において、ピッチ上で流れるようなボール運びですばらしいトライが決まったとき、二人の看守が夢中になって称賛した様子をマーカス・ソロモンは覚えている。二人とも心底感動して拍手していた。そのとき看守たちはテロリストやコミュニストとしてではなく、優れたラグビー選手として受刑者を認めていた。看守たちは政治囚を人間として受け入れるようになっていた。

ラグビー愛好者の刑務官たちは、クラブのキャプテンに戦術上の助言を与えたし、看守の二、三人はコーチとして教えたいとまで申し出た。受刑者たちはていねいにその申し出を断ったが、刑務所の職員たちがいかにラグビーに傾倒しているかを知った。

刑務官の多くは試合中にどちらかのチームに肩入れし、タッチライン上からレフェリーの判定に抗議することが頻繁にあった——そのあたりは受刑者と変わらない。試合後に選手たちを呼んで、試合結果に影響したかもしれない判定に対し、不服を申し出るべきだ、と嘆願したことさえある。

あるとき、看守の一人がお気に入りのラグビーチームに下された判定が気に入らず、試合を止めようとピッチのなかにずかずかと入ってきて試合が中断するという劇的な事件があった。抗議はわずか二、三分で終わったが、ラグビーが受刑者だけでなく島の職員たちにいかに愛されていたかを示すエピソードとして伝えられている。

第9章　刑務所オリンピック開催

われわれのオリンピックは一年でもっとも感動的で幸福な時間をつくった。
ビュサムジ・ムコンゴ（受刑者番号93／78）

ラグビーが島のスポーツの一つとしてしっかり根づき、セディックはサッカーとラグビーのオフシーズンの時間を埋めるためと、この二つのボール競技にまったく興味もないし才能も発揮できない男たちに何かやることを提供しようと、つぎつぎにほかのスポーツ競技を企画した。

彼が企画したなかでもっとも刑務所にそぐわないスポーツはテニスだ。古くから貴族社会がカントリークラブで楽しんできたこのスポーツは、荒涼とした刑務所の光景には違和感があったが、人が思いつきもしないことをやってのけるのがセディックだ。刑務所長との間に数ヵ月間にわたって文書が交わされ、ようやく計画の実行が決まった。セディックは刑務所側にテニスをする許可だけでなく、テニスコートをつくるためにセメントを融通してもらうことも交渉した。

最終的に二人の仲間（一人は元気がありあまっているブルーという受刑者だった）とともに倉庫に入って床のセメントの粉を掃き集めてもいい、という許可をもらった。箒《ほうき》、鋤《すき》と手押し車を貸してもらった彼らは倉庫に入り、ブルーがまだ封を切られていないセメントの砂が入った袋を鋤の刃で破って、三人は欲しいだけの砂を得ることができた。もっと袋を破ろうとするブルーを、セディックはいくつも破ると目を引くからそのへんにしておけ、と止めなくてはならなかったが、最終的に三人は手押し車に山盛りのセメントを調達できた。

倉庫に付き添ってきた武装した刑務官は、三人がやることにまったく関心を払わなかったし、監督すべき刑務長官は事情がよく飲みこめていなかった。何かおかしいと感づいたものの、とがめるだけの確たる証拠はなかったので、刑務長官は何かごまかされているらしいことに困惑しながらも、とっとと失せろと三人を追い払うしかなかった。

セメントと砂と水をどういう割合で混ぜたらいいのか受刑者たちに知識はなかったが、なんとか地面に敷きつめて新しいテニスコートができあがった。国際赤十字の助けを借りて、セディックはテニスラケット、ボールとネットをケープタウンのスポーツショップから購入した。

テニスはほかのボール競技よりも幅広い年齢層の愛好者を集めることができて、すぐにコートがもう一つ必要になった。こんどはすでに配合済みで水を混ぜればいいだけのセメント砂を手に入れることができたので、最初よりもはるかにいい状態のコートができあがった。しかしテニスは大勢が参加するわけにはいかなかった。

そこでセディックは、彼にとって最大のスポーツイベントとなった企画に乗り出した。夏季体育祭である。ロベン島オリンピックとも呼ばれた夏季体育祭は、セディックが企画したスポーツのなかで最大の成功をおさめ、彼の粘り強さ、想像力と組織力が凝縮されたイベントとなった。

島での活動はどんなことでも順調には進まないが、夏季体育祭も最初の段階で大きな障害を乗り越えなくてはならなかった。セディックは、サッカーやラグビーにかかわっている人たちに、新しい夢である体育祭に時間と精力を使ってくれるよう、戦略を立てて根回ししなくてはならなかった。

各収容棟と主要な政治団体の代表者六人を選び、結成した企画チームを夏季体育祭の実行役員会とし、まず陸上競技への関心と大会をどう考えるかについて調査を行なった。結果は予想外だった。そのような大会には参加するな、と周囲を説得する男たちがいた。理由は、ほかのスポーツが導入されることで、彼らがもっとも愛するサッカーにかける貴重な資源が奪われてしまうからだ。陸上競技の大会ならば、より若く体力がある受刑者たちのほうが有利だろうと考えて、はなから参加する意欲がまったくないものもいた――自分たちはおよびでない、と思ったのだ。そもそもそういう調査をすること自体が許せない、と委員会に敵意を向けるものたちさえいた。

調査結果に驚いたセディックと実行委員は、できるだけ多くの受刑者が参加できるよう、新しい競技を取り入れて企画を練りなおした。マカナサッカー協会がA、B、Cという三つのディビジョンに分けてサッカーの熟練度や体力に応じて楽しめるよう配慮したことを参考に、運動経験、年齢や習熟度によってカテゴリーを分けて競技を実施することにより、受刑者全員の希望を満たし、参加がはかれるように考えた。自分がどのカテゴリーに参加するかは、自己申告とする。

そこまで固めたところで、委員会は刑務所側に夏季体育祭を開催する許可を申請した。回答は思いがけない注文がついて返ってきた。刑務所長のフーリーは受刑者たちに、さまざまなスポーツができるように便宜をはかったのは自分だから、第一回大会開催にあたって、島の運動場を「P・J・フーリースタジアム」と命名するように、と要求してきたのだ。ともあれ夏季体育祭を開催する許可は下りて、フーリーの指示通りにスタジアム名を書いた看板がつくられた。だが第二回大会には看板は外された。受刑者たちは、フーリーの虚栄を満たすための看板は、命令ではなく要求の一つにすぎなかったから、と外した理由を説明した。

委員会のつぎのハードルは、サッカーとラグビーのプレイヤーに、夏季体育祭の練習と競技のためにピッチを使用する許可を得ることだった。フットボールの参加者たちは、試合やトレーニングのための時間を削られることについてももちろんしぶったが、今回はほかのスポーツにピッチを使わせるのが嫌なだけではなかった。競走用のレーンを引いたり、高跳びや幅跳び用の砂を敷いたりされてピッチが変えられることにも難色を示した。

一九七二年と七三年の夏季体育祭で実施された競技の長いリストを見ると、このイベントを開催するにあたってどれだけ綿密に計画が立てられ、苦労があったかがしのばれる。プログラムのデザインは心を躍らせるに十分な凝ったものだった。セディックが当時練習していたカリグラフィを用いて、正確なイタリック体で書いたプログラムには、「ロベン島アマチュア陸上競技大会」というタイトルと、国際オリンピック委員会のシンボルである五つの輪が描かれていた。

このシンボルマークを使用したのは、セディックが仲間たちに大会の重要性と、刑務所の外の世界でなじみのあるオリンピックと何らかのつながりがあるイベントであることを印象づけたかったからだ。だが彼のアイロニーと諷刺精神を考えると、ある種の悪意をこめてこのシンボルを使用したのかもしれない。

当時の国際オリンピック委員会、IOCの会長だったブランデージは、五輪のシンボルの使用に非常に神経をとがらせていた。ブランデージ元IOC会長は、国際的に認知度が高く、高い使用料がとれるこのシンボルマークを、商標として保護することだけに気を使っていたわけではない。オリンピックの精神を、彼はある意味で宗教のように崇めていて、自分こそがそれを守っていると考えていた。同時に彼は、南アフリカがアパルトヘイト体制を敷いているにもかかわらず、オリンピック大会に参加するのにふさわしい国である、と国際世論に訴えかけることに全力を傾けていた。南アフリカが熱烈な反共産主義国家であることがブランデージの政治感覚にアピールしたし、米国で彼が人種問題に対してけっして前向きではないことを示した件から推し量っても、アパルトヘイトに反対していないことはあきらかだった。彼と支持者は政治とスポーツは切り離して考えるべきだ、と主張していた。だが南アフリカではそんなことは不可能だ。人種差別主義に基づく制度を敷いている国では、国民の大多数はオリンピック競技に参加する機会が与えられていない。南アフリカのスポーツ政策がオリンピックの精神に抵触していて、IOCが定める差別撤廃の規定に違反をしている事実など、ブランデージ元会長とその支持者は何ら問題としなかった。

最大の皮肉は、島の受刑者たちがブランデージ元会長の信奉するオリンピック精神を、同じように理想として掲げていたことだ。スポーツは人間形成に役立ち、社会を変革し、人々を一つにまとめるものである、という考えだ。ブランデージ元会長は、政治や社会的なモラルのちがいから対立する国の人々の間に、オリンピックはあらたな友情を築く、と話していた。ロベン島夏季体育祭は、島内で鋭く対立する政治集団同士を一つにまとめよう、という趣旨から五輪のマークを採用した。

夏季体育祭では、フィールド競技やトラック競技が予選から決勝まで熱気を帯びて行なわれ、その年ロベン島で行なわれたスポーツ競技のなかで、最大の盛り上がりを見せた。競技は朝八時から午後四時まで続き、トラック競技は六分間隔でスケジュールが組まれた。競技を円滑に進めていくために、判定からジャンプの砂をならすところまで、多くのボランティアが動員された。一年を通して、ロベン島は風が吹き荒れる寒いところだが、オリンピックが行なわれる一月は、めずらしく晴れて暖かくなる。そんな一日に競技者や観客として参加した受刑者たちは、さぞかし晴れやかな気分だったろう。

一〇〇メートル走や一五〇〇メートル走をはじめ、どれも受刑者たちにはなじみがある競技ばかりだった。短距離走では四十五歳以上のベテランだけで競われるカテゴリーがもうけられた。フィールド競技――砲丸投げ、円盤投げ、走り幅跳び、高跳び、幅跳び、三段跳び――はトラック競技とはちがう運動場で実施された。

こういった競技とは別の種目が組み入れられていて、そこにはセディックのユーモアのセンスがうかがえる。島の日常生活が生かされた競技として、手押し車競争と遅刻防止競争があった。棒引きとおもりをつけたクリケットボールを投げる競技もフィールド競技の一環として行なわれた。トラック競技では、じゃがいもをスプーンに載せて運ぶレース（ベテランのカテゴリーの特別種目）やバケツリレー、縫物競争、二人三脚や徒歩競争が用意された。

全員が熱狂したのが綱引きで、四チーム総当たりの対決となった。セディックは六回の競技に二十四分間をとり、優勝チームを決めることにしていた。観客は綱引きのチームワークと力強さに感動し、つぎに行なわれた「目隠しをして探し物を見つけるゲーム」に大笑いした。第一部の終了後、三時間の休憩をとってから長距離リレー、体操の模範演技とサッカーとラグビーの模範試合が行なわれた。

夏季体育祭が二年続けて開催され受刑者の間で大人気を博したことから、セディックはインドアのゲームも加えることを企画した。四つのディビジョンで英国式チェッカーとフレンチチェッカーを、三つのディビジョンでドミノ、チェス、ブリッジを、三つのディビジョンでシングルとダブルのテーブルテニスを実施した。サッカーを導入したときと同様、いずれも厳格に国際的な競技ルールが適用された。

刑務所のコミュニティは一年に一回のオリンピックを楽しみにしていたが、セディックの交渉の努力が足りなかったせいではないとしても、賞品が出ないことには物足りなさが残った。国際試合の金銀銅メダルに匹敵する何かが欲しい。刑務所当局はどんな形であれトロフィーを出すことは禁じた。島でのスポーツを今や無視できない存在として認めていたにもかかわらず、アパルトヘイト政府はスポーツでの勝利が永遠に残る記念品となって受刑者に与えられることは望まなかった。島での生活環境はたしかに向上していたが、それでもまだ受刑者は自尊心を育むより、踏みにじられることのほうが多かった。

セディックは競技者の意欲を高めるのに効果がある賞品を許可してもらうよう、刑務所側を説得しようと決意した。何と言っても食べもの、それも飴、チョコレートとビスケットがいい。ロベン島で

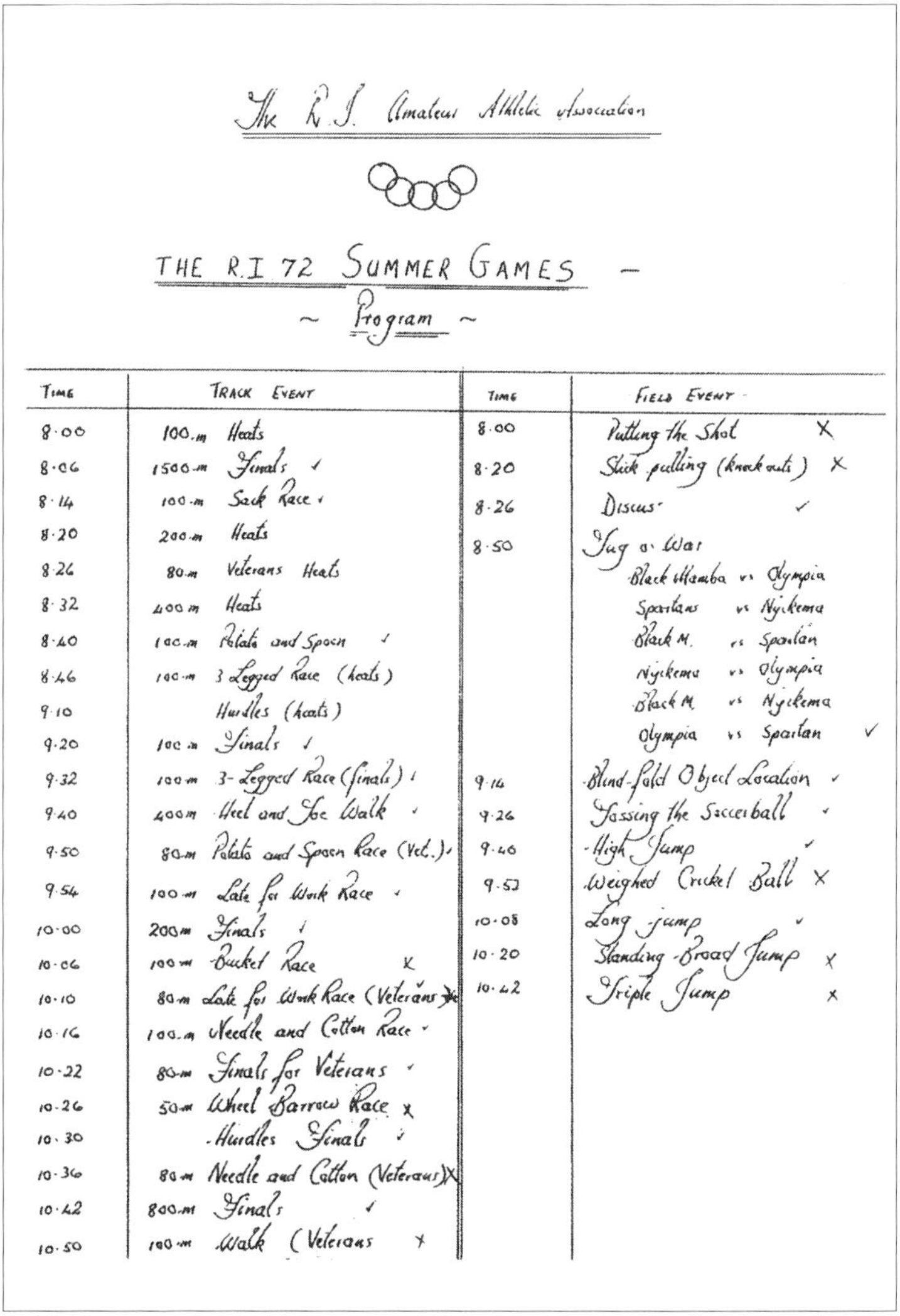
The R.I. Amateur Athletic Association

THE R.I 72 SUMMER GAMES —

~ Program ~

TIME	TRACK EVENT	TIME	FIELD EVENT
8.00	100.m Heats	8.00	Putting the Shot X
8.06	1500.m Finals ✓	8.20	Stick pulling (knock outs) X
8.14	100.m Sack Race ✓	8.26	Discus ✓
8.20	200.m Heats	8.50	Tug o' War
8.26	80.m Veterans Heats		Black Mamba vs Olympia
8.32	400m Heats		Spartans vs Nyikema
8.40	100.m Potato and Spoon ✓		Black M. vs Spartan
8.46	100.m 3 Legged Race (heats)		Nyikema vs Olympia
9.10	Hurdles (heats)		Black M vs Nyikema
9.20	100.m Finals ✓		Olympia vs Spartan ✓
9.32	100m 3-Legged Race (finals) ✓	9.16	Blind-fold Object Location ✓
9.40	400m Heel and Toe Walk ✓	9.26	Tossing the Soccerball ✓
9.50	80.m Potato and Spoon Race (Vet.) ✓	9.40	High Jump ✓
9.54	100.m Late for Work Race ✓	9.52	Weighed Cricket Ball X
10.00	200m Finals ✓	10.08	Long jump ✓
10.06	100m Bucket Race X	10.20	Standing Broad Jump X
10.10	80.m Late for Work Race (Veterans X	10.42	Triple Jump X
10.16	100.m Needle and Cotton Race ✓		
10.22	80.m Finals for Veterans ✓		
10.26	50.m Wheel Barrow Race X		
10.30	Hurdles Finals ✓		
10.36	80m Needle and Cotton (Veterans) X		
10.42	800.m Finals ✓		
10.50	100m Walk (Veterans X		

夏季体育祭（ロベン島オリンピック）は島のメインイベントだった。1972 年に開かれた大会の計画表を見ると、いかにバラエティ豊かな競技が準備されていたかがわかる。なかには「手押し車競争」や年齢層の高い受刑者を対象にした「縫物競争」まである。

はぜいたく品だ。

リーグがサッカー用品を買うときと同じように、収容棟をまわって呼びかけ、賞品の購入資金を集めようとした。まず夏季体育祭に反対する人たちを説得しなければならないと思った。だが、反対派はあっさり折れた。夏季体育祭の競技にはラグビー、サッカー、テニスとバレーボールのイベントも重要なプログラムとして組み入れられていたので、イベントの参加者たちも寄付金で購入されるビスケット四〇袋、チョコレート八〇本、飴四〇袋のいくらかをもらうチャンスがある、とセディックが交渉したおかげだ。

刑務所長は、受刑者と反目しあっている刑務官長のファン・デル・ベシューゼン中尉とセディックが協力する、という条件付きで賞品を出すことを許可した。以前に何回となく中尉との間でトラブルが起きたとき、受刑者たちは頭が鈍くて頑固なことから中尉に「ロバ」とあだ名をつけた。セディックはベシューゼンと、競技が何種目行なわれ、賞品がいくつ必要かを話し合った。

セディックはのちに仲間たちに、ベシューゼンとの交渉で発狂しそうになったよ、とこぼしたものの、鈍重で算数が不得手な男との取引きでは、彼のほうが圧倒的に有利だった。

セディックはベシューゼンの部屋で一緒に座ってビスケットや菓子の必要な個数を数えたが、そのときにごまかしてより多い数をとるチャンスがあると気づいた。袋を二個ずつ、二、四、六……と数え、ときどき早口で同じ数を二回繰り返して交渉で決めたより多くの袋を山積みにした。

ファン・デル・ベシューゼン中尉は混乱し、セディックにビスケットの袋は一個ずつ数えるようにと命令した。セディックは素直に従ったものの、またもや早口で数えてごまかしたので、予定したよりも多くの菓子をせしめることができた。プログラムごとに勝者には賞品を授与するセレモニーが行なわれたが、渡された菓子は収容棟に持ち帰ってみんなで分けられた。

セディックはひそかに夏季体育祭の勝者に永遠に形となるものを渡すつもりでいた。メダルやトロフィーの授与は禁じられたが、個人的に賞状を作成して勝者に授与した。一九七二年と七三年のロベン島アマチュア競技協会主催の夏季体育祭で、優勝者に授与された賞状は美しいカリグラフィで、大会名とともに、会長のインドレス・ナイドゥ、運営会長、P・E・シルワナ、運営事務局長、E・イズマイル、組織委員長、セディック・アイザックスの名前が記された。

受刑者たちはセディックが立てたこの企画で盛り上がり、陸上競技はスポーツ活動の一環としてすっかり定着した。だが成功はしたものの、新しいことを始めたときには人々の関心を続けて引きつけていく努力を怠ってはならない、と受刑者たちは学んでいた。実行委員たちは将来に向けて改革しなくてはならない、とくに判定にまつわる問題が中心になると感じていた。サッカーでも同様だが、活動が順調に進んでいるときこそ、何か問題の兆候があれば、すぐ公にして話し合うことが重要だ。

改革の項目としてあげられたなかで、とくに重視されたのが、判定を下す人がまずルールについての知識を十分に持っていなければならない、という点だ——サッカーでは実際に試合の笛を吹かせながらレフェリーを教育していた。レフェリーは外部の人間の判断も仰ぎ、ときにはレフェリー以外の人間がピッチに入って判定を指導することも許される。夏季体育祭のレフェリーは、そもそも自分が勝負を判定する権利を持つ審判であるという自覚がなく、ときには競技中に競技者にアドバイスをしたりした。

審判技術を向上させることとともに、用具をそろえることも急務だった。大半の種目で使える用具が一つしかなかった。槍投げ用の槍は一本しかなく、一回投げるごとに回収してつぎの競技者に渡さなくてはならないために、競技の時間が無駄にかかり、そのうえ度重なる使用で傷んで壊れかかっていた。

そういう問題はさておき、実行委員たちは「競技を組織し、人々を楽しませ、刑務所生活の苛酷さをやわらげ、体験と関心の幅を広げ、サッカーやラグビーだけではなくスポーツ全般を楽しむ意欲をかきたてる」ことに成功して、当初の目的を達成したことに手ごたえを感じていた。

島ではいまや多種多様なスポーツが行なわれるようになっていたが、セディックはつねに人々を楽しませるために、目先の変わった新しい企画を探すことをやめなかった。受刑者から出されたアイデアのなかにはまったく形にならなかったものもある。マカナサッカー協会はスピールマンという受刑者から、島のサッカーファンにセンセーションを引き起こすにちがいないすばらしいアイデアを思いついた、という手紙を受け取った。身長が低い人を集めたチームと、高い人を集めたチームの対抗戦をやったらどうか、という。スピールマンは自分をふくめた身長の低い人チームの候補選手名をあげてきた。

セディックの出すアイデアも、全部が受刑者に支持されたわけではなかった。最大の失敗はバスケットボールの導入である。受刑者たちはバスケットボールに似たネットボール〔訳注／サッカーのボールを使って行なうバスケットボールに似たゲーム〕にはなじみがあったが、あれは女の子の遊びだと馬鹿にしていた。そんな偏見に加えて、身体と身体がぶつかりあうプレイがないから刺激がなく、手でボールを扱いドリブルすることはサッカーの技術に悪影響を及ぼすと思っていた受刑者が多かったことで、バスケットボールの提案は最初からうまくいくはずもなかった。セディックはアメリカ式のバスケットボールを紹介して、否定的な偏見を崩そうとしたが、所詮付け焼刃の知識では功を奏さず、ついにあきらめた。

つぎにバレーボールについての本を読んで提案してみたが、これもすぐに人気が出たわけではない。身体をぶつけあうことがないバレーボールは、本物のスポーツではないと考える受刑者が多すぎたためだ。貴重なサッカーボールを別のボール競技で使用することを拒むものもいた。だが広い人気を得るにはいたらなかったが、バレーボールには熱心な愛好者が少数ながらついた。

あるときセディックは、バレーボールのプレイヤーのために、ダイナスパーズ・ユナイテッドＦＣに用具を貸してもらえないかと掛け合ったことがある。試合で使いたいので、サッカーボールを三個貸してほしいと手紙で頼んだのだ。バレーボールではボールを手で扱い、足では蹴らないから傷みは少ないと保証した。

数日後、それまで寛容にボールを貸してくれていたダイナスパーズは、選手の一人であるマルガスを通して「バレーボールのプレイヤーたちの技術が進歩したので」貸すことには反対だ、と断ってきた。サッカーよりはるかに劣るスポーツ、とマルガスが考えていたバレーボールの試合で、このうえなく大事にしているサッカーボールがたたきつけられるのを見るにしのびない、というのだ。セディックは怒り、そんな理由でボールを貸さないなど、新しいスポーツの発展を著しく妨害する行為だ、とダイナスパーズをなじって公式に異議を申し立てた。

セディックの尽力と関係なく、バレーボールは隔離棟で人気のあるスポーツになった。一般棟よりもスポーツに参加できる人数が少なく、サッカーをやるだけのスペースがなかったからだ。身体コンタクトがないといってもバレーボールも激しいスポーツで、アフリカ民族会議のリーダーの一人、アーメド・カスラダはスパイクを受けたときに指を骨折した。

セディックは多様なスポーツを円滑に運営していくうえで、日々ぶつかる実務的な問題の解決に尽力していた。資金も資源も極端に不足していたし、ウェアも用具も手に入れるためにたいへんな苦労をともなった――どんな小さなものでも本土に注文して前払いをしなければならず、店主が官僚的だったり悪意があったりすると、注文してから品物が届くまで一年かかったりする。それぞれのスポーツ団体の間で、用具やウェアを融通しあうための交渉が増えるにしたがって、貸し借りをめぐるトラブルや盗難が頻発した。自分のスポーツ用具やウェアをほかのものにぜったいにさわらせない、という受刑者もいた。

収容棟に支給されるわずかな紙をめぐる問題も相変わらずだった。どのスポーツ団体ももっと紙がほしいと訴えた。一九七三年七月、島のスポーツ連盟は重要な会議の開催にあたって使える紙が二枚しかない、と記している。連盟はほかのスポーツ団体に紙を提供してほしいと呼びかけ、国際赤十字に緊急に三〇枚供給してもらってなんとかしのいだ。

初期のころは、受刑者は別の意味の紙不足を独創的な方法で解決していた。タバコの葉を手に入れるルートを見つけた受刑者たちは、紙巻きタバコをつくろうとした。書ける紙は不足していたし、いずれにしても紙巻きタバコには向かない。そこで各収容棟に何冊も配布されている聖書を利用することを思いついた。聖書のページは紙巻きタバコ用には絶好だった。このアイデアは島のほかの活動と同様、長く論争の的になった。聖書をそんな目的に利用するのは許されるのか？ どのページなら破くのに適切か？ 新約聖書か、それとも旧約聖書か？ ヨハネ黙示録か、それとも使徒伝か？ 丸々一冊を破いて使うのか、それともそれぞれの聖書で同じ部分だけ破いていくのか？ そんな議論が延々と続いたことは、島でいかに時間があり余っていたかをあらわしている。だがもう一つ、議論が沸騰するもっと重要な理由があった。どんなささいなことを決めるにしても、みんなが議論に参加して問題にかかわっていく姿勢を持ちたい、と願っていたことだ。いつか南アフリカを民主主義国家にするという夢を実現するための訓練を、そんな小さなことからも実行していた。

問題がいろいろあったとはいえ、さまざまなスポーツのための権利は勝ち取られ、今度はそのエネルギーが文化的な活動に向けられるようになった。初期のころには想像もつかなかっただろうが、一九七〇年代のはじめには受刑者たちは合唱隊やバンドを組んで音楽のコンテストまで行なっていた。

受刑者の一人、ネルソン・ンクマロは乾燥させた海藻でサキソフォーンをつくった。社交ダンスのコンテストも開催され、タップダンスが披露された。演劇も上演され、ローデシアを題材にした劇では、セディック・アイザックスがローデシアの白人首相、イアン・スミスを演じた。文化活動のなかでもっとも忘れ難いのは、ヘンデルのメサイアの合唱と、シャープビルの虐殺をテーマにしたミュージカルだった。

一九七三年から刑務所管理者は、受刑者に映画鑑賞を許可するようになった。最初の映画はいろいろな意味で記憶に刻まれた。夜にレクリエーション・ホールで上映されたために、受刑者たちは収容棟から歩いて向かった。大半の男たちが、その晩収監されて以来初めて月や星を眺めた。記念すべき映画は、受刑者にとっては喜劇でしかなかったし、刑務官と受刑者の間にある政治意識の溝がいかに深いかをあらためて浮き彫りにした。映画は、ベトナム戦争で戦う二人の荒っぽい米軍兵士の一人をジョン・ウエインが演じる『グリーンベレー』だった。なぜ受刑者たちがベトコンに肩入れするのか刑務官たちはさっぱりわからず、とまどっているその様子を見て受刑者たちは大いに楽しんだ。

第10章　行き詰まるサッカー

われわれにはサッカーが必要だった。サッカーなしにはとてもあの生活には耐えられなかったよ。自由を奪われたわれわれを、サッカーは自由にしてくれた。

「恐怖王」レコタ（受刑者番号14／76）

大西洋からの強風がサッカー場に吹きつけ、空は灰色の厚い雲におおわれていた。一九七三年四月のある土曜日、寒風が吹きすさぶなか、これから始まる試合に備えて、二つのチームがいつも以上に気合いを入れてウォーミングアップをしている。

リーグの試合日程では、午前中の最初の試合はトニー・スーズ率いるマノンFCとジェイコブ・ズマ率いるレンジャースFCとの対戦となっており、Aディビジョンの古くからのライバル同士が火花を散らすことが期待された。つぎの試合はBディビジョンで、ガナーズとディシシディの対戦だ。すべてのディビジョンの試合で土曜と日曜の両日がびっしり埋まるスケジュールが組まれていた。だが、どの試合も実施されなかった。マカナサッカー協会が、急遽親善試合に切り替えたいという選手からの要望を認めたからである。なんともほろ苦い理由での申し出だった。一九七三年と七四年を通して、ほとんどの試合は島を出ていくサッカー仲間たちを送別する親善試合に切り替えられた。一九六三年から六五年にかけて収監された多くのサッカー関係者が、この時期に刑期を終えて大挙して島を出て行ったためだ。一九七〇年代初期から中期にかけて受刑者の約三分の一が釈放された。

島を出て本土に戻れることをうれしく思いつつも、皮肉なことに多くの受刑者にとって釈放が決まってからの日々が人生でもっともつらかった。長年辛苦をともにしたたいせつな仲間たちに別れを告げなくてはならないのだ。弾圧と迫害が続く暗黒の日々を送るうちに、受刑者たちは男同士の強い友情の絆で結ばれるようになった。互いに極限状態に置かれたなかで、男たちはときには仲間のために命をかけるほど深くかかわりあう人間関係を築き上げた。外の世界で友だちに再会するのは楽しみだが、ロベン島での友情に匹敵するほどの強い絆で結ばれることはまずないだろう。多くの男たちがロベン島で、献身的な愛情で結ばれた信頼のおける友人をつくり、その関係は今日にいたるまで続いている。

家族や愛する人のもとに帰るのを一日千秋の思いで待ち焦がれていたものの、刑務所からふつうの生活に戻る道はけっして平坦ではないだろうと誰もが気づいていた。強い絆で結ばれた友人たちのもとを去り、本土に戻る船に乗りこむのはつらかった。採石場での労働で助け励ましあい、一緒に勉強しスポーツを楽しんだ仲間がいない本土で、どうやって生きていけばいいのだろう。

本土での友人、家族や将来の仕事仲間とは、島での体験を共有できるはずもない。耐え抜いた苛酷な年月の重みを、経験したことがない人間が理解してくれるだろうか。十年以上島で過ごした人たちの多くは、故郷に帰るはずなのに、まるで異国に行くような緊張を覚えていた。

まだ刑期が残っているものたちは、友人たちがやっと故郷に戻れることは喜んでいたが、ロベン島のサッカーの将来に暗雲がたちこめていることを意識しないわけにはいかなかった。釈放される男たちは強い精神力を持ち、マカナサッカー協会とそれぞれのクラブの屋台骨をつくった。そんな彼らの献身と意欲と情熱が、釈放によって突然失われるのだ。島のサッカーが衰退していくことは目に見えていた。

一九七三年と七四年の二年間に、レンジャースのキャプテン、ジェイコブ・ズマと、年長者で、骨の髄まで共産主義者だったレフェリーのハリー・グワラが釈放され、続いてマーカス・ソロモン、マーク・シナーズとインドレス・ナイドゥも島を去った。タフなディフェンダーだったズマは自分のクラブの運営に力を尽くしながら、マカナサッカー協会で問題が起きたときには裁定委員としても采配をふるった。ハリー・グワラは、サッカーの歴史とルールについての生き字引として、仲間たちの指導にあたってきた。いったん判定を下したらテコでも変えない融通がきかないところはあったが、自分の知識や助言、援助は惜しみなく誰にでも分け与え、とくに新任の見習いレフェリーは、判定で批判にさらされたときには彼の支えに救われた。インドレス・ナイドゥはスポーツ関連組織全般にわたる運営上の実務面でなくてはならない人物だった。マカナサッカー協会の事務局長として、またレフェリーや審判委員会の幹部として、いつでも中心的な役割を果たしてきた。同僚たちはスポーツ関連の書類作成にかけて彼は誰よりも秀でているけれど、チェスとブリッジは弱いね、とからかっていた。

マーカス・ソロモンは、レフェリーと選手の両方と、事務管理面で活躍した。ラグビー畑出身だったにもかかわらず、サッカーでもBディビジョンで頭一つ抜けた実力を見せた。スティーブ・チウェテと協力して、ラグビーの発足に情熱を注いだ。スティーブが隔離棟に六ヵ月間収監されている間、ダイナスパーズの運営にもあたり、アトランティック・レイダース事件に翻弄されたクラブの舵をとった。いつも笑顔で、彼が入ってくると部屋全体がぱっと明るくなり、高らかな笑い声は隅々まで響き、現在にいたるまで公正さと高いモラルと正義を守ることにかけて熱い情熱を注いでいる。ロベン島でもっとも複雑で批判が集中しがちだった審判と規律の問題に対しても、マーカスは完全に中立な立場を守って解決に力を傾けた。

刑務所から支給された小さな段ボール箱にわずかな持ち物を詰めているとき、マーカスは胸が引き裂かれるような複雑な思いにとらわれた。ロベン島を出て家族や友人に再会することを夢に見るほど待ちわびていたにもかかわらず、採石場で切り出した石のような重い塊が胸につまり、悲しみに押しつぶされそうだった。いよいよ明日出ていくという日、今日は刑務所に来てから一番悲しい日だ、と島の友人たちに訴えた。

マーク・シナーズは親しい友人に思い出の品を残した。使用したテニスラケットに「おまえにやるよ。俺は出ていくから」というメモをはさんで渡した。残念なことに、シナーズは数年後、このラケットを取り戻した。その友人が島を離れた直後、二回目の刑期をつとめるためにロベン島に再び送られたためだ。

選手としてもスポーツ競技の管理運営にあたっても優秀だった彼らに代わる人物はいなかった。彼らが島を出て行ったことは、ロベン島のスポーツ界にとって埋めることができない大きな損失だった。ほかにもサッカーを陰で支えてきた多くの無名のヒーローたちが島を去った。その影響はたちまちあらわれた。

一九六〇年代に南アフリカ全土で公安警察による一斉検挙の嵐が吹き荒れたとき、アフリカ民族会議とパンアフリカニスト会議の大半の活動家が逮捕されてロベン島に収監されたので、以後島に送られてくる受刑者はたまにしかいなくなった。一九七〇年代初頭から中期にかけて、本土からやってくる船に新しい受刑者が乗っていることはめったになかった。

マカナサッカー協会の一九七三年度の年次報告書には、刑務所の人口減少で起きる問題がとくに大きく取り上げられていて、協会幹部も副会長、事務局長と理事一人の三人だけになってしまった、と記されている。会長と副事務局長は空席になっていたし、残った三人は協会の日常業務をこなすだけで精いっぱいだった。島にサッカーを根づかせるために何年もかかったが、いまやその組織は土台から揺らぎ、崩壊寸前まで来ていた。マカナサッカー協会の事務局長は受刑者全体に、もっと熱心にサッカーにかかわってほしいとせつせつと訴えた。人数が減少していくにつれて、元気な人は誰でも、サッカーを救うために肉体的、知的、物質的に貢献することが求められた。

クラブのなかには三つのディビジョンすべてにプレイヤーを送りだすことに苦労するところがあった。一九七三年、ダイナスパーズはBディビジョンのチームを、人数不足だけを理由に解散した。Aディビジョンのプレイヤーはbディビジョンの試合に定期的に出場するようになっていた――もはや試合に勝ちたいという理由からではなく、人数が足りないBディビジョンのチームに助っ人として出場するためだ。マカナサッカー協会はクラブの縮小を考えざるをえなくなった。サッカー人口が減少することの対応策として、マカナサッカー協会はクラブを再編し、人員を組み直すことにした。避けたいところではあったが、現実的に考えて多すぎるクラブ数を減らすことにした。

マカナサッカー協会が一番心配したのは、クラブへの愛情のために、クラブ同士が合併を望まないのではないかということだった。どのクラブも自分たちには熱狂的なファンがついていると自慢していたし、クラブ同士のライバル意識は強い。たとえば英国の代表的なライバルクラブであるマンチェスター・ユナイテッドとマンチェスター・シティ、もしくはリバプールとエバートンのクラブやサポーターたちに、合併するから、それまでのクラブへの愛情やライバルに向ける敵意を捨ててくれ、と頼むようなものだ。

たしかに島でサッカーがこれだけ人気を博した大きな要因は、以前本土で応援していたサッカークラブに感じていたのと同じ献身的な愛情を刑務所内のクラブにも抱いたところにある。ファンたちは、刑務所のクラブに昔応援していたクラブを重ね合わせて熱のこもった応援をした。島でも本土と同じように自分の愛するクラブの応援に声を張り上げ、同じクラブを応援する仲間たちと熱く語り合い、うるさくあれこれ注文をつける。多くの面でその様子は本土にいるときと変わりがなかった。

だが島のサッカーが置かれた状況はあまりにも深刻だったので、クラブも所属する選手たちもサポーターも最終的には現実を受け入れざるをえなかった。十分な人数を集められないために試合は中止や延期になっている。もっとも熱烈なファンでさえも、変化を認めなくてはならなかった。合併など嫌に決まっているが、現状のままマカナサッカーリーグを運営していくには無理がある。

ガナーズ、ディシシディとムファァツララツァネの三クラブは解散して、パイオニアズＦＣとアイランド・タイガースという二つのチームにまとめられた。一連の合併で注目すべき転換点となったのが、最初に合併した誇り高いクラブ、ダイナスパーズが、ライバルのバックスＦＣと合併し、ダイナーレＦＣとなったことだ。ダイナスパーズの会長だったスティーブ・チウェテが、自分のクラブの選手を漁っていると非難したあのバックスとの合併を決意したのだ。クラブに強い愛情を感じていたファンたちのなかにはこの合併に激しく動揺したものがいたし、ダイナスパーズを見限ってバックスに逃げた多くの選手たちにとっては、選手選考で新たな頭痛のタネを抱えることになるだろう。それでもリーグを続けていけるクラブ数にする必要性の前に、過去の敵意は水に流された。

マカナサッカー協会の所属クラブは最終的に、マノンＦＣ、レンジャースＦＣ、新生アイランド・タイガース、ダイナーレ、パイオニアズＦＣの五チームとなった。九つのクラブがしのぎを削り、いずれにも十分な人数の所属選手がいて、大勢が喜んで裏方のスタッフをつとめていた最盛期と比べるとさびしいかぎりだ。

クラブの再編といっても、チームの間で選手がただ移動すればいいわけではない。ＦＩＦＡのルールに厳格に従って何事も正しく運ばなくてはならないので、合併して新しくなったクラブはあらためて独自に会則をつくることが求められた。会則は細部にいたるまで話し合われ、ときには論争になったが、全員が合意にいたるまで決定されなかった。以前のクラブが所有していた資金、寄付、紙をはじめとする文具は持ち寄られて帳簿につけられた。協会は選手以上に、会則にのっとって効率的に運営できる事務方を入れるようにと新生クラブに求めた。だが刑務所の人口減少で、事務を執るものも人手不足だった。

試合に対する関心は低くなり、ピッチ内外の活動の質も低下した。試合運営を担当するマッチオフィシャルに寄せられる苦情はますます多くなった。クラブ役員の一人はサッカーの試合を実施するには規律とある程度の手際のよさが必須だが、自分のクラブのメンバーたちはその両方が欠けているためチーム・スピリットを失い、ピッチ上のプレイにもしまりがなくなっている、と嘆いた。

サッカー導入期に、協会とクラブが刑務所当局とのむずかしい交渉の末に着用許可を得て、資金を集め、何ヵ月も待ってようやく手に入れたウェアのはずなのに、選手たちは大切に扱うことさえしなくなった。クラブのユニフォームは、受刑者たちが達成したことの象徴として非常に重要だった。クラブカラーは神聖だった。ところがいまや選手はユニフォームを洗濯せず、きちんとたたむことさえせず、もっとひどいことにショーツやシャツを収容棟のなかでのふだん着にし、採石場で働くときに着用しているものまでいた。サッカーに真剣に取り組むものの目から見ると、それはスポーツへの冒瀆以外の何ものでもない。

マカナサッカー協会とクラブは質の高いサッカーを維持していくために寄付をつのる必要があったが、選手たちはしだいに金を出すのをしぶるようになった。だが金銭以上に深刻な危機が迫っていた。サッカーに熱意を注ぐ人たちは、試合のために十分な時間やエネルギーをかけず、努力もしない選手があまりにも多すぎると嘆いた。許し難い無気力がピッチをおおっていた。

サッカーのピッチ状態も悪化する一方だった。マカナサッカー協会の一九七三年度の年次報告書には、サッカー場に適切なメンテナンスがなされていない、とある。定期的に水まき、掘り起こしや芝の張り替えがされて美しい庭のようだったサッカー場は、いまや雑草がはびこり、ときにはまともに試合ができないほど草の丈が高くなっていた。協会はピッチのメンテナンスをボランティアでやってくれる人を見つけるのがむずかしくなっていた。毎週行なわれる試合前のライン引きにあらわれるのは、いつも決まった二、三人だけだ。

年次報告書にはまた、島に残された受刑者たちが、協会への協力に尻込みするようになったことも報告している。委員会の活動は名目だけの空疎なものとなり、もっとも重要なポストが空席で、嫌がる受刑者を口説き落として参加させなくてはならない状態だった。

すでにサッカー以外のさまざまな活動を楽しむ権利を得ていた受刑者たちが、サッカーだけに熱意を注ぐことがなくなったのはある意味で当然である。多くの受刑者たちは釈放の日を待ちわびていて、本土に戻ったときの生活を考え、勉強や通信教育での資格取得により多くの時間を使っていた。南アフリカのアパルトヘイト制度が敷かれた社会で、仕事を見つけることがいかにたいへんかはよくわかっていたので、釈放の前に少しでも有利な資格を身につけておこうと必死だった。それでも声をかけた候補者がサッカー協会のポストを断る率のあまりの高さに協会はショックを受けた。会長を依頼した候補者の一〇〇%が、また委員会のメンバーを依頼した候補者の五〇%が断ってきた。協会は緊急会議を招集し、必死の懇願と説得で何とかポストは埋まった。

レフェリーをやってくれる受刑者を見つけるのはそれまでも困難をきわめたが、いまやピッチに立つことを引き受ける主審や線審はいないに等しかった。サッカー協会と審判委員会の関係はこじれ、協会は審判委員会の代表者を呼んで試合ができるだけのレフェリーを見つけられなかった原因と、新しいレフェリーを募集することについて話し合った。

だが話し合いは決裂した。マカナサッカー協会の報告書によれば、まるで神経戦のようだった、という。審判委員会の態度は反抗的で傲慢であり、協会を困惑させた。委員会の事務局長はこの話し合いで辞任した。つまり審判委員会の日常的な運営についてもっとも実務にたけていた人間がいなくなったことになる。彼の辞任後、協会の審問に対して審判委員会から回答はいっさい寄せられず、サッカーは内部破たんへの道をまた一歩大きく進んでしまった。

一九七四年、島でサッカーが開始して以来、初めてマカナサッカー協会は「年間最優秀選手」を選ばないことを決めた。協会があげた理由は、サッカーへの関心が風前の灯となっていることをあらためてあきらかにしている。Aディビジョンの選手がサッカーに真摯に取り組まず、熱意も決断力も見られないので、受賞者を選ばないのは「当然の選択」だ、と断じたのだ。長い年月をかけて必死に刑務所のサッカーに取り組んできたパイオニアたちにとって、協会のこの決断は大きな衝撃だった。試合の質の低下をこれほど象徴している事実はない。

サッカーを復興するために、古いアイデアから新しい企画までさまざまな試みが取り入れられた。親善試合や選抜試合は頻繁に開催された。カップ戦ではなく、特別に編成したチームで出場する試合だ。アトランティック・レイダース事件の大失敗から学んだ重要な教訓が生かされた。そういった試合ではサッカーの技術を競い合う一面も取り入れられた。ふだん一緒に練習しているメンバーでのチームワークを見せるよりも、見ている人をわくわくさせる妙技や個人技に重きを置いた試合を組んで、意図的に盛り上がりをはかった。ロベン島でサッカーリーグを始めた世代が掲げた高い理想は、いまや忘れ去られようとしていた。

一九七四年のある日、次のようなイベントが開催された。

スポーツ体験教室開催

新しい、もしくは新発明アイデアのスポーツを体験してみたいスポーツマンは、ふるってご参加ください。

バレーボールをはじめ、伝統的なトラック競技やフィールド競技の体験教室だったが、新しく考案された「ハンドサッカー」と呼ばれる競技が紹介されたことに注目が集まった。手を使うサッカーがスポーツの一つとして定着したら、プロ・マレペ、トニー・スーズやマカナサッカー協会が生んだヒーローたちはいったいどう思っただろう？　こんな競技まで紹介されたことは、サッカーそのものがどれだけ衰退していたかを物語っている。

刑務所の人たちのスポーツに対する情熱がしぼんでいってしまったことは、マカナサッカー協会の運営にも顕著にあらわれていた。初代会長のディハング・モセネケは幹部会議や総会が開催される回数が多いことを歓迎していた。会議に出席する人数が多いことは、関係者以外の人もサッカーに高い関心を寄せていて、サッカーリーグを成功させるために喜んで力を貸そうという気持ちがあることのあらわれだからだ。マカナサッカー協会が円滑に運営されていくためには、会議でしっかり話し合い、意志統一された決定を出すことが必要だ、とモセネケは考えていた。

モセネケは会議の出席者同士がコミュニケーションをとることを奨励していた。個人としても政治団体としても、それぞれ我が強いものが集まったロベン島で、一つの組織を運営していくために何が重要かがわかっていた。彼は総意での決定を重視する政治家であると言われていて、重要事項は投票で決定してはならないと固く信じていた。徹底的に話し合い、全員の意見が一つの共通認識として形成されることが健全な意思決定となる。投票で決めてしまうことは人々を分裂させ、人間関係に亀裂を入れたり派閥をつくる原因になったりし、時間が経つにつれて、サッカーのコミュニティが排除すべき派閥主義がはびこる結果を招く。

モセネケはまた、総意は必ず得られるし、得られるべきだと考えていた。それができると仲間たちに全幅の信頼を置いていたし、まちがっても意見が分かれて計画がとん挫してしまうことはないと頭から信じていた。刑務所管理者たちと対決するときには、受刑者たちは強い結束力を見せなくてはならないと考えていて、その団結力が「サッカー組織の骨組みをつくった」と言っていた。この言葉を以前の受刑者たちは、サッカーの成功を表現するのに何回となく使ってきた。

いまや協会の会議はどんどん中身のないものになっていき、議題は事務的なことだけになり、人手不足で重労働にあえぐ役員たちは日々のこまごまとした実務的な問題の処理だけで精いっぱいだった。話し合いや論争はおろか、理想について大きな視野を持った議題が出ることさえなくなった。一九七三年、協会の事務局長をつとめるソロモン・マブゼは、前年度にはあった特別会議がほとんどなくなったと嘆いた。協会発足直後の恒例となっていた、中身の濃い緊迫した論争がなくなったことをさびしがった。情熱、言葉の攻撃や熱弁は過去のものとなった。辛らつな言葉のやりとりさえ聞かれなくなった。

一九七四年のはじめまでに、試合でも激しいぶつかりあいがなくなった。新生の五クラブで行なわれるリーグ戦は盛り上がりに欠けた。トニー・スーズのような優れた選手はまだ全力でプレイしたが、ほかの男たちは年をとり、試合のペースは遅くなって、ファンたちの応援もまばらだった。タッチライン際での騒々しく熱狂的な応援はいまやなりをひそめ、おとなしく控えめになった。

マカナサッカー協会の幹部役員たちは抜本的改革が必要だと痛感していた。ダイナーレ（バックスとダイナスパーズが合併してできたクラブ）から、エネルギーや金の無駄遣いだからサッカーを競技として組織的に実施するのをやめて、体調がよく都合がついたときにたまに親善試合を行なうくらいでいいのではないか、という公開質問状が届いて、いよいよなんらかの行動を起こすべきときが来た、と役員たちは悟った。

協会の幹部役員の多くはリーグや組織の廃止を勧める意見に落胆したが、それ以上に将来進む方向について大きな決断を迫られていることを痛感した。そこでロベン島のサッカーの未来について話し合うためのサミット会議を開催するので、率直な気持ちを書いてほしい、という手紙をすべてのクラブに送った。

五つのクラブからの返答によって、事態はますます混とんとした。今後の展望について根本的な意見の食い違いがあったためだ。二つのクラブは組織を解散し、リーグを廃止することに賛成で、二つのクラブは反対だった。五つ目のクラブは、あらたに臨時委員会を設立してほかの選択肢はないかを調査し、協会に報告したうえでの解散なら賛成する、と回答を寄せた。

数日後、サミット会議が開催され、夜間、クラブの代表者たちは収容棟で、好意的ではない新任看守の見回りに気を配りながら、ときには大声で口角泡を飛ばし、ときには声をひそめて、三時間に及ぶ討論を行なってへとへとに疲れた。

サッカーが直面している現状については、全クラブの見方が一致した。プレイの質が下がっている。多くの選手が島を去った。チームは弱体化し、三つのディビジョンに分けて公平に試合をすることはもうむずかしい。一つのクラブは、選手を振り分けることで問題が解決できないか、と提案した。夏季体育祭が「つねに能力編成によるカテゴリーを組み直すことで、受刑者の関心を集め続けている」ことをこの提案の裏づけとした。

マノンはこの意見に反対した。ダイナーレやパイオニアズに見るように、クラブが合併するとファンが離れていくことは証明されているし、もしまた合併や再編成をすると、ますますクラブに対する忠誠心が薄れてしまうだけだ。それ以上にサッカーをする喜びも失われるだろう。いずれにしても選手の振り分けは代表チーム、もしくは「選抜チーム」をつくるようなもので、リーグの発足時から協会は選抜チームの編成で失敗を繰り返してきたではないか、と指摘した。

パイオニアズFCは身も蓋もない解決策を提案した。維持していけなくなったクラブは解散すべきだ。サッカーの力関係のバランスをとることに関しては、試合に出るだけの実力がないと感じたら、解散するか、それとも協会にメンバーを振り分けてもらうか、別のクラブに行くようにと所属選手に伝えるべきだ。

組織の解体に反対する意見は、現状のようにクラブ間に実力差があるからこそ、弱いチームが強いチームを倒そうと奮起するため、試合がより熱くなって活発になる、というものだった。実力が同じチームで競っても、まったくおもしろくない、だから解体には反対だ、と言う。世界のトップリーグでも、常勝のビッグクラブは同じ意見を述べただろう。

実際、話し合いが長引くほど、今議論している内容は外の世界のどんなサッカーの組織でもぶつかる問題だ、と参加者たちははっきり感じた。どうやってチーム同士の競争力を高めていけばいいか、またリーグ戦とカップ戦のどちらに焦点をしぼるべきなのか、という問題である。

参加者が疲労困憊して会議を終えようとしたとき、ソロモン・マブゼ事務局長が締めくくりに話をした。サッカーにレクリエーションとしての価値があること、プレイしない受刑者たちへの義務もあること、そして人格形成にサッカーは重要な役割を果たしている、と彼は言った。クラブの代表者たちがサッカーをあまりにも一面的にしかとらえていなくて、初期のころの「心身ともにすり減るわびしい単調な日常生活と、人口過密に耐えていた時代」にサッカーがどういう意味を持っていたか、という根本的問題を見過ごしているのではないか。ソロモン・マブゼ事務局長はそう話してから、集まった人々にこの問題の重要性と複雑さを指摘する宣言を読み上げた。クラブが総意として組織の解散に賛成ならば、つぎのステップはもっとたいへんである。マカナサッカー協会は完全に解散し、新しい組織をつくらなくてはならないだろう。

だが総意は得られなかった。協会はつぎのステップとして、臨時委員会を設立してサッカーにかかわっている人たちから聞き取り調査を実施することを提案した。クラブはその妥協案に賛成し、四ヵ月以内に臨時委員会が協会に報告書を提出することになった。

セディック・アイザックスがその臨時委員会の委員長になり、調査の仕事に全力を傾けたことは誰にも驚きがなかった。統計を分析し、心理学的問題を考えるという仕事はセディックのまさに学問的専門分野で、その仕事はうってつけだったからだ。委員会には、受刑者たちがサッカーをどう考え、現在の問題をどういう方法で解決したらいいかを見出す、という課題が与えられていた。

アトランティック・レイダース事件の訴追問題についてぼう大な記録を作成したことが、その後南アフリカ憲法裁判所の副判事になったモセネケの、法律家としての最初の本格的な仕事だった。仲間たちは、あの事件で彼は法律家として「最初の経験を積み、釈放後にアパルトヘイトと闘ううえで大きな力になった」という。同様に、島のサッカーについて詳しい統計的資料を作成したことが、セディック・アイザックスが経験した最初の統計の仕事であり、島を出てからの彼の人生の下準備となった。

セディックと委員会のメンバーたちは、すべてのクラブの関係者にサッカーをめぐる問題について、きわめて効果的に調査を行なった。島の男たちがサッカーに対してどう考えているのかを浮き彫りにするのが彼らに与えられた任務だ。プレイする姿勢はどうか？　試合に熱い情熱を注げるか？　それとも興味を失っているか？　年齢と、現在の体力や身体能力をどう自己評価しているか？　一つのクラブに献身的な愛情を注ぐことに喜びを感じているか？　選手の能力に基づいてチーム編成がたえず組みかえられることはうれしいか？　サッカーは自分の生活においてどれくらい重要か？

セディックと委員会は各クラブ一〇名ずつを無作為に選んで、収容棟や採石場、運動場で長時間のインタビューを行ない、サッカーの将来の望ましいあり方について意見を求めた。幹部役員に提出した報告書で、この方法では統計的な有効性がないとセディックは書いたが、聞き取り調査はサッカーとそれに参加している人たちについての重要なデータを提供した。

結果はけっして明るい将来を感じさせるものではなかった。もっとも多く言及されたのが、レギュラーとして活躍する選手たちの平均年齢が、どのクラブでも四十歳に近づいていた点だ。多くが四十歳より上だった。A、BとCディビジョンのどのチームにも、レンジャースは四十代の選手が一六人以上いた。そのうち四人は五十歳に近かった。マノンとダイナーレの二チームだけに二十代後半の選手が所属していたが、その数は五人だった。彼らが島に残っている最年少のサッカー選手たちだった。

選手は年をとるほど体力レベルが下降線をたどり、怪我の不安が高くなっていた。怪我をすると採石場での作業ノルマの達成がむずかしくなるし、いまや全員が高齢となり、若く、元気で身体強健な男たちがほとんどいなくなったために、以前のように助けてもらうことは期待できない。

調査では、マカナサッカー協会が関心を引くために選抜チームによる親善試合をどんどん増やしていることが、かえって人々を飽きさせる結果になっていることがあきらかになった。サッカー選手自身も真剣勝負を望んでいた。競いあうことを楽しみ、一つのクラブに忠誠心を持つようにプレイしたいと願っていた。九つのクラブがしのぎをけずっていたころの情熱をなつかしがっていた。

だが、そんなノスタルジーは現実を無視した感傷にすぎない。合併によって五つまで減らすことは不可避だった。問題は、対戦相手が減ったことによって、選手もサポーターも勝者の予想が外れなくなり、ゴール数やどんな戦術で臨んでくるかさえも予想できてしまうことだった。それぞれの選手の癖やセットプレイの狙いどころも広く知られていて、期待感がなくなった。新しい血が入ってこないことで、試合は緊張感がなくなり、やる前から結果の予想がついてしまう。協会がこの問題を解決できるかといえば、おそらくむずかしいだろう。

セディックの調査ではまた、クラブ間に大きな実力差があるという、大多数が感じていたことを裏づける結果も出ていて、関係者はみなそれが深刻な問題だと感じていた。調査に応じた誰もが、参加した人たち全員が自分たちにも勝つチャンスがあると考えていることが重要だと認めていて、実力差の問題には何らかの手を打つべきであると多くが同意していた。

その問題の解決法としてディビジョン別のチーム編成が導入されたのだが、そのためにかえって皮肉なむずかしい問題が起きていた。Aディビジョンはマカナサッカー協会の旗印となるべきチームで、最高のプレイヤーが集められていた。プレイの質も最高で、試合時間もAディビジョンを中心に組まれた。ところが調査ではサッカーに対してもっとも関心が高かったのはCディビジョンで、所属人数も最大だった。マーカス・ソロモンが唱えた「どんなレベルの人にもサッカーを」という理念は、彼が考えた以上に成功していた。

プレイヤーたちの多くが、収監年数が長期に及ぶほど、気力がどんどん萎えていくと述べていることが、もっとも心配される点だった。最年長者たちは、厳しい労働の日々と変わりばえのしない日常生活を耐え抜くことがしだいにつらくなっていた。初期のころに比べると食事は改善されたものの、まだ量は少なく、内容はまったく同じだ。心は完全に折れてはいなかったが、疲労感は強かった。

セディックはこのことに特別に注意を払った。長期にわたって拘留された人たちの心理状態について、彼は本を読んで研究を重ね、最終的に学位を取得する目標を立てていた。長期の刑期をつとめている受刑者たちがどんな要因で人が精神的に落ちこみ、気力や情熱を奪われるのかを分析し、系統立て、突き止めていくことが、セディックが熱心に取り組んでいた研究分野だった。マカナサッカー協会からロベン島のサッカーの未来を開くために助力を求められたことは、セディックにとって以前心理学の教科書で読んだ内容をフィールドワークできるチャンスだった。

調査結果が出ると、セディックはすべてが単にサッカーだけにとどまらない問題だと気づいた。サッカーなのかほかの手段なのかはさておき、受刑者は気力と体力を回復させ、若さを取り戻すための助けを必要としている。スポーツという緩衝材がなければ、受刑者たちは苛酷な刑務所生活によってどれほど深刻な影響を受けるかわからない、とセディックは懸念した。

彼の仕事は、調査チームとともに関係者全員に前向きな提案をすることである。臨時委員会は協会に、現実的に考えて全部実行するのは無理だろうが、考えられるだけの提案を提出した。

1. あらたにサッカーリーグを組織するにあたり、「需要と供給の原則にのっとった組織づくりができるチャンス」を与える。つまり新しいクラブの結成にあたっては、選手やスタッフには短期間ではあるが「所属する決まったクラブがない空白期間」をもうける。
2. 新しいカラーを決めて、新しいウェアを支給し、サッカーへの情熱を目に見える形でかきたてる。
3. 現状よりも小さいピッチサイズにする。それがプレイヤーの高年齢化を考えたうえでの現実的な妥協だ。

4．マカナサッカー協会は、現状のクラブ名を維持していくことと、過去にあったクラブ名を復活させることを真剣に考慮すべきである。これにより「仲間としての結束」が強くなり、過去のよい記憶を呼び起こす。新しいクラブ名は現状の危機を思い出させる可能性がある。

5．勝者の名前を刻んだトロフィーを授与することを、刑務所当局に恒久的に許可させるよう、より熱心に交渉すべきである。委員会は勝利の重要性を強調し、勝者をもっと称えるべきである。

6．マカナサッカー協会はサッカーの定期刊行物の発行と映画の制作を始める。新たな視点から考えられるようになり、新鮮味に欠ける、予想がつくような試合を防ぐのに役立つはずだ。

7．マカナサッカー協会は新しいメンバーをできるかぎり引き入れるべきである。

8．改革がうまくいけば、その効果をはかるためにあらたな調査がなされなくてはならない。

サッカー関係者は一様に臨時委員会が提案した改革案の大半を認め、実施に前向きだったが、セディックが出した案の二つだけは論外だと即座に却下した。却下の理由は、島のサッカー関係者の誇りと一途さを物語っている。

その一つが三番目にある項目の、「小さいピッチ」でプレイしてはどうか、という提案だ。二年前にセディックはクロケットを導入しようと提案して、同じように即座に退けられたことがあった。高年齢化する受刑者にはぴったりなスポーツだっただろうが、彼らはクロケットなど年寄りのスポーツだと一笑に付した。誰もが高齢化を問題としてあげ、年齢とともに体力が衰えてきている受刑者たちにピッチサイズを合わせるのは妥当な案であるとわかっていても、そんな案まで実行するのはありえない選択だと思った。

最初の項目にある、どのクラブにも属さずにしばらく仲間同士や選抜されたチームで試合をする「所属するクラブがない空白期間」をもうける案も却下された。五つしかクラブがなくなった現状でも、選手たちはクラブに対する帰属意識がまだ十分に高く、チームメイトやファンたちとの関係も大事にしていた。経験を共有し、一致団結して一つにまとまったチームとして「ユニフォーム」を着てプレイすること——世界じゅうのどのサッカークラブの選手とファンも同じことをやっている——は、彼らにとってかぎりなく重要なことなのだ。それぞれのチームに情熱を注ぐからこそ、島のサッカーはそれまで成功してきたのだし、以前にはサッカーにまったく興味がなかった受刑者までファンとして巻きこみ、プレイヤーとして試合に参加させることができたのだ。

隔離棟であるBセクションに収監されている受刑者たちのなかにも、受刑者にとってサッカーがどれほど重要なのかを知り、やがて熱心なサポーターになったものが少なくなかった。毎週末隔離棟に試合結果と短評がこっそり差し入れられ、大勢が試合の詳細が書かれたその紙に群がり、どんな試合内容だったかを想像して頭のなかで再現しようとした。マカナサッカー協会が発足したばかりのころ、隔離棟のBセクションにいる男たちは、運動場にいるときや監房の窓越しに試合の様子をこっそり見ることができた。刑務所側は情報が漏れていることに気づいて、一般棟の様子が見えないように遮断した。Bセクションの受刑者たちは試合場に近づくことはおろか、監房の窓がおおわれ、塀も高くなって、一般棟の受刑者たちが楽しそうにサッカーをしている様子がいっさい見られなくなった。アーメド・カスラダにはロベン島での終身刑が言い渡されていた。アフリカ民族会議のリーダーの一人である彼は隔離棟で刑に服していて、一般棟の受刑者たちが楽しんでいるスポーツにいっさい参加が許されなかった。投獄される前にまったくサッカーに興味がなかったカスラダだが、ロベン島刑務所の壁を越え、アフリカ大陸さえも越えてサッカー愛好者になった。一九七五年には、従兄弟の一人に国際的なサッカー記事が読める英語の雑誌を差し入れてくれないか、と頼んでいる。

穏やかに話し、洗練された紳士といっていい物腰のカスラダは、シュート誌の熱心な読者となり、リーズ・ユナイテッドを熱烈に応援するようになった。とくに闘争心あふれる気性の激しいリーダー、ビリー・ブレムナーのファンだった。彼が率いるチームは憎らしいほど強く、ブレムナーの攻撃的で規律を無視したプレイはよく批判の対象になったが、そこが物静かな南アフリカの革命家の心をとらえた。彼は仲間たちに、ビリー・ブレムナーは権威を拒否する急進派なんだよ、と説明した。

カスラダは別の親戚に宛てた手紙で、今ではサッカーのニュースがより早く島に伝えられるようになり、内容も詳しくなった、と書いている。カスラダの手紙は、パリで行なわれた欧州カップ決勝で、リーズ・ユナイテッドがバイエルン・ミュンヘンに0対2で敗れた直後に送られた。手紙のなかで彼は、イングランドのサッカーとリーズのサポーターたちの行状を憂えている。試合に負けたことにも落胆したが、リーズのサポーターたちがその後パリで暴動を引き起こしたのはもっと残念でならない。リーズのサポーターの暴力行為のニュースは「刑務所の仲間たちに、爆弾が落ちたかのような衝撃を与えた」とカスラダは書いた。パリでの出来事を嘆いてこんな大げさな疑問を投げかけてい

SOCCER

MAKANA FOOTBALL ASSOCIATION
FINAL LEAGUE LOG

A DIVISION

	P	W	L	D	F	A	PT
MANONG	4	4	0	0	11	3	8
PIONEERS	4	1	1	2	5	4	4
INKONJANE	4	1	1	2	5	5	4
DINARE	4	0	2	2	2	5	2
IS. TIGERS	4	1	3	0	2	8	2

LEADING SCORERS: SUZE, A [MFC] 4 GOALS

B DIVISION

	P	W	L	D	F	A	PT
IS. TIGERS	4	4	0	0	8	1	8
MANONG	4	3	1	0	5	2	6
PIONEERS	4	2	2	0	8	3	4
DINARE	4	1	3	0	2	10	2
INKONJANE	4	0	4	0	0	7	0

TANANA, M [ITFC] 4 GOALS

C DIVISION

	P	W	L	D	F	A	PT
IS. TIGERS	4	3	0	1	5	0	7
PIONEERS	4	3	1	0	6	1	6
MANONG	4	2	2	0	3	2	4
INKONJANE	4	0	2	2	0	5	2
DINARE	4	0	3	1	1	6	1

GCINUMZI, T [PFC] 3 GOALS

Issued by: MFA-SEC 6/8/73

GEVANGENIS
ONTVANGEKANTOOR
RECEPTION OFFICE
1973
PRIVAATSAK PRIVATE BAG
ROBBENEILAND/ROBBEN ISLAND
PRISON

Counter-signed: S.C.C. SEC.

1973 年ファーストステージのリーグ戦記録。
A ディビジョンで優勝しているマノン FC は、リーグ創設以来常勝チームだった。

る。「英国の人々は礼儀正しく控えめでさえあるとわれわれはこれまでずっと思っていました。彼らは大きく変わったのでしょうか？　それともこれまでのわれわれが持っていた英国紳士像というのがまちがっていたのでしょうか？」

Bセクションにいるカスラダは、自分の目で見たことがないものを認めないという「不可知論者」であったが、そんな人物でさえも夢中にさせてしまう力がサッカーにはある。サッカーは大勢の受刑者の間に浸透し、島の一つの文化になっていた。それが消滅してしまうのは、悲劇である。

マカナサッカー協会はそんな危機に立ち向かい、改革して新しい形で存続させようと必死だったが、初期にサッカー競技を組織的に行なうことに成功したことが、かえって多数の受刑者の関心を低くする原因になっていることはあきらかだった。実際に試合に参加する人数が減少していくのは、釈放されて島を出ていく人が大勢いたからだけでなく、サッカー以外のさまざまな活動が、サッカーと同じように組織的に行なわれて盛んになり、結果として受刑者の関心を惹きつける対象が分散してしまったからだ。

一九七〇年代半ばまでにラグビー、陸上競技、テニスやインドアスポーツが楽しまれるようになっただけでなく、映画鑑賞会や社交ダンスのクラスが定期的に開催され、専門学校や大学の学位取得のためのさまざまなプログラムへの受講も盛んになった。こういった新しい活動は目新しさから人を集めるのに有利だったし、サッカーとちがって身体能力も問われない。サッカーのように年間通して参加が求められるわけでなく、ときどき参加すればいいことも都合がよかった。

発足当時は一年を通して行事予定が組まれていることがサッカーの最大の魅力だった。刑務所生活の息抜きになったからだ。だが一九七五年までに、受刑者たちは単調な生活をまぎらわせてくれるほかのいろいろな楽しみや、一人でできることを見つけるようになった。サッカーはまだ島の生活で重要だったが、生活そのものがサッカー一色で彩られるわけではなく、一部をしめるだけになったことはあきらかだ。

一九七六年には、あらたな改革がはかられたにもかかわらず、意欲があって元気な選手、レフェリー、運営管理者、救急班の人数は減少し、ロベン島の組織的なサッカー競技が将来的に存続できるかどうかますます危うい状態になった。マカナサッカー協会は改革を約束し、その仕事に没頭していたが、残った選手、レフェリーやファンたちは、一年以内に島のサッカーに若い血がどっと送りこまれて、サッカーの試合が活性化することなどありえない、と思っていた。ところがそのころ南アフリカ本土で、アパルトヘイトの廃止を求める闘争の分岐点となる、驚くべき予想もしていなかった事件が起きていたのだ。皮肉なことに、その事件がロベン島に才能あふれる若いサッカー選手たちを連れてきてくれることになった。

第11章　ソウェト世代がやってきた

ビコの死に私は凍りついた。
J・T・クルーガー（南アフリカ共和国法務大臣）

ある日採石場で岩を砕くのに苦労しながら、セディックは好奇心いっぱいにアフリカーンス語で怒鳴り合っている看守の一団のほうを見ていた。遠方なのでセディックには何を言っているのかはわからなかったが、身ぶりに興味を引かれた。受刑者のことが目に入らない様子で話に夢中になっており、ぴりぴりした緊張感が漂って、いくぶん怯えているようでもある。周囲の空気をよく読むセディックは、看守たちが何かを不安がって言い争いをしている場面を、この二、三日何回か見かけて気にしていた。看守たちの受刑者の扱いも以前とはちがう。ずっと不機嫌で、最近にはなかったことに理由もなく殴りつけたりする。受刑者を怒鳴りつける声も荒々しく言葉も辛辣で、初期のころに戻ったかのようだとセディックは思った。

一九七六年六月の週末に、すべてのスポーツ行事が中止させられた。口を固く引き結んだ看守たちはけっして理由を説明しようとせず、そんな態度はここ最近見られなかった。スポーツの禁止は懲罰だったが、どうもその理由は自分たちがやったことではないと受刑者たちはうすうす感づいていた。そんな刑務所職員たちの間の不可思議な様子が、収容棟で話題になった。何年も一緒に過ごすうちに受刑者たちは看守のことがよくわかるようになってきて、何かあったときには空気で察した。セディックと仲間たちは様子が変わったことの裏にある理由を突き止めようとした。

ロベン島刑務所が開設されて以来、刑務所の管理者たちは受刑者に流れるニュースを厳しく制限してきた。そもそも刑務所の設置場所としてロベン島が選ばれた理由は、本土から切り離されているおかげで、情報を遮断して受刑者の士気をくじくことがたやすいからだ。本土で植民地政策に対する抵抗運動が成功をおさめていることや、南アフリカ内に新しい反政府勢力が伸びてきているといったニュースを受刑者に知らせたくない。国際社会でついにアパルトヘイト体制に反対する支援運動が始まっているという事実も、ぜったいに知られたくなかった。

しかし今回の受刑者への締めつけは以前とはちがう。採石場で、また収容棟や食堂で、医療棟にさえも、定期的に立ち入り検査が行なわれ、手づくりのラジオやこっそり差し入れられた新聞などが没収された。島に届けられる手紙の検閲もいっそう厳しくなった。本土での政治や事件などにほんの少しでもふれられていると差し止められるか、まったく読めない状態まで黒く塗られていた。住所と名前とありきたりの時候の挨拶程度の内容しか届けられなくなった。検閲をくぐりぬけるためにある種の暗号が使われていたが、非常にややこしく、あてにならなかった。とにかく手紙はほとんどが没収され、情報源とはならなかった。

男たちは情報を得るための別の方法を考え出さなくてはならなかった。刑務所の敷地外で働いている受刑者たちが新聞を収容棟に持ちこむ作戦も実施された。本土で何かたいへんなことが起きていることに感づいていた受刑者たちのなかには、命を危険にさらすこともいとわないものもいた。二重に張り巡らされた有刺鉄線のフェンスの、いわゆる「キリングゾーン」をくぐりぬける抜け穴をつくり、外にあるゴミ箱のなかから新聞をあさろうとした二人組がいた。銃で撃たれるか、よくても隔離棟に収監されるのを覚悟したが、ニュースを得るためならその危険をおかす価値があると二人は考えた。男たちは無事に新聞を手に収容棟に戻り、夢中になってページをめくったが、それだけ苦労したにもかかわらず何年も前の古新聞だとわかった。命をかけて手に入れたのは、歴史のおさらいにすぎなかった。

そこで新聞を手に入れるためにもっと単純な手を使うことにした。刑務官や定期的に訪問する聖職者から盗む方法だ。少しずつ破って盗んだ新聞をジグソーパズルのように貼り合わせた。そうやって少しずつつなぎあわせた情報から、南アフリカ本土で起こっていた一連の大きな事件がしだいにあきらかになって、彼らを驚愕させた。

ロベン島の受刑者たちは事件の全貌をわかっていなかったが、一九六〇年代後半から七〇年代にかけて、南アフリカ本土では黒人の若者たちが中心になって新しい重要な運動が芽吹きつつあった。米国におけるマルコムXのブラック・パワーの運動に影響を受けた南アフリカの黒人の若者たちは、自分たちの可能性を信じ、黒人であることの誇りを持って社会に変革を起こす決意をあらたにしていた。運動は米国の黒人解放運動の影響を受けつつも、南アフリカ独自の路線で発展させていくことに若者たちは誇りを持っていた。そこで若い世代の黒人たちは、言論による社会改革をめざす「黒人意識運動」を立ち上げた。

若い医学生だったスティーブ・ビコ〔訳注／（一九四六―一九七七）アパルトヘイト時代に黒人の自助組織として黒人意識運動を立ち上げ、識字や医療支援、黒人大学など多様な形の活動を支援した。一九七七年拘留されたプレトリアの監房で拷問により死亡〕が主導したこの運動は、伝説的ボクサー、モハメド・アリが言った「ブラック・イズ・ビューティフル」という有名な言葉をモットーとした。若い黒人たちは米国の黒人が、人種差別撤廃をはかるだけでなく、黒人であることに自信を持とうとする姿勢を見せていることに大きな刺激を受けていた。ビコが黒人意識運動を立ち上げたときに基盤となったのは、若い黒人たちが自尊心を持ち、「闘争」を自分に直接かかわるものととらえてほしい、という熱い思いである。

若者たちを教育し政治に目覚めさせるために、黒人意識運動の上級幹部たちは国じゅうの黒人居住区にある学校や大学をこっそり訪れて、話し合いや講義を行なった。教育担当のスタッフのなかには、運動が発展することで学生たちが秘密警察や公安警察から目をつけられてしまうのではないかと危惧するものもいた。一方でその不安には目をつぶり、スタッフの派遣を奨励する幹部たちは、学生たちとともに必ず変革が起こるにちがいないとわかっていた。

この運動の核にあったのは、アパルトヘイト体制と支配権力から発せられる抑圧的なプロパガンダによって、人間として三流であると思いこまされてきた黒人の若者たちに、黒人であることの誇りを教えたいという信念である。若者たちは自分を信じ、白人と同じ人間であることを主張し始めた。

活発な抵抗運動は国じゅうの黒人の学校へと広がり始めていた。やがてアパルトヘイト政府は、意気上がる南アフリカの黒人の若者たちにつらい試練を与えた。

政府は、より多くの黒人にアフリカーンス語の使用を強制することを意図した新しい法律を導入した。オランダの植民地時代にできたアフリカーンス語は、弾圧者の言語として当然のように黒人たちには忌み嫌われていた。それまで黒人の学校では英語かその土地で使用されている言語で授業が行なわれていたのだが、アフリカーンス語使用法令が施行されたことにより、授業の半分は英語で、あと半分をアフリカーンス語で行なうことが義務づけられた。その土地の言語での授業は二、三の科目でしか許されなくなった。

それまでも教育資材や施設の不足で劣悪な教育環境に置かれていた黒人の子どもたちは、この法令によって決定的に不利な状況に追いこまれることになった。子どもたちの多くはアフリカーンス語をほとんど話せなかったし、土地の言語の授業が禁止されると、それぞれの地域での文化や伝統が失われてしまうのは目に見えている。黒人居住区でアフリカーンス語に通じている教師は少なく、自分たちが理解できない言語で、同じく理解できない子どもたちに教えなくてはならないというばかげた状況に陥る。すでに社会的に不利な差別を負わされている黒人たちを、より不利な地位に落すことを目的にした法令だった。

この法令は、白人と非白人との間に大きな教育格差があることを示す事実や統計資料が、アパルトヘイト政府から発表された時期と同じときに施行された。ケープ州では教育資金として白人の学生一人当たり年間四九〇ランドが支給されるが、黒人学生には二八ランドの支給額しかない。黒人の教師で大学卒が占める割合は、二%以下である。国基準で白人の子どもたちは三〇人に一人の教師と定められているが、黒人は五〇人に一人である。

これほど不公平な教育制度に若い学生たちはすでに十分苦しめられてきたが、それに輪をかけて学ぶ道を閉ざし、社会進出の可能性をつぶす法令ができたことに、国じゅうの黒人居住区から憤懣の声があがったのは当然だった。

試験シーズンが近づくと、黒人の学生も家族も出るのはため息しかなかった。必死になって勉強しても、試験問題はほとんど理解できないアフリカーンス語で出題されるとあっては、合格できる望みはないに等しい。

ソウェト地区にあるオーランド・ウエスト中学校の生徒たちは教室を出てストライキを始めた。まもなくソウェト地区にあるほかの学校からも大勢の子どもたちがやってきてストライキに加わった。生徒たちは行動委員会――ソウェト学生代表評議会――を結成し、アフリカーンス語使用法令反対の姿勢を一致団結して示し、賛同する学生を大勢集めて抗議デモを決行すると決めた。

一九七六年六月一六日、何千人もの黒人学生たちが学校を出発してオーランド・パイレーツ・サッカースタジアムに集結することになった。もしかすると危険なことが起こるかもしれないから、年長の子どもたちは年下の子どもたちを家まで無事に送り届けるようにと頼まれた。行動委員会は参加者に、親にはデモのことを隠しておくようにと命じ、学校の職員たちも巻きこむまいとしたが、教師の多くが、きちんと組織され、整然と行なわれる非暴力的なデモであることに賛同して、自分たちも参加することにした。歌や賛美歌を歌い、シュプレヒコールを叫び、「アフリカーンス語くたばれ！」といったスローガンを書いたプラカードを掲げてそれぞれの学校からスタジアムをめざして穏やかに進んでいった。

出発してすぐ、装甲車の重々しい響きや、騎馬警官や軍隊が集まってくる音が聞こえてきた。ソウェト周辺の道路にはバリケードが築かれ、警官隊がオーランド・パイレーツスタジアムに入る学生たちを阻止しようとした。

警官隊を指揮するクラインゲルド中尉にはシャープビルの惨劇が記憶にあり、学生たち数人が石を投げてきたので反撃したのだ、と証言する。記録によれば、クラインゲルド中尉は大声でデモ隊に解散を命じたが、ハンドマイクを使用していなかったために警官隊よりはるかに人数が多かった学生たち全員に、その声は届かなかった、という。

警官隊は群衆めがけて催涙弾を撃ちこみ、大混乱の引き金が引かれた。何千人もの学生たちがパニックに陥り、その様子に恐れをなした警官たちはやみくもに銃を乱発し始めた。唸りをあげて頭上を銃弾が行き交い、学生たちは混乱の度を深めた。報告によれば、抗議デモを行なっていた誰かが警察犬をつかまえて殺し、火をつけた、という。警官隊は銃撃を続けた。そして非武装の十三歳の少年、ヘクター・ピーターソンが撃たれて殺された。

南アフリカ人の写真家、サム・ンジマは惨劇の模様を撮影し、写真はアパルトヘイト政府の自国民に対する弾圧を象徴するイメージとして世界じゅうに配信された。その一枚は、十八歳のムブイザ・マフボが、撃たれたヘクター・ピーターソンを抱きかかえて、苦悩に顔をゆがめながら記者の車のほうに走ってくる写真である。ヘクターの姉のアントワネットが、取り乱した様子でムブイザに付き添っていた。ヘクターはすぐに近くの病院に運ばれたが、まもなく亡くなった。

銃撃が続くなか、恐怖に駆られた子どもたちは、倒れて亡くなっている二〇人以上の同級生を茫然と見つめた。恐怖はすぐに怒りに変わり、銃が火を噴いているにもかかわらず、デモに集まった人々は反撃を開始し、状況はますます混乱した。警官隊は投げつけられる石や瓶をくぐりながらデモ隊に迫った。車輛と公共の建物に火が放たれた。ソウェト一帯にたちまち暴動が広まった。黒人居住区は炎に包まれ、軍のヘリコプターが群衆の上を旋回した。大半が若い学生たちからなる暴徒は、居住区一帯で暴れ出した。集中的に狙われたのは、地元の人がオーナーとなり、営業許可を取らずに安いアルコールを出す居住区のなかにある安酒場やビヤホールで、黒人の大人たちに現状を打破しようとする意欲を失わせ堕落させると考えられていた場所である。

ケープタウン市内にあるウェストケープ大学とアフリカーンス語学校の一軒が放火された。都市部の白人たちの居住地区に危険が迫っていた。政府は軍隊と警察を黒人居住区に集結させて、白人の居住地区に暴動が広がらないようにした。暴動鎮圧のために、武装兵士を乗せた軍用トラックが黒人居住区を走り回った。鎮圧するまで三週間かかり、その間に数百人が亡くなり、負傷者は数千人にのぼった。

ソウェトの通りには葬儀車が行き交い、集団葬儀があちこちで執り行われて遺族と弔問者が泣き叫ぶ声がこだまし、沈鬱な空気に包まれた。一九七六年一二月、米国のニューステイ紙がソウェト蜂起での死者は三三二名にのぼったと報じた――暴動は他の地域にも波及し全国で四三五名が亡くなった。非公式の情報源によれば、死者の数はそれより数百名多いという。三〇〇〇人以上の若者たちが逮捕され尋問された。

ロベン島の受刑者たちにとって、この一連の大事件は反アパルトヘイト闘争の流れが決定的に変わったことの象徴に思えて、歓喜と恐怖の両方を味わった——この事件によって抵抗運動にあらたな火がつくのはあきらかだ、という喜びを覚える反面、黒人居住区に妻や恋人や家族がいる大半の受刑者は不安で胸が締めつけられた。たしかなことがわからないまま、蜂起で数百人が亡くなったという話にも不安がつのった。そしてまもなく、彼らは事件の全貌を当事者の口から聞くことになる。

ソウェト蜂起とそれに波及した事件にかかわった若い黒人たちは刑を申し渡され、数百人がロベン島に収監された。好戦的で熱気にはやる若者たちがやってきたことで、刑務所内の勢力地図はまったく新しく書き換えられようとしていた。

長期刑に服している受刑者たちは、本土の様子や抵抗運動の詳細を聞きたがった。同時にロベン島で生き残る術を新入りに教えようと張り切った。ところが「年長者」は、ソウェト世代には刑務所でどういう時間を過ごすかについて、彼らなりの考えがあることを思い知らされることになる。

年長者は十年以上にわたって、あらゆる困難をものともせず、人間らしい扱いと、人間らしい生活を送る権利を勝ち取るために、刑務所側と闘い交渉してきた。彼らから見ると、新入りたちはあらゆる面でちがった。多くの新入りが若かったが、収監前に政治運動を経験しているものはほとんどおらず、政治団体のメンバーだったものはもっと少なかった。ただ現体制への抵抗精神だけは熱かった。

アパルトヘイト制度を敷く国家と、自分たちを弾圧する組織に対して、激しい怒りに駆り立てられて行動したために投獄されたのだ。友人が殺され、殴られているというのに、南アフリカも世界のほかの国々も知らん顔だ。警察や公安組織と話をしよう、交渉しようとすると、たちまち死か投獄が待っていた。ロベン島にやってきたときには、若者たちはすでに囚われの身であるにもかかわらず、刑務所の管理者たちに対する敵意を隠そうともしなかった。

トニー・スーズと仲間の年長者たちは、刑務官に敵意をむきだしにして歯向かっていこうとする若者たちの態度に驚くばかりだった。ある日、トニーが採石場で岩を切り出していたとき、刑務官の一人がさっさと働けとソウェトの若者の一人の後頭部をたたいた。刑務官にしてみれば日常的な行為だったが、若者はたちまち強い憎しみの色を浮かべて、いきなり刑務官の顔を殴りつけてトニーを仰天させた。これまでそんな暴挙に出た受刑者は一人もいない。やがて若者たちの間では、刑務官の暴力に対して暴力で返すことが一般化した。

若者たちは日常的に命令に公然と反抗し、看守をあからさまに侮蔑し、口喧嘩がすぐに肉体的暴力になった。ソウェト世代が収監されてから数週間たたないうちに、刑務所側が懲罰のために受刑者を収監する隔離棟がたちまち足りなくなった。

年長者は新人たちに自制を呼びかけ、さもないと刑務所が無法状態になってしまうと必死に説得を試みたが、若者たちは彼らにまったく敬意を払わなかった。もっと悪いことに、自制を促すなど、年長者は白人の手先になってしまったのではないかと疑いの目で見た。刑務所の組織と協調していくという考え方そのものが、ソウェト世代の若者たちには、理性でも経験からも受け入れられるものではなかった。体制側と協力関係を築く戦略などまったく信じられないことを、身をもって感じていたからだ。そんな戦略は本土では通用しなかった。それをなぜロベン島で実行しなければならないのだ？

それまでに受刑者たちは新入りに対して、投獄されたことのよい面を見て、島で過ごす時間を闘争に備えるために利用することだ、と諭そうとしたが、それを聞いた若者たちは年長者の真意がはかれず、本気で自由のために闘う気持ちがあるのかと疑った。新入りの多くにとって刑務官や監督官に殴られながら殴り返さないことは敗北を意味し、変革への希望を捨てたのも同様だった。

ソウェト世代がやってきたことで受刑者たちの結束が一気に崩れ去ろうとしていた。ソウェト世代以前から島にいた受刑者たちと、同じ政治団体に所属しているわけではなく、また同郷でもない若者たちが大多数を占めるようになり、コミュニティには亀裂が走った。収容棟内は初期のころのように過密状態となった。若者と年長者がぴったりくっついて眠らなくてはならなくなり、穏やかに団結していた受刑者コミュニティに、グループや派閥が数多くできて互いに反目しあうようになった。

すでに刑務所内にあった政治団体は、新しいメンバーの獲得に躍起になった。新入りたちの政治指向ははっきり定まらず未熟であることが多かったので、アフリカ民族会議とパンアフリカニスト会議の先輩メンバーたちはそれぞれの団体への支持者を勧誘する活動を始めた。

一九六〇年代に収監された受刑者たちは、すでに特定の政治団体に加入していたものが大半だったので、勧誘は大きな問題にならなかった。だが今度は新メンバーを獲得できるチャンスがある。新入りメンバーの奪い合いから喧嘩が頻発し、刑務所内はこれまでにない雰囲気に包まれた。どんな問題を話し合っていても、必ず政治的な見解の相違をめぐる喧嘩になってしまうので、話し合いそのものが成り立たなくなっていった。誰もがすぐに頭に血がのぼった。受刑者コミュニティの雰囲気は一晩で激変したように思えた。

このときも第一世代の受刑者たちはソウェト世代に、交渉のスキルを身につけ、収容棟の団結と協力の精神を取り戻す努力が必要なのだ、と説いた。長期刑に服している受刑者たちは新入りに対して、弾圧者の上手《うわて》を行くようでなくてはならない、またどんな困難にもめげずに島で自分たちの潜在能力を何倍も引き上げなくてはならない、と説得した。刑務所の管理体制に協力することは、自分たちの生活を向上させ、拘留期間をよりよく生き延びるための戦術なのだ、ということを新入りに理解させるのはもっと困難だった。

ソロモン・マブゼは一九六三年に国家転覆罪の罪状で十五年の禁固刑を申し渡され、ロベン島に収監された。マカナサッカー協会の運営に積極的にかかわり、収監されている期間ずっと規律委員会の中心メンバーとして活躍した。年長の受刑者たちは体制によって骨抜きにされた、と新入りたちが思いこんでいることをソロモンは確信した。年長者たちが、刑務所の体制を自分たちに都合よく利用することを学んだ老練な政治家であることがわかっていない。

トニー・スーズやセディック・アイザックスをはじめとする友人たちに、新入りを教育することがわれわれの世代の責任である、とソロモンは話した。教えるのは、「敵は外に在り」という古参兵の格言である。島にいる間に自由への闘争のために闘い勝利することは不可能だ。今、ここでできるのは、生き延びて、釈放されたときに闘争を続けられるようによりよい準備をしておくことだ。

それはソロモンたちの世代の哲学だった。その背後にある政治家としての知恵を新入りに理解させるためには、努力を傾け、忍耐をもって接しなくてはならない。十年以上前には、マーカス・ソロモンをはじめとする世代が、年長者だったハリー・グワラのような男たちから同じように知恵を授かった。ソウェト世代はマーカスの世代よりも忍耐が足りず、年長者に対する敬意の念もない。

一九六〇年代から七〇年代の初めまでに、受刑者たちがどんな闘いを経験してきたかを若手が理解するまで何ヵ月もかかったが、しだいに若者たちは年長者と話をするようになった。そして二つの世代に橋をかけるうえで、またもサッカーが重要な役割を果たした。

最初、若者たちは年長者が成し遂げた二つの大きな仕事——刑務所の収容棟の建設とスポーツ競技の設立——を嘲笑していた。

新入りたちは年長の受刑者が収容棟を自分たちでつくり、しかもそれを誇りにしていることが信じられなかった。トニー・スーズはそれを知って傷ついた。収容棟の建設を通してトニーは石工の技術を身につけ、それが彼の大きな精神的な支えになっていた。仲間たちもトニーの優れた技術を認め、誇りを理解していた。

トニーがもっと気に入らなかったのは、サッカーをする権利を獲得するために先輩たちがどれほどの犠牲を耐え忍んだかを少しも知らないまま、さも当然のように若者たちがボールを蹴ることだった。年長者のおかげでできるようになったスポーツを、若者たちがあたりまえの権利として存分に楽しみながら、プレイする権利をめぐって刑務所側と交渉したことで年長者を裏切り者呼ばわりをするのが、トニーには許せない。サッカーをはじめとする娯楽は、先輩受刑者たちが刑務所側におもねってやらせてもらっているにちがいない、と若者たちは決めてかかっていた。

ところが、サッカーのピッチ上では若者と年長者は互いにあらたな尊敬の目で見るようになった。新入りがクラブを活性化したことはまちがいなかった。若く、体力があり、サッカーをやりたくてたまらない新入りの加入で、五つのクラブはチーム力を上げ、サッカーの質も試合のレベルも上がった。新入りのなかでもトップレベルのプレイヤーたちは、当然自分たちが年長のプレイヤーを圧倒する、と信じていた。ところがそうはならなかった。

ピッチ上ではおもしろい現象が起きた。年長のプレイヤーたちは全員が誇りをかけて、新入りに自分たちもまだまだやれるところを見せようとがんばった。彼らのリーグであり、彼らのチームであり、やすやすと先輩の座を明け渡すつもりはない。トニー・スーズのようなエリートのプレイヤーたちは以前より一生懸命トレーニングし、戦術を熟考し、経験をピッチ上で最大限生かして試合を仕切った。

年長のプレイヤーたちの能力の高さに驚いた新入りたちは、それまでの態度をあらため、一目置くようになった。年長者のプレイと競技の運営ぶりに、新入りは年長者を初めて尊敬の目で見た。一人の若手受刑者の言葉がその気持ちを代弁する。「われわれ新世代にはエネルギーがあったが、年長者の年齢を感じさせないプレイには感嘆し、しだいにその話に耳を傾けるようになった」。年長者の知恵と経験を、ようやく若者たちは認めた。

反対に、年長者は資質がある若手プレイヤーたちのサッカーの才能を称賛した。そんな若者の一人が「恐怖王」レコタである。本名はパトリックというが、誰も彼をその名前で呼ばなかった。年長受刑者の多くは「恐怖王」というあだ名はその激しい闘争心からくるのだと推察したが、そうではなかった。ゴールキーパーにとって「恐怖」のフォワードだったためについたあだ名だ。得点能力の高さゆえに、敵でも味方でも一緒にプレイするものたちにとって特別な存在だった。

恐怖王レコタはすぐに年長の受刑者にとってどれほどサッカーが重要かを理解し、試合は「自由を奪われた場所で、自由を感じられる時間」なのだと認めた。新入りのなかで、島でサッカー競技を再興し、組織を立て直すことが受刑者コミュニティにとって非常に重要だと見抜いたのはレコタが最初だ。彼の考えに同調した仲間たちは、プレイの質を上げてもっと走れるようにと、それまで吸っていたタバコをやめ、サッカーに真剣に取り組むようになった。

二〇〇八年、有名政治家となった恐怖王レコタは南アフリカ国防相となった。その前には自由州の知事をつとめたこともある。彼は島でサッカーが担っていた役割の重要性を振り返って、「サッカーなしにはわれわれは落ちこんでいただろう。サッカーによって精神的に救われた」と語っている。

レコタと並ぶ若手の優れた選手が、トーキョー・セクワレだ。アフリカ民族会議の活動家であるトーキョーは、パワフルなミッドフィルダーでリーダーシップがあった。のちに南アフリカの第一線の政治家となり、ビジネスマンとしても活躍する彼は、島のサッカー仲間に、サッカーをやることで自分の弱さを認識し、他者を尊ぶ気持ちがつちかわれる、と話した。そんな考え方を学んだおかげで、収監される以前には考えもしなかったが、レフェリーの仕事で何が重要なのかに気づいた。「結局誰かがやらなくてはならない仕事だ。笛を吹くのは勇気がいるが、秘訣は完璧にしようとは思わずに、ただ試合のなかで最善を尽くそうとすることだ」と話した。

相互への敬意が深まるにつれて、年長の受刑者は採石場での昼休みにケープタウンの街と本土を眺めながら、お気に入りのクラブの現況について若手にいろいろ質問した。とくに興味を持ったのが黒人の「スーパークラブ」の発展についてである。現在、世界的にも有名なカイザー・チーフスだ。以前にパイレーツで伝説的なストライカーだったカイザー・モタングに刺激されてできたクラブ、カイザー・チーフスは、非常に優れた実績を上げているサッカークラブをモデルにして運営されていた。モタングがかつて所属していた北米サッカーリーグ（ＮＡＳＬ）のアトランタ・チーフスである。

年長者たちはかつて知っていたころと黒人居住区のサッカー文化が様変わりしたと聞いて驚いた。カイザー・チーフスのサポーターはみな若く、カウンターカルチャーの影響を受けて服や行動が流行の最前線を行っている、と若者たちは先輩に話した。サポーターたちは二本指を立てるピースサインで応援し、アフロヘアにベルボトムのパンツをはき、目が覚めるほどの派手なワイドカラーのシャツを着ている、という。カイザー・チーフスには若い世代の黒人ヒーローである攻撃的ミッドフィルダー、エース・ンツォレンゴがいて、超人的なボールさばきとドリブルで若者たちを魅了するアイドルになっていた。

年長者と若手の二つの世代に同族意識が芽生えるにしたがって、コミュニティとしての一体感が戻ってきた。タイミングはよかった。受刑者にあらたな弾圧が加えられ、団結が非常に重要になったからだ。

アパルトヘイト体制はソウェトと各地の黒人居住区での蜂起に大きな衝撃を受けた。一連の事件に、政府はよりいっそう厳しい弾圧と残虐行為で応えた。刑務所内の職員も同様の姿勢で受刑者にのぞむよう命じられた。

ロベン島の刑務所長は新しい問題に直面していた。受刑者の急激な増加と、一部の受刑者たちの好戦的な態度である。均衡を保って平穏だった刑務所は、受刑者コミュニティ内部でも、受刑者側と刑務所側との関係も大きく動揺した。受刑者の数があまりにも増えたし、政治派閥も多すぎる。

所長はスポーツが亀裂の原因になり、過密状態になったことで刑務官のコントロールがきかなくなる騒動が起きかねないと不安を抱いた。上級職員のなかには、受刑者コミュニティが分裂すれば、これまであまりにも特権を与えすぎて安逸になっていた刑務所生活を厳しく締めつけるいい口実になる、と考えるものもいた。そうなれば生意気な若手受刑者を殴るチャンスだ、と看守の多くは喜ぶだろう。刑務所長は時限爆弾の上に座っている気分だった。年長と若手の受刑者の関係が改善されていることをわかっていなかった所長は、行動を起こすと決めた。

最初に、スポーツをプレイするのも試合観戦も含めて、いちどきに外に出られる人数を厳しく制限すると決めた。タッチライン際で観戦できるのは、収容棟ごとに五名までに限定される。マカナサッカー協会の古手幹部は、そんな命令を唯々諾々とのむわけにはいかなかった。セディック・アイザックスは刑務所側に譲歩を求めて働きかけ、若手に交渉の重要性を見せておこうとした。

セディックは刑務所長に対し、ファンは非常に行儀よく観戦しているし、質の高いプレイを見たいだけなのだ、と言って、試合をしているクラブのファン全員が観戦できるように配慮してもらいたい、と要求した。また今では新しい競技や種目が増え、当然参加者も増加したから、レクリエーションとしてより多くの時間が必要になっている、と強調した。セディックは、人数制限された現状で受刑者たちは欲求不満がたまっているから、毎週のレクリエーションを三時間に増やすことを許可してもらいたい、と所長に訴えた。言いたいことははっきりしている――受刑者をこれ以上押しこめて、試合観戦の人数制限を厳しくすれば、所長はもっと刑務所内秩序を維持できない手に負えない問題を抱えることになる、ということだ。

もっと現実的な問題として、セディックは所長に、数ヵ月前、新入りのプレイヤーたちのためにウェアと靴をケープタウンのスポーツ店に注文すると約束したことを指摘した。刑務所支給の靴でサッカーをするのはよくないし、新しいクラブが自分たちのウェアでプレイできれば試合はもっとおもしろくなる。マカナサッカー協会の発足時に、わびしい囚人服以外の服を着ることでどれだけ気分が高揚するか、と刑務所側を説得したことをセディックは思いだした。

この交渉によって、権力を握る側を動かすための働きかけ方を若手は学んだ。セディックの申し出に、所長は妥協案をつけてきた。収容棟のブロックごとにクラブをつくってリーグ戦を実施するように、組織を再編することである。ブロックごとにピッチをつくり、用具をそろえて、ブロック内だけで行なうのであれば許可しよう。

この妥協案を受刑者はのんだ。何事もギブ・アンド・テイクだ。スポーツ競技を続けられて、より多くの観戦者が試合を楽しめるのであればいい、と受刑者たちは考えた。そこでコミュニティは四つのブロックに分けられた。サッカー、ラグビー、テニスからボードゲームにいたるまで、各収容ブロックで新しいクラブが結成されたおかげで多くの男たちが参加を望み、島のスポーツや文化活動は活性化した。

若手がとくに楽しみにし、多くの参加者や観客を集めた活動がある。参加者には助言や応援する声が飛び交った。男たちが顔を輝かせたのは、サッカーでもラグビーでも陸上競技でもなく、モノポリーだ。社会主義を強く信奉する男たちが大半を占める島で、皮肉なことに、資本主義のどん欲さを競い合うボードゲームが一番の人気となった。元受刑者は「ロベン島の政治囚ほど、モノポリーでだますのがうまかった人たちはいない」と言っている。

ソウェト世代は、前の世代がスポーツを根づかせるのに闘ったことがわかってからは、勝ち取った権利を失うようなことだけはしてはならないと誓った。団結力がすべてだ、と彼らは理解するようになった。受刑者が勝ち取った権利を脅かす行為を、一人でも許してはいけない。スポーツ、とくにサッカーには人を一つにまとめる力がまだあった。

新入り受刑者は先輩を尊敬するようになったが、一方でコミュニティの活動の主導権をスティーブ・チウェテやセディック・アイザックスなどから若手が引き継ぎ、世代交代を進める必要があった。サッカー競技を運営し、組織を維持して、刑務所当局との交渉にあたる人材は新入りのなかから生まれなくてはならない。

それについても過去十五年以上にわたって受刑者が試行錯誤の末編み出した策がとられた。収容棟ブロックごとに委員会を設置して、起きた問題に直接対処し、刑務所側と交渉する、というやり方だ。サッカーで起きた問題に対処するために、あらたに「抗議規律委員会」が設置された。この委員会のメンバーは、レフェリーが判定したゴールでも、論議を呼ぶようならピッチに入って試合の中断を要求することができる。現在、ＦＩＦＡやＵＥＦＡが採用しているハイテク技術による判定ではないにしても、少なくともレフェリーもミスをおかすことがあることを認めたうえでの対処法であることには変わりない。

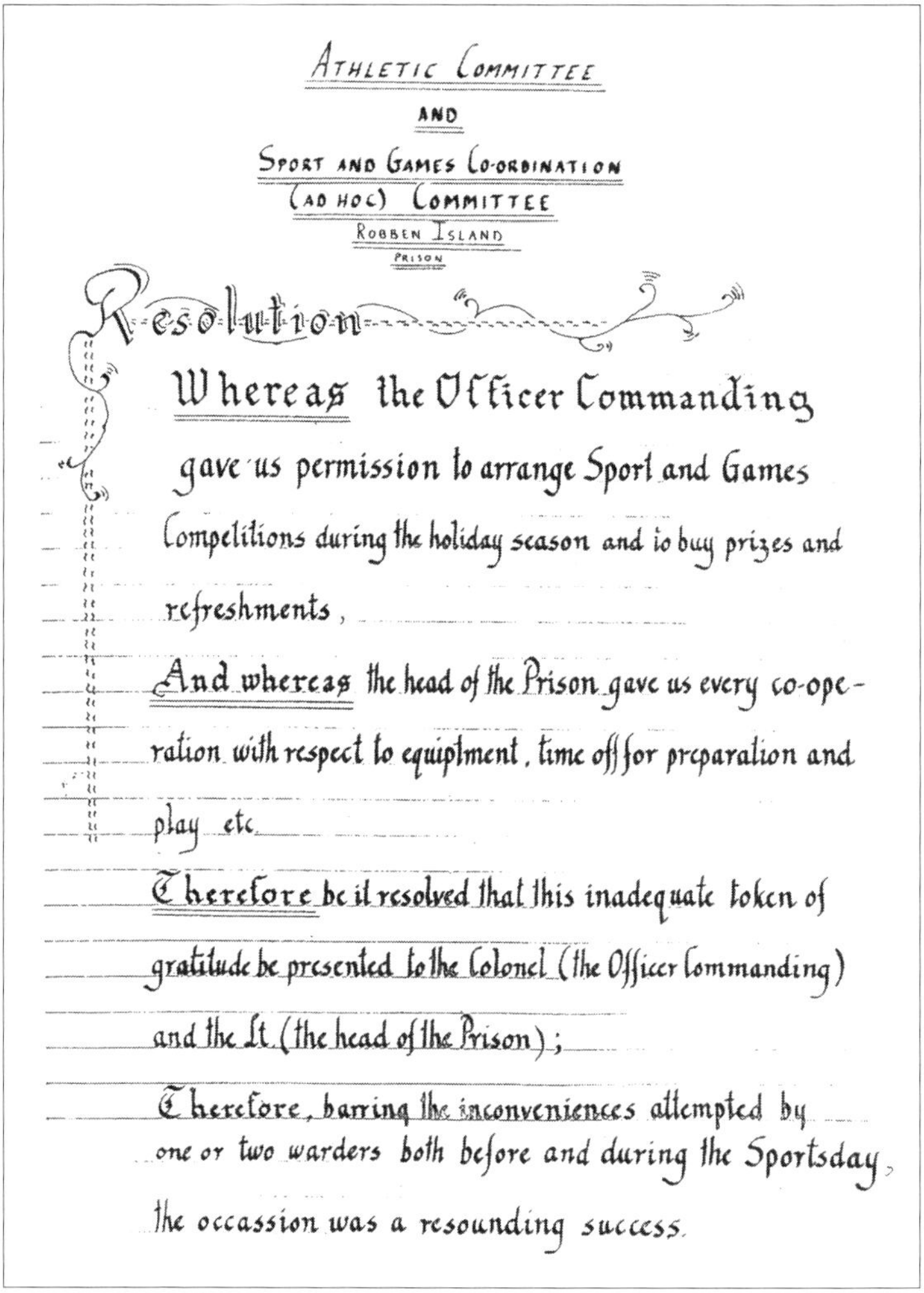

ATHLETIC COMMITTEE

AND

SPORT AND GAMES CO-ORDINATION

(AD HOC) COMMITTEE

ROBBEN ISLAND

PRISON

Resolution

Whereas the Officer Commanding gave us permission to arrange Sport and Games Competitions during the holiday season and to buy prizes and refreshments,

And whereas the head of the Prison gave us every co-operation with respect to equiptment, time off for preparation and play etc.

Therefore be it resolved that this inadequate token of gratitude be presented to the Colonel (the Officer Commanding) and the Lt (the head of the Prison);

Therefore, barring the inconveniences attempted by one or two warders both before and during the Sportsday, the occassion was a resounding success.

ロベン島刑務所長に宛ててセディック・アイザックスが持ち前の交渉能力を発揮していることをうかがわせる手紙。スポーツ大会で賞品を出すことを許可してほしい、スポーツをするための設備や時間を充実させてほしい、と要求を書いたあとで、「スポーツデイの前またはその最中に、数人の看守が妨害しようとするのを禁止していただければ、めざましい成功をおさめることでありましょう」と皮肉ともとれる一言を書き添えている。

サッカー以外の競技でも新しいリーダーの登場が求められた。ムレキ・ジョージは一九七八年ロベン島に収監されるまで、本土で二年間にわたってボーダー・ラグビー組合の会長をつとめていた。ムレキが島にやってきたとき、サッカー以外のボール競技はあまりうまくいっていなかった。一九七六年以降ラグビーは衰退していく一方だったが、原因は島に送りこまれる受刑者の大半が、サッカーが盛んな地域の出身者でしめられていたことにある。ムレキは島のラグビー人気を取り戻すために力を入れることにした。

そのために彼は妙案を思いついた。クラブの練習時間を確保するために先輩たちが編み出した「越境」の戦術を利用することだ。各収容棟でラグビー競技に興味があるか、プレイしてみたいという受刑者たちを一つの収容ブロックに集め、対抗戦が組めるだけの人数をそろえてトレーニングのために「合宿」を敢行したのだ。

新入りのなかには「アフリカーナーのスポーツである」とラグビーを忌み嫌い、プレイはおろか観戦さえも拒否するものがいた。だが一方で、やったことがなくてもチャレンジするものもいた。恐怖王レコタの仲間の一人は「ラグビーのことなどまったく知らなかったが、やってみたらスターになった」そうだ。

ソウェト世代が前の世代から受け継ぎ、とりわけ楽しんだイベントが、年一回開催される夏季体育祭、もしくはロベン島オリンピックである。一九八〇年代にスポーツ活動に熱心にかかわった元受刑者の一人は、オリンピックは一年でもっとも感動的な行事だった、と話す。若い世代はこの行事に夢中になった。翌年の一月に開かれるオリンピックに備えてのトレーニングは九月から始められた。能力別にプログラムが組まれるために、あらゆる年齢層がイベントのために身体を鍛えて参加し、収容棟ごとに一、二名が記者役となって行事について記事を書き、全員がふさわしい評価を得られるように配慮した。ほかのレクリエーション活動は各収容棟ブロックで分かれて実施されていたが、夏季体育祭だけは全受刑者が一堂に会して開催できるように、刑務所側に強く求めた。

新たに設置されたスポーツ委員会の一つは、刑務所長に宛てて「全収容棟ブロックが参加する総合的な夏季体育祭とするための緊急要請書」を送った。要請書の文言は開催時期となる年末年始の話から始まる。

クリスマスは楽しい行事で、世界各地で人々は集まって祝います。クリスマスは人々がつどう日なのです。われわれがいるロベン島の小さな世界でも、クリスマスを祝い、加えて体育祭を通じて人々が一緒につどうことが必要です。クリスマスは親善のシーズンです。そこで受刑者全員が夏季体育祭に一緒に参加して親善をはかることを許可いただくよう、緊急に申し入れます。

だがこの委員会はただ感情に訴える文言だけにとどめなかった。収容棟ブロックごとに活動せよと命じたとき、刑務所の管理者はピッチや用具を十分に確保すると約束したにもかかわらず、いまだに設備は十分ではなく、それが「プレイにも活動に注ぐ情熱にも」水を差している、と訴えた。

サッカーのピッチはすべての収容棟ブロックにはなく、テニスコートがないブロックもいくつかある。設備を数ブロックで共用している状態では、全員が活動に参加できない。それに夏季体育祭を監視するにあたって、十分な警備ができない収容棟ブロックがある。収容棟によっては「刑務所側の都合で五人しかいないところ」もある。収容棟ブロック全体が一緒にスポーツ競技を行なうことで、刑務所職員の手が足りないという問題もある程度解決し、年末年始の休暇をより多くの刑務官や看守に与えることができるのではないか、と委員会は指摘した。すぐあとに、この指摘は刑務所の職員の管理を問題にしているのではない、刑務所長の運営能力は「まちがいなく優れている」と持ちあげるのも忘れなかった。

要請書は、刑務所長がこの申し出を許可してみなが一緒に集まることができれば、「ミニオリンピックの精神に、クリスマスの親善の雰囲気が加わって」すばらしい体育祭になるでしょう、と結ばれている。刑務所長は以前に二つの収容棟ブロック間のスポーツ交流を許可したことがあり、それは「何の問題もなく整然と」行なわれたことを、委員会は思い出させた。最初のころはただ刑務所側に反抗するしかなかったソウェト世代が、第一世代から学んだ交渉技術をうまく使うようになったことを証明する文書だった。

刑務所長は、いったん決めたことをくつがえせないと返答してきた。スポーツ委員会はなおもこの要求を強く申し入れ、Cブロックには年長者が多すぎて、種目によっては成立しないものがある、と訴えた。スポーツの大会であるという趣旨を通すためには、CブロックをEやFブロックと合体させて、年齢をならす必要がある。だがこの訴えも功を奏さず、結局夏季体育祭はブロックごとに開催された。

この件では主張を認めさせることに失敗したが、サッカーやほかのスポーツの新世代の運営者は、交渉によってのみ問題は進展するという信念をいっそう強くした。やがてソウェト世代は組織の運営にも手腕を発揮するようになった。前の世代の成功と失敗に学んだ新世代は、島のスポーツの合理化もはかった。

一九八〇／八一年シーズンの始まりにあたって、さまざまなスポーツ競技の委員会が集まって、収容棟ブロックごとの差や問題を解決するための話し合いの場を持った。委員会は一致して、スポーツ競技ごとに統括団体を持つ現在の機構を廃止することにした。より効率的な運営をめざして、統括団体の解散を決めるのはめずらしいケースだ。かわりに、より柔軟な五人制の委員会、ジェネラル・レクリエーション・コミッティ（GRC）が設置され、島で行なわれるすべてのスポーツの運営と企画を統括することになった。

GRCが最初に直面した問題は、前の世代も経験したことだ。それぞれの委員と委員会の責任分野と権限を明確にし、必要な定期報告と定例委員会をどのように実施していくか、という問題だ。決定にあたってある種の法律尊重主義が貫かれ、細部にいたるまで煮つめられた。そのやり方はモセネケやマレペといった前の世代のつわものたちもきっと感心するにちがいないほど徹底していた。受刑者コミュニティにおける委員会の役割を、GRCは以下のような宣言で明確にした。

ジェネラル・レクリエーション・コミッティの任務は、スポーツの分野で刑務所当局と健全な関係を維持していくことにある。もっとも重要な点は、ＧＲＣがあらゆるスポーツを代表し、スポーツ競技が円滑に運営されるための会議である、という趣旨を明確に示すことにある。ＧＲＣは各スポーツの利害に左右されない独立した立場をとる。

前の世代から引きずっている問題に、新しい委員会のメンバーたちも対処が迫られた。委員会は財務管理と刑務所側への報告の業務に対応しなくてはならなかった。刑務所側はスポーツ用具とレジャー用品について完璧な財務報告書の提出を要求し、たとえば注文した品がなぜまだ届かないのかといったことにも説明することを求めていた。インドレス・ナイドゥやマーカス・ソロモンが管理していたころと一つちがうのは、扱われる金額が以前とは比較にならないほど多額になったことだ。マカナサッカー協会の所属クラブ数が最大だったころ、総支出は二〜三〇〇〇ランドほどだった。一九八一年、ＧＲＣの支出は一万一〇〇〇ランドにのぼり、収支決算して八一六四ランドを繰り越して預金された。受刑者も支出していたが、そのころには外部からの出資がきわめて多額になっていた。赤十字は一万五〇〇〇から二万ランドを、スポーツとレクリエーションの用品代として寄付していた。刑務所側も国の予算のなかからある程度まとまった金額を取るようになっていたために、新しい委員会はこの金を渡してくれるように何回も頼みこまねばならなかった。委員たちが要求するたび、刑務所側は「官僚体制のせいで資金がなかなかおりない」と説明した。一九八一年、わずかに、一六〇〇ランドが手渡された。受刑者たちが期待していたのは二万五〇〇〇ランドだった。

委員会は一年以上前に、プレトリアにある刑務所を統括する法務当局に、受刑者のスポーツとレクリエーションの要求を満たす責任が国にはあるはずだが、いまだに金が送られてこない、と抗議の手紙を送っていた。国の怠慢せいで、GRCは運営費をまかなうため、預金の利子を引き出さなくてはならない。

収容棟ブロックに一通のメモが回された。「テレビとビデオデッキ購入にあてるための予算を国が出さないというあきれはてるニュースを知らされ、GRCがその金を工面することになった」という内容だ。

島のスポーツとレクリエーションがいかに大きく変わったかを示す内容だ。セディック・アイザックスやインドレス・ナイドゥが知ったら仰天しただろう。GRCが扱う多額の予算、国からの支給額が受け取れないことに対する委員会の怒りだけでなく、テレビとビデオデッキの購入が許されたという事実にも、第一世代たちは耳を疑ったはずだ。

刑務所の規則が変わり、新しいテクノロジーが導入されたことで、ロベン島の生活は大きく変わった。それまで受刑者たちが耳にするスポーツをはじめとする情報は、こっそり持ちこまれる新聞と、本土と行き来している人に聞く話だけが頼りだった。一九七八年、刑務所当局は受刑者にラジオを聴くことを許可した。大部分が検閲されていたが、内線回線を使ってラジオが放送されたのだ。刑務所側が自分たちを落胆させるように意図的に番組内容を選んでいると多くの受刑者が感じたが、彼らはたちまち放送された内容の行間を読む術を見出し、検閲された部分を推理できるようになった。そうやってスポーツの国際イベントで南アフリカがボイコットされたニュースを知り、経済分野でも海外からの投資が引き揚げられていることや新規投資の見直しの動きがあることにも気づいた。そういったニュースに受刑者たちは大きな希望を持ち、反アパルトヘイト闘争がきっと進展するにちがいないと確信した。一九八〇年、カテゴリーAに属するもっとも優遇される受刑者グループは新聞を購入することも許可され、検閲を受けない新聞が島に届けられるようになった。この特権を享受できるのは少人数に限られたが、新聞に書かれた内容はたちまちコミュニティ全体に伝えられた。

スポーツ活動を統括する委員会は、ほかにも数々の責務を果たすようになっていった。定期的に映画鑑賞会が開催され、委員会はスポーツにあてられる時間を削ることなく大勢が映画を鑑賞できるように、レクリエーションの時間を増やしてもらうよう刑務所側と交渉した。また受刑者たちのレコード・コレクションがかなりの量になっていたので、委員会はレコード鑑賞のプログラムを組む仕事も請け負った。午前中はクラシック、週末にはジャズのレコードをかけることが総意で決まったが、全員の要望を認めるわけにはいかなかった。一人の受刑者は従兄弟に「ナット・キング・コールのレコードを聴いたけれど、シナトラの声が入っていて台無しだったよ」と書き送った。

刑務所当局のある発表によって、ロベン島全体に衝撃が走り、受刑者たちはいよいよ大きな変革が起きると希望を抱いた。それまで、南アフリカ政府はラジオ放送に厳重な検閲制度を敷いていたが、それを撤廃したのに応じて、ロベン島でも検閲を受けない内容の放送を流すことにした、と発表したのだ。

一九七四年に釈放された受刑者が、もし一九八〇年に島を訪れたら、まったく変わらない場面と、大きく変わった場面の両方を目撃しただろう。ピッチの場所は変わっていても、スポーツへの熱狂ぶりはかつてと変わっていない。クラブカラーや名前は変わり、プレイヤーは若くなり、収容棟ブロッ

ロベン島に収監された何百人もの政治囚たちの生活をよりよいものにしようと尽力した四人の功労者。左からリゾ・シトト、マーカス・ソロモン、アンソニー・スーズ、セディック・アイザックス。ロベン島への訪問客を運ぶ「マカナ号」の前での集合写真。

サッカーをプレイするだけでなく、クラブを維持するための事務的な仕事にも全員が誇りを持って携わった。これはマカナサッカー協会創設時からあるレンジャースFCのロゴである。

クごとにクラブが編成されて試合が行なわれていても、スポーツ、とくにサッカーでは変わらず団結力が見られた。

ロベン島はそれでも南アフリカでもっとも厳重な警備体制が敷かれている刑務所であり、プレトリアにある政府がもっとも恐れる敵が監禁されている場所だったが、本土で政治状況が根底から変わり始めた流れに応じて、島でもいろいろな面で変化が起きていた。

一九七〇年代末までに、初期の政治囚たちのほぼ全員が釈放されていたし、残ったものも島を去る日が目前だった。（ネルソン・マンデラをはじめとする終身刑を宣告されたものたちの釈放にはそれから数年かかった）。一九六三年と六四年に最長の刑期を言い渡された受刑者たちも一九七八年に島を去った。そのなかにはセディック・アイザックスとトニー・スーズもいた。ロベン島の元受刑者にとって、釈放は即自由の身となることを意味せず、本土に戻ってもいくつもの厳重な禁止令に縛られる。集会に参加することはできず、同時に複数の人間と話をするのも禁じられた。工場や学校など行ってはいけない場所が指定され、指定された地域以外の移動も禁止された。トニーとセディックは三年間にわたって定期的に警察に出頭しなくてはならず、夜間や週末など指定された時間帯は在宅が義務づけられた。イスラム教徒のセディックは、結婚式を挙げるモスクが指定区域外にあったために、自分の結婚式に出席するのでさえも当局の許可をとらなくてはならなかった。

禁止令はとりわけコミュニケーションの面で男たちに大きな打撃を与えた。本土に帰ってから元受刑者同士で連絡を取り合うことは、とりわけ厳しく禁じられていた。トニーとセディックは島にいる十数年間に大親友となって助け合ってきたが、釈放後は会うことはもちろん、電話をすることも手紙をやりとりすることさえもできなくなる。これまでもむずかしい問題を解決する道をなんとか探りだしてきた二人だから、禁止令をかいくぐって連絡を取りあう方法を見つけられるだろうが、連絡自体が違法行為となり、逮捕や投獄の危険さえもともなうことに気づいた。

二人の釈放は別々の日だった。将来何が待ち受けているかわからなかったが、楽観的に考えられる余裕が二人ともにあった。ロベン島での苛酷な生活を生き延びただけでなく、二人ともうすぐ実現できるにちがいないアパルトヘイト体制後の南アフリカのために存分に働ける体力も気力もある。二人は近代スポーツの歴史に刻まれる偉業を島で達成した。何もないところから献身的な働きでリーダーシップを発揮し、多くのすばらしい男たちに支えられて、あらゆる困難を克服し、サッカーを通してロベン島に自由の精神を吹きこみ、何千人もの受刑者たちに希望と気力と目的意識を与えた。

一九七六年にソウェト世代が大勢やってきたときにも、彼らをロベン島の環境に適応させるために働きかけ、次世代にバトンをつないだ。彼らが種をまいて育てたスポーツ競技の芽は、つぎの世代に守られてすくすく成長した。サッカー競技は一九九〇年に刑務所が閉鎖されるまで盛んに行なわれた。一九九〇年代初めにはついにアパルトヘイトが廃止され、南アフリカの輝かしい未来が約束されることとなる。多民族からなる民主化された共和国がそのとき誕生した。

刑務所でサッカー選手やスタッフとして活躍した受刑者たちは、プレイや組織づくりを通して知恵と技術を磨き、自信を身につけ、やがて新生南アフリカをつくり、運営していく重要なプレイヤーとなった。ロベン島では、サッカーは単にひとつのスポーツ競技以上の大きな意味を持っていた。

終章　島を出てから

闘うべき相手は外部にある、というのがわれわれの格言だった。将来に備えて、収監されたときよりよい状態で島を出なくてはならないのだ。

ソロモン・マブゼ（受刑者番号505／63）

トニー・スーズは一九七八年六月にロベン島刑務所から釈放されたあと、本土で美術工芸分野で学士号をとり、マーケティングと広告分野で修士号を取得した。刑務所当局からは大工の職業資格と証明書を授与されていた。数々の才能に恵まれたトニーだったが、仕事を見つけるのにはたいへん苦労した。採用しようとした雇用者が、国家機密情報局から彼の採用を見合わせるようにと何回も警告を受けたからだ。

ディハング・モセネケの父のおかげで、ようやくプレトリアのアッテリッジビルにあるンコモ高等学校に教師の職を得た。学校の校長だったディハングの父が、自分の首をかけて彼に経済と英語を教える個人教師のポストを与えたおかげだ。しかし、わずか六ヵ月しか続かなかった。地域の教育委員会が彼を首にするようにモセネケ校長に命じたためだ。生徒が「望ましくない人物」と接触していると考えたものがいた。学校の理事会を含めて、さまざまな方面から抗議の声があがり、撤回要求が出されたが無駄だった。トニーは辞めざるをえなかった。一九九〇年代を通して、トニーは実業界で定職に就こうと奮闘し、二〇〇〇年にようやく商業施設の不動産業者として成功をおさめることができた。現在はプレトリアに住んでいる。

マーカス・ソロモンは一九七四年に釈放され、収監前と同様、天職と考えている、社会を変えるための仕事に戻った。だが以前とちがって、対象は子どもになった。一九七六年の暴動で、これまで考えられていた子どもの役割に対する考え方が南アフリカではもはや通用しないことに気づいた。彼はしばらく学校で教え、やがてほかの活動家たちと一緒に別の形での教育を実践する団体を結成した。マーカスと仲間たちが設立した子どもリソースセンター（ＣＲＣ）は、子どもたちのための社会活動の発足と活動継続の支援を趣旨とする。

マーカスは、南アフリカで反政府運動を大規模に展開してアパルトヘイトを終焉させ、民主化に大きな役割を果たした統一民主戦線（ＵＤＦ）のメンバーとして、一九八〇年代を通して熱心に活動した。一九九四年の総選挙後ようやく政治活動から解放されたと感じたマーカスは、全国的組織に発展していたＣＲＣの活動に全力を注ぐことにした。南アフリカだけでなく、欧州の基金や政府からもＣＲＣの活動資金を引き出した。スポーツはＣＲＣにおいて必須のプログラムで、マーカスは国や地方政府とともに、スローガンにとどまらずにスポーツを普及させるキャンペーンを張った。

リゾ・シトトは一九七五年に釈放されて本土に戻り、職探しを始めてから将来に暗雲がたちこめていることを思い知らされた。フォルクスワーゲン社に仕事を得たものの、わずか二週間で失業した。公安警察が会社を訪れて、リゾが政治的なアジテーターで仲間の労働者をあおって面倒の種をまく、と雇用主に忠告したためだ。リゾは自主退社を余儀なくされた。

一九八〇年に禁止令が解かれると、リゾは非合法な火器の所持で再逮捕され、一八ヵ月間の禁固刑となった。再び投獄されるよりパスポートなしで南アフリカを出ることを選んだリゾは、レソトに亡命した。ガールフレンドのマーガレットとレソトで落ち合って亡命し、二年後、二人はスウェーデンで乳幼児期発達の研究で奨学金を得た。結婚して一九九〇年に南アフリカに戻ったリゾは、五年間働いて資金をため、自分が育った黒人居住区に小学校に上がる準備のためのプレスクール（予備学校）を建設した。今日にいたるまで夫婦でそのプレスクールを運営している。

セディック・アイザックスは教師の仕事に戻れなかった。公安警察に何回となく就職を妨害された彼は、最後にやっとケープタウン大学で大学院助手の仕事につくことができた。禁止令が執行されている間に医学情報学の分野で博士論文を書き、グルート・スキュール病院とケープタウン大学医学部で研究員として働いた。南アフリカがようやくアパルトヘイトから解放されたとき、教授に昇進した。彼の研究は医学情報学の分野で広く知られていて、その分野の第一線の学会組織で南アフリカ代表理事と国際部門理事をつとめている。二〇一〇年にケープタウンで、医学情報学研究の主要な学会が彼の主催で開かれる。南アフリカが学問や文化活動の分野で国際社会からボイコットされる時代が終わり、ボイコットされる原因をつくったアパルトヘイトの犠牲者が、南アフリカにおける学問の世界で正当に認められて高い地位を得た。

インドレス・ナイドゥは釈放後アメリカ民族会議の仲間たちとともにモザンビークに亡命した。すぐに秘密警察の暗殺の標的となってつけ狙われた。何年かのちに国家機密情報局の上級幹部は、生き延びた彼に「おまえは幸運の星のもとに生まれてきたな」と言ったそうだ。インドレスには毒、蛇やサソリを使った暗殺が少なくとも四回は仕かけられた、という。

一九八二年、インドレスはアービー・サックスと共著で『島で鎖につながれて――ロベン島での十年』（*"Island in Chains: Ten Years on Robben Island"*）を出版した。本はいくつもの言語に翻訳され、脚本化されてラジオや舞台で上演された。言うまでもなく南アフリカでは発禁処分になったが、多くの本が内密に持ちこまれて広く読まれた。

ナイドゥがモザンビークで行動をともにした一人が、レンジャースFCのキャプテンだったジェイコブ・ズマだ。一九七三年に釈放されると、ジェイコブは二年間にわたって南アフリカ東部のクワズール・ナタール州に地下抵抗組織を立ち上げるのに奔走し、その後十年間以上、ソウェト暴動後に南アフリカから亡命した若者たちをスワジランドとモザンビークで訓練した。

ジェイコブは一九七七年にアフリカ民族会議の全国執行委員に選出されていて、一九九〇年にアフリカ民族会議の活動禁止令が解除されると、副事務総長に任命された。二〇〇七年、ジェイコブ・ズマはアフリカ民族会議の議長に選ばれ、二〇一〇年のＦＩＦＡワールドカップ開催国の決定にも尽力した〔訳注／ジェイコブ・ズマは二〇〇九年南アフリカ共和国大統領に選出された〕。

島のスポーツの重要な顔だったスティーブ・チウェテは一九七八年三月に島を去った。その後アフリカ民族会議のザンビアにおける軍事部門で軍事統制委員に就任した。それから数年間、スティーブ・チウェテはアフリカ民族会議のリーダーと南アフリカの白人の重要人物の間を取り持つ交渉の裏方として奔走し、平和な民主主義国家へと導く道筋をつけた。

ロベン島でサッカープレイヤーとして、またクラブの運営面で活躍したスティーブは、民主化を果たした南アフリカでその経験を生かした。初代スポーツ・レクリエーション大臣となったチウェテは、南アフリカのスポーツ界における人種統合を推進するキーマンとなった。たやすい仕事ではなかった。何十年にもわたる人種分離政策は人種間に不信と怒りを植えつけ、南アフリカの歴史上、人種を越えてスポーツ競技の運営を管理する団体を一本化するのは初めての試みだった。

南アフリカは国際クリケット協会を説得して再び国際試合の舞台に立てるようになったが、民主化したばかりのころは相変わらずフィールドに立つのは白人選手のみだった。当時、スティーブ・チウェテは、南アフリカのクリケットは「成長するために酸素を必要としている胎児」のような状態で、「今、窒息させてしまうとたいへんなことになる」と参加要請の理由を説明した。

一九九五年、チウェテはラグビー・ワールドカップの南アフリカ開催にあたって主導的な役割を果たした。その説得力のおかげで、スポーツ団体の役員たちからは「理性の声」と呼ばれた。南アフリカで反アパルトヘイト運動を繰り広げ追放されたサム・ラムザミーは、南アフリカをスポーツの国際試合からボイコットするように扇動した一人だったが、南アフリカ・オリンピック委員会の会長に就任したとき、チウェテに敬意を表して「ミスター調整」とあだ名をつけた。そのあだ名はすぐに定着した。チウェテはその後、治安・保安相に就任し、さらに重い責務を負った。

病に倒れてまもない二〇〇二年四月二六日、スティーブ・チウェテはプレトリアで死去した。新生南アフリカ誕生を祝う「自由の日記念日」の前夜だった。

ハリー・グワラは一九七四年に釈放されたのち、東部のピーターマリッツバーグに戻った。教師の仕事も労働組合の活動も禁じられたハリーは、クリーニング屋を開業して生計を立てた。すぐにアフリカ民族会議の活動に戻った彼は、クワズール・ナタール州の地下組織活動を立て直すのを支援したが、公安警察に目をつけられて、まもなくロベン島に舞い戻った。

二回目の禁固刑を終えて釈放されたハリーは、運動ニューロン病と診断されて今度は病と闘わなくてはならなくなった。ところが両腕が麻痺した状態にもかかわらず、なおも不動の信念でアフリカ民族会議の幹事長に就任した。わずか一年後、ハリー・グワラは病に屈して亡くなった。葬儀のとき、ネルソン・マンデラは「歴史をつくった、真に偉大な人物であった」と彼を称えた。「コミュニストの老レフェリー」に弔意を表して、国じゅうで新生南アフリカの半旗が掲げられた。

ディハング・モセネケは釈放されて本土に戻ると、法曹界と実業界の両方でキャリアを築き、南アフリカでもっとも尊敬される指導者の一人となった。黒人法律家協会の創設メンバーであり、一九八三年に法曹界に入ると、ヨハネスブルグとプレトリアで弁護士として働いた。一九九三年に民主化南アフリカの憲法起草を支援する委員会のメンバーに任命され、やがて最初の民主的選挙を実行する独立選挙委員会の副議長となった。モセネケは南アフリカ共和国の最高裁判所である憲法裁判所の副判事にまでのぼりつめた。

同時にモセネケは南アフリカの実業界を引っ張るリーダーの一人でもあり、テルコム・南アフリカ、アフリカ商業銀行、メトロポリタン・ライフ、アフリカ投資銀行の代表取締役をつとめ、国の数々の主要企業の役員にも名を連ねている。

トーキョー・セクワレはソウェト世代でサッカーにもっとも熱い情熱を注いだ一人だ。一九九〇年に釈放されると、すぐに本土でアフリカ民族会議の上級幹部となった。一九九四年、南アフリカの最大州であるハウテン州の議長になった。

セクワレは実業界進出をはかって、一九九八年に政界を去り、現在は南アフリカの石油とダイヤモンド採掘事業の第一線で活躍している。二〇〇五年、南アフリカ版のリアリティ番組『アプレンティス』〔訳注／ホスト（司会役）をつとめる実業家が経営する会社で、主要幹部として働く人材を決める過程を追う視聴者参加の双方向番組〕のホストをつとめた。二〇一〇年南アフリカで開催されるＦＩＦＡワールドカップの組織委員のメンバーもつとめている。

セクワレとともにアフリカ民族会議のトップの座についたのが、刑務所でセクワレのサッカー仲間だった「恐怖王」レコタで、彼は一九九七年に議長に就任した。レコタは一九九九年に国防相に任命され、チウェテに続いてロベン島のサッカー選手が南アフリカの閣僚に就任したことになった。

一九七三年、マーク・シナーズは従兄弟のディハング・モセネケと同日に釈放された。一九七六年六月のソウェト暴動で、彼は再び闘争に身を投じた。彼は仲間の一人と暴動の現場に何回も出かけて、軍隊や警察と正面から対決してはとうてい勝ち目がないから撤退するようにと、集まった学生たちに説得を試みた。石と勇気だけでは、オートマチックの銃と殺戮命令には勝てない。そんな活動の結果、一九七七年一月、彼は公安警察に再逮捕されて、テロリズムに加担した罪状で起訴された。裁判前の拘留中に拷問を受けた彼は、ハリー・グワラやほかの数人とともに再びロベン島に送られた。

二回目の釈放後、マーク・シナーズはパンアフリカニスト会議の活動を再開した。自由で民主的な南アフリカの新憲法作成にあたって交渉役をつとめたことから、シナーズはパンアフリカニスト会議の代表者の一人となった。

一九九七年六月、ソウェト蜂起で逮捕、起訴された人たちを裁いたベセル裁判を告発する「真実と和解委員会」においてシナーズは、裁判で被告人となった男たちが肉体的、感情的にどれほど苛酷な拷問に耐えたかについて当事者として証言し、社会に大きな反響を呼んだ。自殺と報告され、拷問によって殺された事実が隠ぺいされた仲間たちの名前をシナーズはつぎつぎに読みあげた。ベゼル裁判は非公開で行なわれる茶番劇に過ぎなかったと証言し、生きている価値がない危険分子だ、と決めつける人たちの手に、文字通り人の命が委ねられてしまうときの気持ちを訴えようとした。

シナーズは「真実と和解委員会」の冒頭陳述で、ベゼル裁判では、「アフリカの人々が弾圧と不正を受け入れず、自分たちは人間以下だと思いこませるよう意図的につくられた環境では生きていくまいとした」ことがはっきり表明された、と述べた。彼と仲間たちが二十五年前に、ロベン島でサッカーをする権利を勝ち取った闘争で見せたのと同じ勇気が、その言葉には貫かれていた。

南アフリカ　アパルトヘイト関連年表

一九一〇　四州からなる南アフリカ連邦として統合。
一九一一　最初の人種差別法、鉱山・労働法制定。
一九一三　原住民土地法制定。白人の土地とアフリカ人居住地が地図上で明示される。
一九一四　大英帝国の一員として第一次世界大戦に参戦。
一九二五　オランダ語のかわりにアフリカーンス語が公用語となる。
一九二三　原住民（都市地域）法制定。
一九二七　原住民行政法制定。
一九三六　原住民信託土地法制定。
一九三九　第二次世界大戦に連合国側につき参戦。
一九四八　総選挙で「アパルトヘイト」をスローガンとする国民党（ＮＰ）勝利。
マラン政権成立（〜五四）。以後四十五年間国民党政権が続く。

一九五〇　人口登録法、背徳法、共産主義弾圧法制定。
一九五二　全国共通のパス法制定。
アフリカ民族会議（ＡＮＣ）による非暴力・不服従運動開始。
一九五三　バンツー教育法制定。
一九五五　全抵抗組織の代表者からなる人民会議による自由憲章採択。
一九五八　パンアフリカニスト会議（ＰＡＣ）結成。
一九六〇　シャープビルのデモ隊に警官隊が発砲、多数の死傷者を出す。非常事態宣言。
ＡＮＣとＰＡＣに活動禁止令が出される。以後ＡＮＣとＰＡＣは武装闘争に転じる。
一九六一　アパルトヘイトを非難され英連邦から離脱。連邦制から共和制に移行。
ＦＩＦＡから、白人だけの代表チームが公式試合や親善試合を行なうことを禁止される。
一九六三　種族別に黒人居住地を定め、その複数を独立させる。
裁判でネルソン・マンデラなど抵抗組織の指導者多数がロベン島に送られる。
一九六四　ＦＩＦＡから再び国際試合禁止令が出される。
その後約三十年間、サッカーの国際的組織の参加を禁じられる。
国際オリンピック委員会（ＩＯＣ）から人種差別の放棄を求められたが、政府は拒絶。
東京オリンピックは不参加に。
国際赤十字がロベン島の視察を開始。

一九六六　フォルスター内閣成立（〜七八）

一九六八　スティーブ・ビコが黒人学生らと共に「南アフリカ学生機構」結成。以後、言論による社会変革をめざす「黒人意識運動」を展開。メキシコオリンピックでアフリカ系アメリカ人のメダリストが人種差別反対の非暴力的抗議を行う。

一九六九　ロベン島刑務所でマカナサッカー協会設立。

一九七〇　クリケットの対戦相手が次々に試合を拒否。国際試合から除外される。

一九七三　ダーバンのアフリカ人労働者スト。

一九七六　ソウェト蜂起。翌七七年にかけて全国に抗議運動拡大。南アフリカ、ＦＩＦＡから除名される。

一九七七　スティーブ・ビコ拷問死。

一九七八　Ｐ・Ｗ・ボータ政権樹立（〜八九）。以後、黒人労働組合の認可（一九七九）、新憲法制定（一九八四）などアパルトヘイトの部分的改革が続く。

一九八三　統一民主戦線（ＵＤＦ）結成。以後一九八四〜八五年に各地で激しい抵抗運動を展開。

一九八四　新憲法が制定されＰ・Ｗ・ボータが大統領に就任。

一九八六　全国に非常事態宣言。

一九八七　鉱山労働者の大規模ストが三週間続く。

一九八九　第一回ラグビー・ワールドカップ開催。アパルトヘイト政策のため招待されず。
一九九〇　総選挙で国民党が過半数の議席を守る。デクラーク、大統領に就任。
　　　　　ロベン島の政治囚が釈放され、ロベン島刑務所が閉鎖される。
　　　　　アフリカ民族会議、パンアフリカニスト会議、南アフリカ共産党、その他の政治団体が
　　　　　合法化される。
一九九一　アパルトヘイト法が順次撤廃される。民主南アフリカ会議が開催され、
　　　　　すべての政治団体の代表者による政体移行の交渉が始まる。
一九九二　ＦＩＦＡに再加盟。バルセロナオリンピックからオリンピックに復帰。
一九九三　マンデラとデクラーク、ノーベル平和賞受賞。
一九九四　南アフリカ史上初の全民族参加による総選挙。ネルソン・マンデラ、大統領に就任。
一九九五　南アフリカで第三回ラグビー・ワールドカップ開催。初出場、初優勝を果たす。
一九九九　ターボ・ムベキ、大統領に就任。
二〇〇三　南アフリカでクリケット・ワールドカップ開催。
二〇〇九　ジェイコブ・ズマ、大統領に就任。
二〇一〇　南アフリカでＦＩＦＡワールドカップ開催。

『南アフリカの歴史』（創土社）を参考に作成

訳者あとがき

本書の原題は *"More Than Just A Game: Football V Apartheid"* で、一九六〇～七〇年代に南アフリカの刑務所で実際に起こった出来事を描いたノンフィクションである。さまざまな社会におけるスポーツと人間とのかかわりを研究する歴史家の大学教授、チャック・コールが主となって取材して企画・構成し、シナリオライターであるマービン・クローズが執筆した。本書は同名映画の原作ともなっていて、制作にはコールもかかわっている。ちなみにチャック・コールは現在、ミズーリ大学の歴史学の教授であるが、過去に二度にわたって南アフリカの大学で研究活動を行なった。

著者の一人のチャック・コールは、一九九〇年代に南アフリカのケープタウンにある西ケープ大学で教鞭をとっていたとき、元クリケット選手で同じ大学で教えていたアンドレ・オデンダール教授から、悪名高いロベン島刑務所に、受刑者たちがつくったサッカーリーグがあったことを聞かされた。のちにロベン島ミュージアムの初代館長に任命されたオデンダール教授は、粗末な紙に手書きで書かれた書類がぎっしり入っている大きな箱を七十箱あまりもコールに渡し、「ここに信じられないようなスポーツの歴史が詰まっている」と言った。

コールは数週間かけてその箱に入っていた書類を読んだ。それは、受刑者たちがサッカーをはじめとするスポーツを組織的に実施するために刑務所当局にあてて書いた要求書や、互いに連絡を取り合うための手紙をはじめ、リーグ戦の記録やレフェリーに対する異議申し立て、リーグ運営のための会議の報告書など、組織的スポーツ競技の運営にまつわる記録だった。コールは、のちに南アフリカの政財界、もしくは学問の分野で重要な地位につく男たちが、刑務所のなかでスポーツを通して指導力、組織づくりの能力や団結力を養ったことを知った。

スポーツが退屈な刑務所生活での娯楽や気晴らしではなく、生きるための力を与え、将来に向けて能力を磨くための手段であったことを、きちんとした形で記録に残したい。そう願った彼は南アフリカを訪問するなど十五年かけて取材し、二〇〇七年にようやく映画の制作と本の出版にこぎつけた。

本書で重要なテーマとなっている南アフリカの人種差別の歴史について、簡単にふれておこう。一六五二年にオランダ東インド会社が現在のケープタウンに船舶の補給基地を設けたことをきっかけに、オランダからの移民、ボーア人がぞくぞくと入植して、それまで現地に暮らしていたアフリカ人から土地を奪った。十八世紀末から十九世紀はじめにかけては英国がケープ植民地を占領し、一八一四年に正式に英国領となった。英国軍に追いやられたボーア人は北方に逃れ、二十世紀初めまで何回か英国との間に戦闘が起きたが、一九〇二年、ボーア戦争に勝利した英国は彼らと和解をはかり、一九一〇年にはケープ、ナタール、トランスバール、オレンジ自由の四州からなる南アフリカ連邦が成立した。

南アフリカ連邦は一九一一年、鉱山での白人労働者を保護するため、最初の人種差別法と呼ばれる「鉱山・労働法」を制定し、一九一三年にはアフリカ人を原住民指定地に隔離する「原住民土地法」が制定された。二度の大戦をはさんだ期間にも、有色人種を差別する法律はつぎつぎにつくられ、たとえば最低賃金や労働時間を決める法律は白人のボーア人労働者には適用されても、アフリカ人労働者は適用外とされるなど差別は進んだ。

第二次世界大戦後、アフリカ各地に起こった反植民地主義闘争や、南アフリカ国内で第一次大戦後にできた民族主義運動組織、アフリカ人民会議の勢力が強まっていくことに恐れをなした国民党のマランは、人種分離政策であるアパルトヘイトの必要性を訴え、一九四八年の総選挙で圧勝した。その力を得た国民党は、つぎつぎに人種差別法を立法化して、アフリカ人民族運動を弾圧した。一九六一年にはその人種差別政策を英国に非難されたのをきっかけとして連邦を脱退し、あらたに共和制に移行して南アフリカ共和国を設立した。だが、共和制といっても名ばかりで、実質的には白人以外には参政権は与えられていなかった。

本書にも出てくる一九六〇年のシャープビル事件後に、南アフリカはアフリカ民族会議とパンアフリカニスト会議の二大運動組織を非合法化し、多くのアフリカ人を刑務所に収監した。そのもっとも悪名高い刑務所が、ロベン島だったのである。

南アフリカのアパルトヘイト政策は国際社会でも非難を浴びて孤立した。本書にもあるとおり、オリンピックをはじめとするスポーツの国際大会からは締め出され、唯一加盟している国際的な団体は国際連合だけだった。だが、この国が豊富な鉱産資源を有し、喜望峰が石油輸送ルートの重要な拠点となっていることから、政治的にはアパルトヘイトを非難しながらも、経済面からは協力関係を保っている西側諸国が多く、外からの圧力も十分でないまま国内の人種差別はなかなか是正されなかった。

そんな国内外の空気が大きく変わるのが、一九八〇年代である。国際世論では南アフリカへの非難の声がいっそう高くなり、南アフリカ政府は周辺諸国との戦争に敗北したこともあって、一九九〇年代初めにアパルトヘイト体制の終結が宣言された。一九九四年、初めて有色人種も含めた民主的な総選挙が実施され、アフリカ民族会議が勝利して、ネルソン・マンデラ議長が大統領に任命された。マンデラ元大統領がロベン島刑務所に二十年以上にわたって収監されていたことは、あまりにも有名である。

南アフリカについての映画や本には、必ずと言っていいほどアパルトヘイトとロベン島刑務所が出てくるが、そこでサッカー協会が設立され、組織的にリーグ戦が開催されていた、という歴史を知る人はほとんどいないだろう。サッカーが現在の南アフリカの人々にとって、自由と人権を獲得するためにどれほど重要な意義を持っていたかを、ロベン島のサッカーリーグの物語は語っている。二〇一〇年、現在大統領のジェイコブ・ズマも、ロベン島の組織的サッカーに尽力した一人だ。サッカーは現在の南アフリカをつくった人々にとって、単なるボールゲームの一つではなかった。アパルトヘイト時代の刑務所に収監されたときから、受刑者は番号でしか呼ばれない。人間として扱われなかった彼らが、刑務所側にだけでなく、仲間同士や自分に対しても名前のある一人の人間として認められるための手段が、サッカーだったのだ。

三十年以上にわたって、スポーツと社会のかかわりの歴史を研究してきた著者のコールは、本書では割愛したが、原書の巻末にある「この本ができるまで」というあとがきでこう書いている。

「(ロベン島の受刑者たちほど) スポーツは、自分がコミュニティの一員であるという感覚を養い、価値観を教え、人格形成に役立つものである、と強く信じていた人を私は知らない」

二〇一〇年、FIFAワールドカップが南アフリカで開催される。アフリカ大陸でサッカーのワールドカップが開催されるのは、これが初めてである。なぜ南アフリカなのか?　かつてはその人種差別政策のためにワールドカップに参加できなかった国で、世界でもっとも愛されているスポーツの一つの大会が開催されることに、大きな意義があるからだ。

二〇〇七年、ワールドカップ開催前の一行事として、ネルソン・マンデラ元大統領の誕生日を祝う式典がロベン島で開催された。会場となったサッカー場には、FIFAの役員や世界的に有名な選手たちだけでなく、島のサッカー協会設立に尽力した何人かの元受刑者たちも一緒に立った。苦しかった拘留期間中に、自分たちが汗水たらしてつくったサッカー場で、世界の有名選手たちとともにボールを蹴った彼らの心境は、想像しただけで胸が熱くなる。

南アフリカは日本から距離的にも心情的にも遠い国である。ワールドカップ観戦に行きたいと思っても、一人で街歩きはできないなど危険ばかりが強調され、しかも旅行代金はびっくりするほど高く、最初からあきらめる人が多いかもしれない。実を言えば私もそんな一人だった。だが、本書を訳すうちに南アフリカに対するイメージは大きく変わった。登場する刑務所のサッカー選手たちが、みなとても魅力的なのだ。サッカーを愛する気持ちがひしひしと伝わってくる。この国でワールドカップが開催されることを素直に心から祝福したくなり、現地でサッカーの試合の雰囲気を味わってみたいという気持ちが強くなった。

最後に、翻訳にあたっては編集部の藤波健氏と杉本貴美代氏にお世話になった。また多くのサッカーファンの方々の、ワールドカップにかける強い思いにも支えられて翻訳作業を進めることができた。この場を借りて感謝を捧げたい。

実川元子

二〇一〇年三月

訳者略歴
上智大学外国語学部仏語科卒業。翻訳家、ライター。ファッションやライフスタイルをテーマに、新聞・雑誌・書籍の執筆、翻訳を行なっている。
主要訳書
D・ビーティ『英国のダービーマッチ』（白水社）
D・トーマス『堕落する高級ブランド』（講談社）
R・ドイル『星と呼ばれた少年』（ソニーマガジンズ）
S・セリグソン『巨乳はうらやましいか』（早川書房）
S・モアレム『人はなぜSEXをするのか？』（アスペクト）
S・G・フォーデン『ザ・ハウス・オブ・グッチ』（講談社）
A・カプラノス『サウンド・バイツ』（白水社）など

サッカーが勝ち取った自由
アパルトヘイトと闘った刑務所の男たち

二〇一〇年四月二五日 印刷
二〇一〇年五月二〇日 発行

著者 チャック・コール マービン・クローズ
訳者 © 実《じつ》川《かわ》元《もと》子《こ》
発行者 及川直志
印刷所 株式会社理想社
発行所 株式会社白水社
東京都千代田区神田小川町三の二四
電話 営業部〇三（三二九一）七八一一 編集部〇三（三二九一）七八二一
振替 〇〇一九〇-五-三三二二八 郵便番号 一〇一-〇〇五二
http://www.hakusuisha.co.jp
乱丁・落丁本は、送料小社負担にてお取り替えいたします。

松岳社 株式会社 青木製本所

ISBN978-4-560-08064-1

Printed in Japan

■ダグラス・ビーティ　サイモン・クーパー序文　実川元子訳
英国のダービーマッチ

マンチェスター、リヴァプール、ロンドン、バーミンガム、グラスゴーなど、英国八都市の「熱き戦い」の歴史と今、街とクラブとサポーターの深い関係を現地報告する。倉敷保雄氏推薦！

■サイモン・クーパー　柳下毅一郎訳　後藤健生解説
サッカーの敵

フーリガンより物騒な奴らがいる！　試合を操る大統領、秘密警察のチーム、クラブに巣食うマフィア、宗教対立するファン、内戦を戦うサポーター等、サッカー・アンダーワールドを暴く。

■サイモン・クーパー　柳下毅一郎訳
アヤックスの戦争
第二次世界大戦と欧州サッカー

「サッカーの敵」は誰だ？　欧州を蹂躙したナチスに、サッカーはどう立ち向かったのか。ガス室に送られたアヤックスのユダヤ人選手の足跡を追うほか、「サッカーと戦争」の暗部を暴く！

■フランクリン・フォア　伊達 淳訳
サッカーが世界を解明する

ベオグラード、リオ、バルセロナ、テヘランなど、過熱する各国のサッカー最前線を現地取材、グローバル化が進む《世界》の今が見えてくる、渾身のルポルタージュ。宇都宮徹壱氏推薦！

■ビル・ビュフォード　北代美和子訳
フーリガン戦記

ヨーロッパ各地で暴動を起こす悪名高きイングランドのサッカー・フーリガン。極右、人種差別、アルコール、犯罪へと走るフーリガンの若者たちの実態を生々しく伝える緊迫の記録。